刑事法学优秀博士论文文库

主编 ◎ 汪海燕
副主编 ◎ 郭金霞 赵天红 王志远

犯罪分层的中国路径

FANZUI FENCENG DE ZHONGGUO LUJING

郝冠揆 ◎ 著

中国政法大学出版社

2020·北京

声　明　　1. 版权所有，侵权必究。

　　　　　　2. 如有缺页、倒装问题，由出版社负责退换。

图书在版编目（CIP）数据

犯罪分层的中国路径/郝冠揆著. —北京：中国政法大学出版社，2020.12
ISBN 978-7-5620-9753-2

Ⅰ.①刑… Ⅱ.①郝… Ⅲ.①犯罪学-研究-中国 Ⅳ.①D917

中国版本图书馆 CIP 数据核字(2020)第 232082 号

出 版 者	中国政法大学出版社
地　　址	北京市海淀区西土城路 25 号
邮寄地址	北京 100088 信箱 8034 分箱　邮编 100088
网　　址	http://www.cuplpress.com（网络实名：中国政法大学出版社）
电　　话	010-58908285(总编室) 58908433（编辑部）58908334(邮购部)
承　　印	北京鑫海金澳胶印有限公司
开　　本	720mm×960mm　1/16
印　　张	13.25
字　　数	209 千字
版　　次	2020 年 12 月第 1 版
印　　次	2020 年 12 月第 1 次印刷
定　　价	65.00 元

中国政法大学刑事法学优秀博士论文文库总序

"背法而治,此任重道远而无马、牛,济大川而无舟、楫也。"作为国家治理的一场深刻革命,全面依法治国方略既需要于法律实践中贯彻法治理念,亦需要于理论研究中充分把握、回应现实问题。刑事法治是我国社会主义法治的重要组成部分,刑事法学的发展有赖于一代又一代立场上能够立足中国现实语境、能够放眼国际前沿理论、能够融汇百家之长的优秀刑事法学人。在这之中,刑事法学博士研究生作为学术界的新生力量,亦用憨憨勉励,为我国的刑事法治理论研究事业贡献了大量优秀成果。

中国政法大学刑事司法学院前身为中国政法大学法律系。学院自2002年成立以来,传承了理论与实践紧密结合的学术品格,同时开创了独特的教学与研究风格,培养了大批刑事法律人才。刑事司法学院设有两个一级本科专业,即法学专业、侦查学专业,是我国高等院校中阵容强大、综合实力雄厚的刑事法学和刑事科学教学与研究基地。学院目前已形成了以刑事法学为主体的学科群,刑法学、刑事诉讼法学、犯罪学、侦查学和网络法学为学院的特色学科,刑法学、刑事诉讼法学属于国家重点学科,教学和科研以及师资队伍等具有较高水平,在国内有很大的影响。学院目前设有四个博士点,即刑法学专业、诉讼法学专业、网络法学专业和监察法学专业。

与教学科研相呼应,刑事司法学院的博士研究生培养坚持发扬学院自身特色。在学科发展战略方面,刑事司法学院着眼于刑事法学的实践品格,注重推动"刑事一体化"思想,融通学科联系,打破刑事法学学科壁垒。刑事一体化具有浓厚的原创色彩，是结合国情和社会现实而提出的犯罪治理思路，其本质在于以视域融合的方式看待理论与实践、实体法学与程序法学、刑事法学与刑事科学、规范分析与其他研究方法，进而使得刑事法学在多个层面上达到提升与精进。刑事司法学院结合自身学科构成较为多样化的特色，以及与法律实践紧密相连的政法院校传统，在教学、科研中既保持着宏观、全面的视角，亦在细微之处紧握现实脉搏，力求经世致用，以刑事法治的实际需要作为刑事法学理论的目的导向和"奥卡姆剃刀"。秉承这种学术理念，刑事司法学院的博士研究生在整体的学术品格上既非概念法学式的过度专注于理论本身，亦非以纯粹的实用主义立场片面看待刑事法学，而是于广泛的视域融合之中进行有的放矢的理论研究。在人才培养战略方面，刑事司法学院注重培养能够切实解决中国理论问题的优秀学者、优秀法律实践人员。

为进一步提升中国政法大学刑事法学科人才培养的水平，中国政法大学刑事司法学院决定设立中国政法大学"刑事法学优秀博士论文文库"项目，择优资助出版我校刑事法学博士毕业论文。此文库的面世，也是向学界乃至社会递交一张代表刑事司法学院科研、教学水平的答卷；希望能够藉此机会，增进交流，进一步提高刑事司法学院学生的培养质量，提升学院整体学术水平；同时，希望能够激励刑事法学专业研究生乃至全校学生，精进不休、自强不息，创作出更多优秀的学术成果。

刑事法治非一日之功，刑事法学的发展亦不可一蹴而就，其需要在长期的教学、科研之中摸索、探微，以求得更进一步。在这个意义上，"刑事法学优秀博士论文文库"是学子们心血铸就卷帙浩繁的一套文丛，是中国政法大学刑事司法学院发展历程的一章段落，也是中国刑事法学研究宏大叙述中的一个逗号。多年以来，刑事司法学院的博士研究生创造了且仍将创造出大批既有理论深度又有实践价值的学位论文。将这些优秀的学位论文付梓成书，不至使其落为沧海遗珠，既是不负学子们的蓟门苦读，也是积露为波——通过中国政法大学"刑事法学优秀博士论文文库"，我们希望能将这些宝贵的涓滴汇成江流，注入中国刑事法治事业的浩瀚沧海之中。

中国政法大学刑事司法学院
2019 年 8 月

摘要

世界上许多国家和地区都有对犯罪进行分层的做法，经过了近二百年的发展，犯罪分层已经是一种非常成熟的制度和体系了，然而对于我国而言仍然是一种陌生的制度。随着社会的不断发展和新生事物的不断涌现，我国刑法也面临着空前的压力，在可预见的未来，刑法的改革是一个必然的趋势，而犯罪分层制度就是我国未来刑法改革的一个选项。本书就是在这方面所进行的一些尝试，力图构建一个适合我国国情的犯罪分层制度。

本书的第一章是关于犯罪分层制度的概述。犯罪分层制度概念本身并无太大争议，其应属于犯罪分类的一种。本章还介绍了与犯罪分层密切相关的几个概念：重罪、轻罪、违警罪和微罪等。本章当中最重要的内容是关于犯罪化还是非犯罪化的选择。犯罪分层制度必然伴随着犯罪圈的扩大，这就意味着必须走犯罪化的道路，因此有必要对犯罪化的相关内容进行分析。

本书的第二章是关于犯罪分层制度的域外考察。犯罪分层制度对于我国来说属于舶来品，在国外有着悠久的历史传统和深厚的文化根基，一些经验和做法值得我们借鉴。本章不仅从实体法的方面进行了考察，同时对与犯罪分层制度有关的程序法也进行了考察。

本书的第三章是关于犯罪分层的理论基础介绍。犯罪分层制度不是凭空产生的，有着属于自己的理论基础。了解犯罪分层的理论基础有助于我们更好地理解其本身的内在价值，也有助于我们更好地设计立足于我国国情的犯罪分层制度。

本书的第四章是关于犯罪分层的可能性与必要性。如果要引进一种全新的制度，就必然要有充分的理由和实现的可能性。犯罪分层制度与社会发展、刑罚目的、刑事政策、历史传统和司法实践都有着内在的契合。

本书的第五章是关于犯罪分层标准的讨论。这一章着重论述了三个问题，即犯罪分层应采用形式标准还是实质标准、形式标准是法定刑还是宣告刑、形式标准的法定刑应当是几年。

本书的第六章是关于犯罪分层相关问题的讨论。犯罪分层制度如果想充分发挥其自身作用和功能，就必须解决一系列相关问题。本章对于其中的前科消灭制度、未完成形态的处罚、程序的设计和立法模式等问题进行了讨论。

本书的第七章是关于犯罪分层制度的具体设计。笔者设计的犯罪分层制度包含了重罪、中罪、轻罪和微罪。

本书的第八章是关于三个未来应当增加的具体微罪罪名的研究。

关键词： 犯罪分层　微罪　轻罪　重罪

目 录
Contents

- 001 **引 言**
- 001 　一、问题的缘起
- 003 　二、研究的现状
- 004 　三、研究的方法

- 006 **第一章　犯罪分层概述**
- 006 　第一节　犯罪分层的概念
- 008 　第二节　犯罪分层的相关概念
- 008 　　一、重罪
- 009 　　二、轻罪
- 010 　　三、违警罪
- 011 　　四、微罪
- 012 　第三节　犯罪分层与犯罪化
- 012 　　一、犯罪化与非犯罪化概述
- 018 　　二、我国学界的态度
- 019 　　三、笔者的观点

- 024 **第二章　犯罪分层制度的域外考察**
- 024 　第一节　实体法的域外考察
- 024 　　一、大陆法系国家
- 030 　　二、英美法系国家
- 032 　第二节　程序法的域外考察
- 033 　　一、轻微犯罪程序

039	二、重罪程序
043	**第三章　犯罪分层的理论基础**
043	第一节　罪刑均衡思想
043	一、罪刑均衡思想概述
049	二、犯罪分层与罪刑均衡
051	第二节　刑罚个别化思想
051	一、刑罚个别化概述
054	二、我国学界的态度
056	三、犯罪分层与刑罚个别化
058	第三节　罪刑法定原则
059	一、罪刑法定原则概述
062	二、罪刑法定原则的应有之意
067	三、犯罪分层与罪刑法定原则
069	第四节　自然犯与法定犯思想
069	一、自然犯与法定犯思想概述
071	二、自然犯与法定犯分类的争议
074	三、犯罪分层与自然犯和法定犯
074	第五节　其他理论基础
077	**第四章　犯罪分层的必要性与可能性**
077	第一节　符合时代的要求
077	一、风险社会带来的影响
081	二、城镇化带来的影响
082	第二节　符合刑罚目的的分配
083	一、传统刑罚目的理论的问题
087	二、"分配理论"的基本内容
090	三、犯罪分层与分配理论
092	第三节　符合刑事政策的要求
092	一、我国刑事政策的发展

093	二、犯罪分层与"宽严相济"刑事政策
094	第四节　符合我国司法传统与实践
095	一、我国的司法传统
096	二、我国的司法现实

101	**第五章　犯罪分层的标准**
101	第一节　形式标准还是实质标准
101	一、形式标准
103	二、实质标准
105	三、笔者的选择
110	第二节　宣告刑还是法定刑
110	一、不同的观点
111	二、笔者的观点
113	第三节　法定刑的具体标准
113	一、轻罪的标准
116	二、重罪的标准
117	三、多个法定刑幅度的分层标准

120	**第六章　犯罪分层的相关问题**
120	第一节　犯罪分层与前科消灭制度
120	一、前科制度概述
127	二、前科消灭制度概述
131	三、前科消灭与犯罪分层
132	第二节　犯罪分层与犯罪未完成形态的处罚范围
132	一、我国犯罪未完成形态的处罚范围
135	二、关于犯罪未完成形态的处罚模式——以预备犯为例
136	三、基于犯罪分层的犯罪未完成形态处罚范围
138	第三节　犯罪分层与程序
138	一、我国的各类刑事快捷程序
139	二、与犯罪分层制度相关的诉讼程序构建

140	第四节	犯罪分层与立法模式
140	一、	刑法立法模式概论
142	二、	犯罪分层的立法模式
144	**第七章**	**犯罪分层的具体设计**
144	第一节	微罪制度
144	一、	微罪概念辨析
145	二、	微罪制度的前置性问题
151	三、	微罪制度的体系定位
153	四、	微罪的内涵
161	五、	微罪的处罚
162	第二节	其他犯罪层次
163	一、	轻罪
163	二、	中罪
164	三、	重罪
166	**第八章**	**建议增设的微罪研究**
166	第一节	背信罪
166	一、	背信罪概述
169	二、	增设背信罪的必要性
171	三、	立法建议
172	第二节	暴行罪
172	一、	暴行罪概述
174	二、	增设暴行罪的必要性
175	三、	立法建议
176	第三节	强迫罪
176	一、	强迫罪概述
178	二、	增设强迫类犯罪的必要性
179	三、	立法建议
180	第四节	妨害业务罪

180	一、妨害业务罪概述
181	二、增设妨害业务罪的必要性
182	三、立法建议

184	**结　论**
186	**参考文献**
194	**后　记**

引 言
Introduction

一、问题的缘起

"严而不厉"是储槐植教授在 1989 年发表的"严而不厉:为刑法修订设计政策思想"一文中提出的观点。"严"与"厉"二字含义有相同的一面,常常一起连用;它们也有不同的一面,"严"为严肃、严格、严密之意,"厉"为厉害、猛烈、苛厉之意。本文是在不同含义上使用这两个字:"严"指刑事法网严密,刑事责任严格;"厉"主要指刑罚苛厉,刑罚过重[1]。

该观点一经提出,便获得学界的普遍认可,并在其后刑法的制定和修改过程当中获得一定的体现。"严而不厉"的思想主要有两方面的内容:一方面是犯罪圈的扩大化,另一方面是刑罚的轻缓化。其中刑罚的轻缓化是世界刑罚发展的大趋势,也是人类文明水平提高的表现,因此在这个方面的争议不多,但也有学者提出了不同的看法:"我们必须反对一味重刑的做法,而酷刑由于其不人道性,理所当然亦必须反对。然而,反对一味重刑不能得出轻刑化的结论。重刑与轻刑并非完全相对应的两个概念,两者之间完全可能存在中间状态,即中刑(即刑罚适中)的刑罚程度。我们不倾向于选择重刑,并非必须选择轻刑,而应该选择一个刑罚处罚程度适中的刑法结构"[2]。这种观点反对刑罚一味地轻缓或严苛,其"建议的是一种适中的犯罪圈构想,即不要对'严'过于迷信,认为严密的法网可以完全地圈定各种犯罪形式,也不能过于狭窄地坚守

---

[1] 参见储槐植:"严而不厉:为刑法修订设计政策思想",载《北京大学学报(哲学社会科学版)》1989 年第 6 期。
[2] 卢勤忠:"'中罪中刑'的刑法结构之提倡——对'严而不厉'的一点质疑",载《当代法学》2012 年第 6 期。

刑法谦抑立场,对于严重的危害社会秩序行为置之不理,听之任之"[1]。这种观点从形式上看是正确的,但由于其属于一种折中的观点,在兼顾"轻"和"重"的优点的同时,不可避免地也会同时具备二者的缺点,另外其也很难提出所谓"适中"的标准,因此这种观点的实践意义不大。而关于我国的犯罪圈是否应当扩大的问题,后文还有专门的介绍。

虽然也有一些不同意见,但整体上"严而不厉"的立法思路受到了大多数学者的支持。尤其是近些年来,我国各领域的变化可谓翻天覆地,社会结构和生产生活方式发生了巨大的变化,新的犯罪现象层出不穷。这些新变化和新趋势,都要求刑法在新时期发挥更大更积极的作用,传统保守的思维已经不能适应时代的要求和人民的需要,我们应当坚持创新刑事立法理念,进一步发挥刑法在维护社会主义核心价值观、规范社会生活方面的引领和推动作用[2]。但刑罚是以剥夺性的痛苦为基础的,一旦适用将对犯罪人甚至其亲属的生活和命运造成巨大的消极影响,所以就要求刑法必须具有谦抑性。这就出现了一个巨大的矛盾,即一方面是要求刑法"有所作为",另一方面又要求刑法"尽量无为",如何解决好这一矛盾,将是我国刑法下一步发展的主要议题。

基于"严而不厉"的思路,在风险社会的大背景下,许多学者在论及诸如食品安全、环境保护等公害类犯罪问题的解决方案时,都认为应当"织密刑事法网",将一些公害犯罪的前置行为等违法行为纳入犯罪圈,并配之以较轻的法定刑,这样既打击震慑了犯罪,又可以将刑罚对犯罪人带来的伤害降至最低。这样的思路从形式上看似乎是可行的,但他们却忽视了刑罚给犯罪人带来的更深远的影响:一旦被贴上犯罪的标签,哪怕没有被监禁,行为人便也有了前科,将会对其未来的工作生活甚至其亲属的工作生活带来不可估量的负面影响,有的学者将这种负面影响概括为"犯罪附随后果",并指出"我国法律、行政法规中关于犯罪附随后果的规定数量庞大,随着犯罪化进程

---

[1] 卢勤忠:"'中罪中刑'的刑法结构之提倡——对'严而不厉'的一点质疑",载《当代法学》2012年第6期。

[2] 参见2014年10月27日全国人大常委会法制工作委员会主任李适时在第十二届全国人民代表大会常务委员会第十一次会议上所做的《关于〈中华人民共和国刑法修正案(九)(草案)〉的说明》。

的推进,此类规定产生的严重负面效应更加突显,甚至阻碍犯罪化功能的实现"[1]。所以要想实现"严而不厉",并非只是增加一些处罚较轻的罪名那么简单,而是一项涉及刑事政策、刑罚制度、前科制度等不同领域的系统性工程。单纯的犯罪化,不仅无法有效地控制犯罪,反而会给公民带来更多的恶害,给社会带来更大的消极影响。正是基于这一原因,笔者认为应当建立我国的犯罪分层制度,改变传统意义上对犯罪概念的平面理解,将犯罪划分为轻重不同的层次并辅之以不同的处遇措施,对于轻微犯罪可以不留前科或实行前科消灭制度,尽可能减少犯罪圈扩大可能带来的附随伤害。也只有遵循这一思路,"严而不厉"的目标才可能真正实现。

二、研究的现状

犯罪分层是一个上位概念,其下位概念应当是轻罪、重罪等具体的分类,所以对轻罪、重罪制度进行的研究也可以算作对犯罪分层理论的研究。目前国内关于犯罪分层理论的大多数研究集中在轻罪制度上。笔者在中国知网以"轻罪"为关键词对"篇名"进行搜索,满足条件的中文文献共有199条结果,其中最早可见的文章是童颜在1984年发表于《现代法学》的"美国刑法中的重罪与轻罪"一文。该文以美国《标准刑法典》(即《模范刑法典》——笔者注)为研究对象,比较宏观地介绍了美国刑法当中的重罪轻罪分层制度;其中博士论文5篇,分别是张鑫博士的"我国轻罪问题研究"、陆岸博士的"轻罪法建构研究——兼论行政制裁与刑事制裁的衔接"、高长见博士的"轻罪制度研究"、陈荣鹏博士的"轻罪制度研究"和高勇博士的"轻罪论"[2];硕士论文29篇。而如果以"犯罪分层"为关键词进行搜索,满足条件的则只有14条结果,其中最早的是叶希善于2007年发表于《中国人民公安大学学报》的"通过犯罪分层制度控制死刑"一文;尚未看到以"犯罪分层"为题的博士论文[3]。笔者所见到的目前已出版的与犯罪分层有关的专著有5部,

---

[1] 徐久生、师晓东:"犯罪化背景下犯罪附随后果的重构",载《中南大学学报(社会科学版)》2019年第6期。

[2] 笔者在撰写博士论文时搜索到的结果只有3篇,但在出版前重新搜索的结果有5篇,在2018年增加了2篇,同时硕士论文也增加了4篇,体现出近两年我国学界对这个问题越来越重视。

[3] 据笔者了解叶希善博士的博士论文研究的是犯罪分层制度,但并未能检索到。

分别是高长见《轻罪制度研究》、叶希善《犯罪分层研究——以刑事政策和刑事立法意义为视角》、杜雪晶《轻罪刑事政策的中国图景》、田兴洪《宽严相济语境下的轻罪刑事政策研究》、李翔《重罪案件刑事和解中的价值冲突和裁判平衡研究》。由此可见，我国对犯罪分层理论的研究主要集中在对轻罪制度和刑事政策方面。

除了卢建平、郑丽萍、高长见、叶希善等几位比较系统地研究犯罪分层理论的学者之外，更多的学者则是在涉及犯罪概念及立法模式相关问题时表达了对犯罪分层的支持。在2008年3月由中国社会科学院法学研究所和国际法研究中心举办的"犯罪定义与刑事法治"国际研讨会的发言中，陈泽宪、陈兴良、张明楷、冯军、屈学武、刘仁文分别从不同的角度阐述了对未来我国犯罪分层的设想和建构。可以说，犯罪分层理论已经初步被我国刑法理论界认识并逐步接受。

虽然我国理论界已经对犯罪分层相关理论有了一定的研究，但也存在着一定的问题，主要是对犯罪分层理论的研究系统性不强，主要集中在了对轻罪制度的研究上。而犯罪分层理论是一个复杂的体系，不光包括轻罪制度，还应当包括微罪（轻微罪）、重罪等。特别是在我们国家的司法体系中，仅仅构建一个轻罪制度是无法解决实际问题的，还需要其他一些配套制度和措施，也需要深入地进行研究。另外，目前的学者都还只集中在对制度的设计方面，缺少对具体罪名的研究。作为犯罪圈扩大的主要对象，具体的轻罪罪名研究是必不可少的。最后，试图在我国建立一个全新的犯罪分层体系是不现实的，只能在现有刑法体系的基础之上进行解释和改良。这些都是笔者力图在本书当中克服的。

三、研究的方法

1. 比较研究：真正意义上的犯罪分层理论发端于法国，成熟于欧洲大陆并影响至全球。我国虽借鉴苏俄，但对于苏俄的犯罪分层传统则一直未能接受，因此研究犯罪分层理论必须重视对他国的经验和成熟做法的考察。另外，对于一些有必要增加的轻微犯罪罪名也有必要认真进行研究，对于较为成熟的罪名可以直接立法化。

2. 文本研究：犯罪分层理论在国外属于一种非常成熟的理论，在不少国家都被应用于刑法的制定，在刑法典中进行了明文规定。因此如果想要更好地了解犯罪分层理论，就必须对这些规定认真进行地研读和分析，这样得出的结论才会是最为可靠和精确的。

3. 解释论研究：犯罪分层理论属于舶来品，在我国没有相应的立法例。想要将这种理论融入我国现行刑法体系当中，要么将现行刑法推倒重建，要么以犯罪分层理论来对现行刑法进行解释和改造。显然后者更为可行，因此，本书重在用犯罪分层理论对我国现行刑法体系进行解释，并在不进行实质性改动的情况下进行调整，以期二者达到更好融合。

4. 系统论研究。犯罪分层并非简单地对现有犯罪体系进行切分，而是一种体系性的建构，欲使其真正发挥作用就必须有一整套的制度性措施，单纯进行犯罪的划分没有意义，所以本书重在从系统论的视角下来研究犯罪分层制度。

第一章 犯罪分层概述

第一节 犯罪分层的概念

与其他争议较大的刑法概念不同，犯罪分层的概念本身并无太多争议，最多只是不同学者之间表达方式的不同而已，但为了行文方便，还是要为"犯罪分层"找到一个适当的概念。

卢建平教授认为"犯罪分层，指根据犯罪的严重程度将所有犯罪纵向划分为不同层次的犯罪分类方法"[1]。沈玉忠认为"犯罪分层，是指根据犯罪的严重程度将所有犯罪划分为不同层次的犯罪分类方法"[2]。孙道萃认为"犯罪分层，指根据犯罪的严重程度将所有犯罪划分为不同层次的犯罪分类方法"[3]。

由上述不同学者的表达可以看出，犯罪分层是按照犯罪的严重程度进行的一种划分，这一点没有什么异议，值得研究的是犯罪分层和犯罪分类的关系。

对犯罪进行分类是一种通行的做法，无论是在犯罪学中，还是在刑法学中均有体现。通过犯罪分类我们可以更好地理解犯罪，更有针对性地对犯罪进行预防和控制。根据不同的标准，犯罪可以划分成不同的类型。有的学者将犯罪分为两大类，即刑法理论和犯罪学理论的犯罪分类。刑法理论的犯罪可分为：国事犯与普通犯、自然犯与法定犯、隔地犯与隔时犯、亲告罪与非

---

[1] 卢建平、叶希善："犯罪分层与刑法完善"，载《中国犯罪学研究会第十六届学术研讨会论文集（上册）》2007年版。

[2] 沈玉忠："犯罪分层理论的展开：梳理、价值与架构"，载《鄂州大学学报》2009年第6期。

[3] 孙道萃："犯罪分层的程序性标准及模式初探：以刑事强制措施为观照"，载《河南警察学院学报》2012年第1期。

亲告罪、实质犯与形式犯、即成犯与继续犯、身份犯与非身份犯等不同的类型。犯罪学理论基于主体不同可将犯罪分为青少年犯罪、女性犯罪、学生犯罪等；基于犯罪行为性质类型可分为暴力犯罪、性犯罪等；基于犯罪的特殊类型可分为有组织犯罪、恐怖主义犯罪、邪教犯罪等。[1]这其中并没有依据犯罪轻重进行的划分，在其他学者的划分中笔者也并没有见到依据犯罪轻重进行的分类，至少在中国学者当中很少见到。[2]

那么这是否说明犯罪分层和犯罪分类是两个完全没有关系的概念呢？笔者认为并非如此，二者还是有着很密切的联系的。犯罪分层应当属于犯罪分类的下位概念，是犯罪分类的一种，它是按照轻重对犯罪进行的划分，与其他类型的分类相比只是标准不一样。之所以在犯罪分类中很少提及，笔者认为可能有两方面原因：一是因为轻重的标准不好把握，即使按照比较常见的法定刑标准，也很难解释究竟是犯罪轻重决定了法定刑的轻重，还是法定刑的轻重决定了犯罪的轻重，容易陷入循环定义之中。二是因为轻重的划分已经体现在了其他的分类形式当中，例如一般来说，国事犯属于重罪，普通犯属于轻罪；自然犯属于重罪，法定犯属于轻罪；非亲告罪属于重罪，亲告罪属于轻罪；暴力犯属于重罪，非暴力犯属于轻罪，因此没有必要再单列一种划分方法。

虽然犯罪分层只是犯罪分类的一种形式，但其仍然具有相当程度的特殊性。卢建平教授指出"在犯罪学上，犯罪分类是根据犯罪主体、侵害的法益等不同而作的平面划分，而犯罪分层是依据犯罪严重程度对犯罪现象进行纵向分类的方法"[3]。笔者赞同这种观点。其实并不只是犯罪学上的划分，刑法学上的划分所得出的不同类别的犯罪之间也属于平面关系，之间没有轻重的区别，不同类别的犯罪处于同一平面上。而犯罪分层所划分出的类罪之间，属于轻重相接的阶层关系，这与其他的犯罪分类有着明显的不同。这种明显的纵向结构导致了犯罪分层的另外一个特点，即必须对不同的层次配置不同

---

[1] 参见张小虎："犯罪分类的观念与形态"，载《河南省政法管理干部学院学报》2006年第5期。

[2] 参见李永升："犯罪分类问题研究"，载《犯罪学论丛（第三卷）》2005年版。

[3] 卢建平、叶希善："犯罪分层与刑法完善"，载《中国犯罪学研究会第十六届学术研讨会论文集（上册）》2007年版。

的刑罚和处遇措施,否则这种划分就失去了意义。因此犯罪分层不仅仅是简单地根据一定标准对犯罪进行的分类,而是建立在犯罪分类基础之上的,对刑罚制度、刑法结构乃至整个刑事司法体系的设计和安排,具有远超其他犯罪分类的宏观性和制度性。

至于为什么有不少学者认为应当使用"犯罪分类"的叫法,笔者认为一方面是因为"犯罪分类"的叫法大家比较熟悉,另一方面可能是因为我国在早期翻译《法国刑法典》时将其中对犯罪的划分译为"罪分三类",而这种译法又比较深入人心。如果从英语的表述来看,在表述犯罪分类的时候经常使用的是"classify"(将……分类、将……归类),而在表述依据罪行轻重对犯罪进行划分的场合经常使用的是"grade"(分级、分等、分类)。由此可见,英语在表述犯罪的轻重划分时带有明显的层次性,在翻译为中文时使用"犯罪分层"显然也更为贴切。[1]

综上,笔者认为犯罪分层是指依据严重程度对犯罪进行的纵向分类。正是由于犯罪分层有着自己独特的内涵,并不完全等同于犯罪分类的概念,因此本书使用的是"犯罪分层"而非"犯罪分类"。

第二节 犯罪分层的相关概念

如前文所述,犯罪分层是依据轻重对犯罪进行的划分,那么划分的必然结果就是会出现轻重不同的层次,每个层次对应的都有属于自己的专有名称。为了行文的需要,有必要对这些专有的名称加以说明,笔者在本书中也按照通常的用法使用这些名称。

一、重罪

在不同的犯罪层次中,最先出现的是"重罪"(felony),在不同的国家均是如此。这也从一个侧面表明,犯罪分层起初的目的并非是为了对轻罪进行

---

[1] 例如笔者所见的英文材料中的表述:"More important and substantive is the classification of crimes according to the severity of punishment. This is called grading. Crimes are generally graded into four categories: felonies, misdemeanors, felony-misdemeanors, and infractions."

宽宥，而是对重罪进行严惩。

英语中"重罪"（felony）一词的词根是中世纪法语的"félonie"。虽然起源于法国，但重罪概念在法律层面得到真正的体现却是在英国的普通法中。中世纪时出现的重罪，由国王法院直接管辖，爱德华一世时又出现了轻罪。英国早在1166年根据《克拉伦敦法令》把谋杀、抢劫、诈骗和窝藏罪犯列为重罪，1176年根据《北安普敦法令》把伪造和放火增加为重罪。

重罪的出现起初主要是针对一些损害国王特权的犯罪，比如叛国罪等，所有的叛国罪都是重罪，但并非所有重罪都是叛国罪。这类犯罪往往会被处以死刑，所以后来重罪渐渐等同于了死刑。布莱克斯通认为重罪并非仅仅意味着可以被判处死刑的罪行，然而他承认重罪的概念确实与死刑的概念有很大的联系，很难把它们分开〔1〕。19世纪，刑法改革逐渐将英国判处死刑的罪名数量减少到五个，没收这一重罪也已被《没收法令》废除，所以重罪与轻罪之间的区分在实体法上变得越来越模糊，二者的差异更多地是由不同的证据和程序规则组成。《1967年刑法法案》废除了重罪和轻罪的概念，引入了"可逮捕"犯罪和"不可逮捕"犯罪的新概念，"可逮捕"犯罪相当于重罪。

虽然重罪的发源地英国目前已经不再使用重罪这一概念，但不少国家还是沿袭了这一用法，例如美国、法国、德国、意大利、俄罗斯等。这些国家目前所使用的重罪概念与最初的含义已经大不相同，重罪不再与叛国、死刑等概念相联系，更多的只是与法定刑相关，反映出该罪名的法定刑轻重。虽然重罪的含义已经发生了巨大的变化，但基本内核仍然保留了下来，即在一个国家不同层次的犯罪中惩罚最为严厉的一类犯罪。

从犯罪的性质来看，暴力犯罪往往会被归于重罪的行列，比如杀人、抢劫、强奸等，一些非暴力的犯罪有时也会被视为重罪，例如美国的重罪还包括诸如逃税、伪证、儿童色情、持有型犯罪等行为。

二、轻罪

"轻罪"（misdemeanor）是与重罪相对应的一个概念，出现的时间要晚于

---

〔1〕 Sir William Blackstone, *Commentaries on the Laws of England* (Book IV, Chapter 7), Oxford: Printed at the Clarendon Press, pp. 1765-1769.

重罪。轻罪的基本含义是指严重程度低于重罪但要高于行政违法的犯罪行为。虽然被称之为轻罪，但其依然属于犯罪的范畴，只不过刑罚普遍较轻。许多国家的轻罪往往都只被处以罚金刑，其司法程序也比较简单。从犯罪的性质来看，轻罪一般包含的是非暴力性犯罪，行政犯（法定犯）往往更容易归为轻罪。

虽然轻罪的概念出现的时间晚于重罪，但由于其更为符合刑罚轻缓化的潮流和趋势，更适应时代对于刑法发挥积极作用的要求，而得到了更多的重视。在每个进行犯罪分层的国家当中都必然有着较为成熟的轻罪制度，这也使得不少人都认为犯罪分层的基本内涵就是建立轻罪制度。其实，轻罪制度只是犯罪分层的一部分内容，完整的犯罪分层制度至少还要包含重罪制度和轻微罪制度。

三、违警罪

"违警罪"（contravention）最早出现在法国。1810年《法国刑法典》中首次出现了"罪分三类"的划分，其中便有违警罪。在以成文法的方式规定之前就已经有了违警罪的雏形，"早在法国大革命前的旧制度时期，法国的法律即将犯罪分为两类，即'轻微犯罪'与'重大犯罪'，但两类犯罪的界限比较模糊。而'罪分三类'是一种按照犯罪的'严重程度'进行分类的方法，它发端于地域管辖区划的重新组织以及陪审团制度的实行。不太严重的犯罪，就近审判对于保证良好的司法运作具有决定性作用。立法上规定将审判管辖权分开行使：由市镇官员、治安法官主持的法庭分别审判'市镇违警罪'（即后来的违警罪）和'矫正性违警罪'（即后来所称的'矫正性犯罪'，即轻罪），最严重的一级犯罪是'安全性犯罪'（即后来所称的重罪）"[1]。后来德国仿效法国，也将犯罪分为重罪、轻罪和违警罪三类，但德国理论界对于违警罪的性质产生了争论，争论的核心在于违警行为到底属于犯罪行为还是行政违法行为。最终的结论是违警行为应属行政违法行为，这就导致了在后来刑法典修正时，将违警罪从刑法当中剔除，规定在《违反秩序法》当

---

[1] 卢建平："法国违警罪制度对我国劳教制度改革的借鉴意义"，载《清华法学》2013年第3期。

中。这样德国的刑法当中就只剩下了重罪和轻罪。如果比较的话，违警罪与我国违反《治安处罚法》的行为比较接近。

四、微罪

"微罪"（petty misdemeanor）是一种相对于轻罪更为轻微的犯罪，美国在其《模范刑法典》中有明确的规定。而有些国家诸如法国则将这类行为归为违警罪。美国的微罪是指被处30日以下监禁的犯罪，法国的违警罪则是被处以不超过1万法郎罚金或限制权利的犯罪，可见这类犯罪的刑罚相当轻缓。

微罪概念相对于重罪和轻罪而言较为陌生，因为我们国家虽然没有明文规定重罪和轻罪的概念，但司法实践中无论是以5年还是3年为限，习惯于将犯罪划分为重罪和轻罪并一直在使用这对概念。但是微罪在我们国家没有与之相对的犯罪类型，所以目前尚无法与国内法对应。但近几年，我国刑法学界已经开始有学者研究相关的制度，并提出了建立我国轻微犯罪制度的倡议。储槐植教授认为在我国刑法中，"'微罪'是新近出现的词，这与我国长期以来'严打'和重刑思想严重有关，微罪是微小的轻罪，本质上是对妨害社会管理、扰乱市场秩序的行为进行法律规制。目前，3个法定拘役的微罪都属于法定犯，法定犯也是刑法修正的主要领域。"[1]陈志军教授认为轻微犯罪特指《中华人民共和国刑法修正案（八）》（以下简称《刑法修正案（八）》）《中华人民共和国刑法修正案（九）》（以下简称《刑法修正案（九）》）新增的危险驾驶罪，使用虚假身份证件、盗用身份证件罪和代替考试罪三个法定最高刑为拘役的犯罪。[2]虽然上述学者使用的表述不完全相同，但所指向的犯罪类型是一样的，均是较轻罪更为轻微的一类犯罪，即法定最高刑为拘役的犯罪。当然，具体是否以拘役为标准来界定微罪还有待讨论，但从实定法的角度应当承认，我国刑法当中确实出现了一类较其他犯罪明显轻微的犯罪类型，而且在可预见的未来，这类犯罪的数量会有所增加。所以我国也应当建立微罪这一概念，以更好地应对未来刑法的发展趋势。

---

[1] 储槐植、李梦："我国刑法微罪制度初探"，载《2017年刑法学年会论文集》第一编。
[2] 参见陈志军："进一步完善轻微犯罪立法"，载《检察日报》2017年12月5日第003版。

犯罪分层的中国路径

第三节　犯罪分层与犯罪化

犯罪化还是非犯罪化？这在全世界范围内都是一个值得考虑的问题。对于犯罪分层制度而言，一个必然的后果便是犯罪化。因为在犯罪分层体系中，最为重要的犯罪层次便是轻（微）罪，一方面它会增加一些现在还没有的轻微罪名，另一方面它还可能会接纳一些由于数额、情节等原因未能构成犯罪的行为，这就必然导致犯罪圈的扩大。那么，如果我们选择了非犯罪化的道路，也就意味着我们不能采用犯罪分层制度，至少是不能全部采用。因此，未来我国刑事立法的发展方向究竟应该是犯罪化还是非犯罪化，就显得尤为重要。

一、犯罪化与非犯罪化概述

（一）国外的现状

1. 日本

日本是一个在犯罪化与非犯罪化选择上与其他西方国家不同、很有自身特点的国家，因此有必要重点关注。

在二战之后，日本首先经历的是非犯罪化的阶段。由于战争的失败，许多原先在战争前和战争期间制定的刑事法律法规已经没有了存在的土壤，一大批刑事法律和罪名必须得到清除。"首先，由于天皇在宪法上的地位的改变，随之废除了不敬罪等'对皇室的犯罪'的规定（刑法第 2 编第 1 章以及第 131 条）。与此相应，也删除了对外国元首、使节实施暴行、胁迫、侮辱的特别罪的规定（第 90、91 条），以及增加了第 232 条第 2 款（'能够告诉的人如果是天皇、皇后、太皇太后、皇太后或皇太子时，由内阁总理大臣代行告诉；如果是外国的君主或总统时，由其国家的代表人，代行告诉.'）的规定。同时，还废除了以日本国同外国间的战争状态作为前提内容的外患罪的规定，修改了参与外国武力侵略行为的处罚规定（第 3 章）。因此间谍罪也从刑法典上取消了（并消除了第 3 条第 2 款，修改了第 5 条）。通奸罪（第 183 条）因违反男女平等原则被废除了。关于言论自由，删除了 1941 年增加的

'对安宁秩序罪'（第7章之2）的规定"[1]。除此之外，战后的日本因为战争的原因人口短缺，还曾经将堕胎行为作为犯罪处理。

进入到20世纪50年代以后，随着世界形势发生变化，日本进入了一个经济高速增长的时期，相应的刑事立法趋势也发生了彻底的变化，由非犯罪化转向犯罪化。这种倾向比较突出地表现在针对公害犯罪的立法上。"对付公害，起初由各地方公共团体制定防止公害条例。之后在1958年制定了水质保洁法、工厂排水管理法等。然而面对日益严重的公害问题，这样的立法是十分不够的。因而在1970年在所谓'公害国会'上对公害对策基本法、大气污染防止法、噪音限制法等进行了修改，同时还制定了水质污浊防止法、海洋污染防止法（1976年变成关于防止海洋污染和海上灾害的法律）、关于废弃物处理和清扫的法律等有关公害的14个法律。作为刑事立法特别重要的部分，在大气污染防止法和水质污浊防止法等法律里，对排出不符合排放标准的排烟、排水等，采用了所谓直接处罚的规定，同时还制定了《关于处罚有关人身健康的公害犯罪的法律》（简称《公害犯罪处罚法》）"[2]。

20世纪70年代，世界范围内爆发了石油危机，这对于像日本这种严重依靠石油进口的国家来说是致命的。从此，日本的经济进入了长期低速增长甚至负增长的时期，至今依然处于这一阶段。经济的严重衰退直接影响了刑事立法政策，日本相继出台了经济领域的单行刑法以打击经济犯罪。"如制定《关于对付生活物资囤积以及惜售的紧急措施的法律》（简称《囤积、惜售防止法》）、安定国民生活紧急措施法、石油供求适当化法，修改物价管制令等。1975年修改了禁止垄断法，作为对卡特尔（联合企业）的对策，限制其不正当交易，采用了课征金制度，并严格规定大规模的公司，股份所持有的总额等禁止垄断的政策。还加强了罚金制度，对处罚不正当交易的罚金最高额从五十万日元提高到五百万日元"[3]。同时，为了增加对经济犯罪的打击

---

[1] [日]芝原邦尔："日本战后刑事立法概况"，张绳祖译，载《环球法律评论》1986年第6期。

[2] [日]芝原邦尔："日本战后刑事立法概况"，张绳祖译，载《环球法律评论》1986年第6期。

[3] [日]芝原邦尔："日本战后刑事立法概况"，张绳祖译，载《环球法律评论》1986年第6期。

力度，提高了与经济犯罪有关的罪名的法定刑。

从上述内容我们不难看出，日本的刑事立法政策与国际和国家大形势息息相关。为了应对公害犯罪和经济下滑带来的大量经济犯罪，日本实施了两次大规模的犯罪化立法。除此之外，总的来看，日本战后的刑事立法趋势属于非犯罪化和轻刑化，但这种趋势在20世纪90年代中期发生了变化，日本一改之前的非犯罪化和轻刑化政策，调整为犯罪化和重刑化的立法趋势。首先，日本扩张了刑法的处罚范围，将许多抽象的法益纳入了刑法的保护，"如《纠缠行为规制法》，是对特定的人的爱恋或者好感没有得到回应的时候，为了发泄心中的怨恨而纠缠对方的行为进行处罚的法律"[1]。其次，提前了刑法介入的时间，将一些犯罪的预备行为通通认定为犯罪。最后，提高了法定刑的幅度，这种变化在新增罪名和已有罪名当中均有体现。[2]对于日本的这种刑事立法倾向，国内学者之间观点不一，支持者和反对者都各执一词。从目前的形势来看，这种趋势可能还要持续一段时间。

在笔者看来，日本当下的这种立法趋势虽然有些匪夷所思，但也的确和日本目前的国内整体形势有关。经过了战后长期的和平与繁荣发展，日本国民进入了一个相对"幼稚"的时期，这种幼稚化的趋势在年轻一代当中尤其明显。而年轻一代通过各种科技手段与方式表达自己的意愿和诉求，更多地掌握着话语权，因此这种幼稚化在刑事立法上就表现为立法的随意化。前文提到的《纠缠行为规制法》就是典型的例子。另外，"国民本来就对经济发展抱有不满，加之社会治安状况恶化，这些都使得政府不知所措，只有以'国民的一般认识'为由，不断地扩大犯罪范围和加重刑罚处罚了"[3]。除此之外，有的学者认为日本实行重刑化还有其他原因，"总体来说，日本刑法对相同犯罪所规定的法定刑轻于我国刑法规定的法定刑；不仅如此，即使再严重的犯罪，日本刑事立法都尽量考虑适用缓刑的可能性……另一方面，日本的法官并不轻易在法定刑内选择较重的刑罚。概言之，即使日本实行重罚化，刑罚仍然轻于我国"[4]。

---

[1] 黎宏："日本刑事立法犯罪化与重刑化研究"，载《人民检察》2014年第21期。
[2] 参见黎宏："日本刑事立法犯罪化与重刑化研究"，载《人民检察》2014年第21期。
[3] 黎宏："日本刑事立法犯罪化与重刑化研究"，载《人民检察》2014年第21期。
[4] 张明楷："刑事立法的发展方向"，载《中国法学》2006年第4期。

2. 其他国家

在第二次世界大战之后，西方主要国家的刑事政策逐渐呈现两极化的趋势。一方面，追求公正的呼声日渐提高，对于严重的犯罪加大了处罚力度、提高了法定刑；另一方面，对于轻微的犯罪则表现出了极大的宽容，减轻了处罚力度、降低了法定刑，大力推进并适用非监禁刑和罚金刑，积极倡导各种形式的社区矫正，整体上呈现了刑罚的轻缓化趋势。虽然西方主要国家呈现出了两极化的刑事政策，但其中非犯罪化和轻刑化的趋势占据主导位置。

非犯罪化的趋势首先体现在废除了大量涉及道德的犯罪方面。英国在1957年关于是否应当废除同性恋罪问题，产生了一场激烈的争论。当时主张废除同性恋罪的报告认为"同性恋是当事人在相互同意的情况下所发生的私人间的行为，不应科处刑罚；法律的目的即使是维持公共秩序及美德，然而除非基于社会要求为了消除犯罪，保护个人免受非法侵害及避免堕落和腐化，才能借由法律的规定来达到此目的；至于属于私人道德与不道德的问题，并非法律的事务"[1]。著名的法哲学家哈特支持这样的观点，他认为"非道德行为本身并不能成为犯罪，法律上禁止私人间同性恋乃是太过于强行介入个人自由；我们应该知道，权力掌握在多数人手里的民主原则，并不意味着掌握权力的多数人，即可不尊重少数的意志"[2]。虽然在是否应当废除同性恋罪这个问题上产生了激烈的冲突和争论，但最终英国还是废除了同性恋罪。

在美国也存在大量涉及道德的犯罪。受到世界范围内非犯罪化的影响，美国在其制定的《模范刑法典》当中也废除了同性恋罪、卖淫罪和通奸罪。美国在非监禁刑方面的探索也走在世界的前列，发展了社区矫正制度并迅速传播到全球，成为迄今为止最为成功的刑罚替代措施。"在非犯罪化思想和犯罪标签理论的影响和倡导下，美国1970年制定的《联邦综合性药物滥用防止及管制法》减轻了相关大麻药物犯罪的刑罚，且对药物中毒者设立更生规定。之后各州亦陆续废除了对无被害人犯罪的刑罚规定。到20世纪70年代中期，美国大多数州开始把酗酒后妨碍治安的犯罪交给酒精治疗部门而不是送入看守所，将使用大麻的犯罪从刑法中消除，一些州还陆续对卖淫、堕胎实行了

---

[1] 贾学胜：《非犯罪化研究》，法律出版社2011年版，第6页。
[2] 贾学胜：《非犯罪化研究》，法律出版社2011年版，第6页。

除罪化甚至合法化。"[1]

从20世纪60年代到80年代，欧洲的其他国家也开展了广泛而深入的非犯罪化和轻刑化改革。丹麦废除了伪造文书罪，德国也对其刑法当中充满伦理意味的词语进行了调整，瑞典废除了轻微财产盗窃罪的刑罚规定，还有许多国家废除了赌博犯罪。[2]

20世纪80年代后，欧洲国家的非犯罪化趋势发展到了一个新的阶段，它已经突破了某一个主权国家的范围，而成为整个欧洲的趋势。"欧洲理事会犯罪问题委员会在来自奥地利、丹麦、联邦德国、意大利、荷兰和瑞典的专家经过历时八年的研究和论证后，于1980年发表了著名的《非犯罪化报告》。该报告界定了非犯罪化的概念及其与非刑罚化、转处的关系，阐述指导非犯罪化的基本原则，分析了推动和妨碍非犯罪化的各种因素，以及非犯罪化以后各种可能性的替代方案等问题。"[3]这一文件的出台标志着非犯罪化真正成为欧洲乃至整个世界的刑法发展趋势，这一趋势至今仍然在世界范围内占据主流。

（二）国内的现状

即使是反对犯罪化的学者也承认我国目前处于一个犯罪化的趋势之中，从近几十年来我国刑法发展的历程来看也的确如此。

在1979年《中华人民共和国刑法》（以下简称《刑法》）颁布之后，我国刑事司法才真正进入了有法可依的时代。然而这部刑法实施之后我国便开始了改革开放，经济体制和社会结构发生了翻天覆地的变化，这就导致当时许多规定存在局限性。"例如，在1979年《刑法》第117条设立了投机倒把罪，这是一个典型的计划经济体制下的犯罪。随着经济体制改革，以往在计划经济体制下被认定是投机倒把的犯罪行为陆续被视为正当的经济行为，亟待对此予以非犯罪化。而随着市场经济体制的建立，出现了各种非法经济行为，例如我国《中华人民共和国公司法》（以下简称《公司法》）颁布以后，违反《公司法》的行为需要予以犯罪化；我国建立证券制度以后，违反证券

---

[1] 贾学胜：《非犯罪化研究》，法律出版社2011年版，第6页。
[2] 参见贾学胜：《非犯罪化研究》，法律出版社2011年版，第8~9页。
[3] 贾学胜：《非犯罪化研究》，法律出版社2011年版，第9页。

法的行为需要予以犯罪化"[1]。这样的情况不止发生在经济领域当中，在社会管理方面1979年《刑法》也存在着大量的立法空白。例如毒品犯罪，在1979年刑法只是规定，制造、贩卖、运输鸦片、海洛因、吗啡或者其他毒品的，处5年以下有期徒刑或者拘役，可以并处罚金。一贯或者大量制造、贩卖、运输前款毒品的，处5年以上有期徒刑，可以并处没收财产。这里只对制造、贩卖、运输毒品的行为做了规定，对其他毒品关联行为未作规定。对于毒品的种类，1979年《刑法》除了列举鸦片、海洛因以外，采取概括性规定的方式表述为其他毒品，但其他毒品的种类并不明确。而且，对于普通毒品犯罪，最高法定刑只是5年，即使是毒品犯罪的惯犯，最高法定刑也只是15年有期徒刑[2]。

1997年我国对《刑法》进行了全面的修订，使得我国的犯罪圈得到了前所未有的扩大，内容涉及方方面面，这可以说是我国刑事立法上规模最大的一次修订活动。而从修订实施至今，我国又陆续通过了十个刑法修正案，虽然其中也有对罪名的删减，但犯罪化依然占据着绝对的主导地位。罪名由原来的412个增长为现在的469个，同时降低了一些犯罪的入罪门槛，"一些过去适用较少的罪名逐渐被激活。例如，《刑法》第288条扰乱无线电通讯管理秩序罪原来的入罪门槛是'经责令停止使用后拒不停止使用，干扰无线电通讯正常进行，造成严重后果'，由于入罪门槛较高，该条文成为我国刑法上的'僵尸条款'，近20年间一直无司法适用的案例。针对这一情况，《刑法修正案（九）》将该罪的入罪门槛修改为'情节严重'，进一步严密了法网"[3]。这样其实也在客观上起到了犯罪化的作用。

近些年的刑法修正案更加突出地表现出了这种犯罪化的趋势，仅仅《刑法修正案（九）》就增加了20个罪名：（1）准备实施恐怖活动罪，（2）宣扬恐怖主义、极端主义、煽动实施恐怖活动罪，（3）利用极端主义破坏法律

---

[1] 陈兴良："中国刑法学研究40年（1978-2018年）"，载《武汉大学学报（哲学社会科学版）》2018年第2期。

[2] 参见陈兴良："中国刑法学研究40年（1978-2018年）"，载《武汉大学学报（哲学社会科学版）》2018年第2期。

[3] 赵秉志："当代中国犯罪化的基本方向与步骤——以《刑法修正案（九）》为主要视角"，载《东方法学》2018年第1期。

实施罪，（4）强制穿戴宣扬恐怖主义、极端主义服饰、标志罪，（5）非法持有宣扬恐怖主义、极端主义物品罪，（6）虐待被监护、看护人罪，（7）使用虚假身份证件、盗用身份证件罪，（8）组织考试作弊罪，（9）非法出售、提供试题、答案罪，（10）代替考试罪，（11）拒不履行信息网络安全管理义务罪，（12）非法利用信息网络罪，（13）帮助信息网络犯罪活动罪，（14）扰乱国家机关工作秩序罪，（15）组织、资助非法聚集罪，（16）编造、故意传播虚假信息罪，（17）虚假诉讼罪，（18）泄露不应公开的案件信息罪，（19）披露、报道不应公开的案件信息罪，（20）对有影响力的人行贿罪。同时还在危险驾驶罪当中增加了两种行为方式，大大增加了危险驾驶罪的打击范围。

二、我国学界的态度

虽然我国目前的刑事立法趋势以犯罪化为主，但并不代表所有的学者都支持这种趋势。

反对犯罪化的学者认为，我国经历了长时间的犯罪化进程之后，下面应当进行的是非犯罪化而不是犯罪化。反犯罪化的代表学者刘艳红教授认为综观8部刑法修正案，新增罪名30余个，它们无不以扩大国家刑罚权力、缩小或限制公民之自由为内容。这体现了我国刑事立法仍然在工具主义的轨道上前行，"当今我国的刑事立法应该放弃被放大的刑法万能之理念；面对现实层出不穷的违法行为，立法者应该"冷眼观之"而不是动辄入刑[1]。齐文远教授更多地从司法实际的角度来论证犯罪化的弊端，"大规模犯罪化给司法人员特别是基层司法人员带来的工作负担是十分沉重的"，"如果能对犯罪化的步伐加以适当的控制，那么我国的司法人员队伍将不会因为超负荷办案而显得疲惫不堪，国家也可以因为这方面的负担减轻而将资金更多地用于民生如教育、医疗等方面"[2]。这种观点被有的学者概括为保守型刑法立法观。[3]

还有的学者认为犯罪化与非犯罪化应当并行，"适度地强调非犯罪化，将非犯罪化也作为中国刑法未来的发展趋势之一，与中国刑法由'厉而不严'

---

[1] 参见刘艳红："我国应该停止犯罪化的刑事立法"，载《法学》2011年第11期。
[2] 齐文远："修订刑法应避免过度犯罪化倾向"，载《法商研究》2016年第3期。
[3] 参见黄云波、黄太云："论稳健型刑法立法观"，载《中国刑事法杂志》2019年第3期。

向'严而不厉'的结构转变并不矛盾。因为所谓非犯罪化并非无原则的任意的非犯罪化，其针对的只是那些不应该或者不需要动用刑罚加以惩罚的行为","即刑法正确的态度应该是：该进行犯罪化作业时要进行犯罪化，该进行非犯罪化作业时要进行非犯罪化"[1]。

客观来说，目前学界的主流观点是支持犯罪化的，但并不是单纯地扩大犯罪圈。陈泽宪教授认为应当"对犯罪定义进行改造，将劳动教养处罚对象的行为纳入轻罪范围，也需要辅以相关的法律制度保障。譬如，在有犯罪记录的人大量增加的同时，可考虑建立适当的轻罪前科消灭制度以消减改革的负面因素"[2]。陈兴良教授认为"我国的犯罪定义亟待调整，调整的基本思路是犯罪化：扩大犯罪范围，扩张司法权，逐渐取消社会治安的三级制裁体系，实现刑事制裁的一体化，即司法化"[3]。张明楷教授认为我国《刑法》第13条的但书，以及分则对构成要件的规定，表明刑法的处罚范围很窄。我国当前乃至今后相当长时期的侧重点仍然是犯罪化，而不是非犯罪化[4]。屈学武教授认为"有必要在刑法典或者刑法典之外设置类似于国外保安处分性质的新型刑事法规范"[5]。刘仁文教授认为"应对我国刑法结构作比较大的调整，即实现从小刑法到大刑法的转变"[6]。这些学者都支持一定条件下的犯罪化，一方面既要扩大刑法的范围，另一方面又要多策并举来尽量降低犯罪圈扩大所带来的消极后果。

三、笔者的观点

"在当前的犯罪形势和刑法立法状况下，《刑法修正案（九）》的犯罪化具备基本的合理性，而且也将是今后相当长一段时期内我国刑法立法的必然

---

[1] 郑丽萍："犯罪化和非犯罪化并趋——中国刑法现代化的应然趋势"，载《中国刑事法杂志》2011年第11期。
[2] 陈泽宪："犯罪定义的法治思考"，载《法学研究》2008年第3期。
[3] 陈兴良："犯罪范围的合理定义"，载《法学研究》2008年第3期。
[4] 参见张明楷："犯罪定义与犯罪化"，载《法学研究》2008年第3期。
[5] 屈学武："一体两支柱的中国刑事法体系构想"，载《法学研究》2008年第3期。
[6] 刘仁文："调整我国刑法结构的一点思考"，载《法学研究》2008年第3期。

趋势。"[1]笔者支持这种观点，未来我国的刑事立法应当以犯罪化为主线，主要原因如下：

首先，我国较小的犯罪圈现状决定了其应当适当扩大。众所周知，我国的犯罪圈相对于欧美国家而言本就属于比较狭窄的，大致相当于欧美国家的重罪加上部分轻罪。轻微犯罪或违警罪在我国基本属于治安处罚的范畴。另外，对于欧美国家刑法当中大量存在的伦理道德类犯罪和无被害人犯罪（例如通奸、乱伦、同性恋、吸毒、卖淫等行为），我们国家的刑法中很少涉及，因此也就不存在对于这类犯罪非罪化的紧迫需求。所以，我国刑法的整体特征是"厉而不严"，而比较理想的状态应该是"严而不厉"。我们必须一方面通过犯罪化达到"严"的状态，另一方面要通过刑罚的轻缓化，达到"不厉"的状态。

其次，犯罪圈扩大有利于平衡司法与行政权力之间的关系。相对于行政权而言，司法权无疑对公民的权利保障更为全面，这不仅是由于司法权的运行受到程序的限制较多，更是因为司法权具有居间独立的属性，可以作为价值无涉的第三方进行裁判，这一点与行政权截然不同。行政权力过大将会对公民权利造成严重的侵害，更为可怕的是这种侵害往往无法得到及时有效的救济，几年前被废除的劳动教养制度就是明证。虽然劳教制度被废除，但我国的行政机关尤其是公安机关，仍然掌握着非常强大的权力，可以较长时间地剥夺公民的人身自由，这种状况应当通过扩大司法权来进行调整，"因为从法治标准衡量，行政机关不应当享有对公民的财产权利和人身权利进行限制和剥夺的权力，这些权力都应当交由司法机关通过一定的司法程序来行使。而我国目前公安机关所具有的治安处罚权，可以剥夺公民自由，这种制度设计是与法治原则相背离的。因此，将来这些治安违法行为也应当纳入刑法典，通过司法程序进行处罚，由此限制行政机关的处罚权"[2]。

再次，适度犯罪化顺应时代发展的要求。"所谓适度犯罪化，是指对于一些严重危害民生的行为，应当根据行为的现实危害、影响范围、发展趋势等

---

[1] 赵秉志："当代中国犯罪化的基本方向与步骤——以《刑法修正案（九）》为主要视角"，载《东方法学》2018年第1期。

[2] 陈兴良："犯罪范围的扩张与刑罚结构的调整——《刑法修正案（九）》述评"，载《法律科学（西北政法大学学报）》2016年第4期。

状况和我国法律制度的配套情况，有选择地予以犯罪化。"〔1〕因此，我国的犯罪化并不会出现大量增设罪名的情形，而是有选择地、循序渐进地进行犯罪化。同时，时代的发展要求刑事立法必须有所作为和回应，不能固守所谓的刑法谦抑性而对外部世界的发展与变化无动于衷。在社会高速发展的今天，一部故步自封的刑法不久就会被时代所淘汰。

关于犯罪化，有一个错误的观点应当进行澄清，即犯罪化等于侵犯人权。有人提出，"《刑法修正案（九）》尽管在废除死刑与提高对死缓犯执行死刑的门槛方面体现出了从宽的一面，但主要还是增设新的罪名、扩大处罚范围与提高法定刑，这与党的十八届三中全会提出的人权保障理念不甚符合"〔2〕。我们进行犯罪化的目的是为了打击犯罪而不是侵犯人权，刑法正是通过打击犯罪的方式来进行人权的保障。也许在曾经的罪刑擅断时代，刑法确实严重地侵犯过人权，但我国今天的法治水平已远非曾经的时代可比拟，因此担心犯罪化会侵害人权是毫无必要的。相反，今天对人权威胁最大的不是刑法的扩张，而是各种各样、层出不穷的犯罪行为，尤其是在风险社会的大环境下，恐怖主义犯罪、公害类犯罪、计算机网络犯罪等对人民群众的生命和财产安全都造成了极大的危害。视犯罪行为对人权的侵害而无所作为才是对人权最大的侵害。

最后，反对犯罪化的观点是值得商榷的。反对者的一个主要观点是犯罪化的趋势可能导致增设许多毫无必要且荒谬可笑的罪名，例如吸毒罪、奴役罪、偷逃收费公路通行费罪、债务人拒不申报财产罪等。笔者认为这种担心是多余的。反对者所提出的这些荒谬可笑的罪名，在支持犯罪化的学者看来其实也是荒谬可笑的。我们所说的犯罪化并非毫无原则、毫无节制地增设罪名，而是在充分调查、研究、论证基础之上的犯罪化，是非常严肃、审慎和理性的立法活动，是专业人士实施的专业行为，这与非专业的人大代表的提议截然不同，所以并不用担心我国刑法典中会出现一些"莫名其妙"的

---

〔1〕 赵秉志："当代中国犯罪化的基本方向与步骤——以《刑法修正案（九）》为主要视角"，载《东方法学》2018年第1期。
〔2〕 赵秉志："当代中国犯罪化的基本方向与步骤——以《刑法修正案（九）》为主要视角"，载《东方法学》2018年第1期。

罪名[1]。当然，也并不是说非专业人士的提议毫无价值，它可以为专业的立法活动提供线索，而且其中不乏一些被立法者承认并转化为立法的提议，例如虚假诉讼罪、扰乱法庭秩序罪等。此外，国家规模大小与所实施的法治形式并无必然联系，并不是说国家规模小就可以"严而不厉"，国家规模大就只能"厉而不严"。美国与俄罗斯均对犯罪进行了分层，相对于我国而言，刑事法网更为严密。还有的反对者认为，我国传统文化决定了国民对犯罪的理解就是严厉的，增设处罚轻缓的轻微犯罪违反了这一认知和文化传统。笔者认为，文化固然可以影响立法，但立法反过来也可以改变文化，二者之间的联系是双向互动的而非单向决定。例如，在危险驾驶罪出台之前，国民都认为相对于我国源远流长的"酒文化"而言，醉酒驾驶只是一件无足轻重的小事而已，但在危险驾驶罪出台之后，这一认识已经得到了根本性的纠正，"喝酒不开车"的观念深入人心，这充分体现了适当的立法完全可以而且应当对国民行为和文化传统进行合理地规范和改造。有的反对者提出"大规模犯罪化给司法人员特别是基层司法人员带来的工作负担是十分沉重的""如果能对犯罪化的步伐加以适当地控制，那么我国的司法人员队伍将不会因为超负荷办案而显得疲惫不堪"[2]。这种顾虑不能说没有道理，但从因果关系的角度来说是有问题的。一个国家的犯罪圈大小不是由司法人员的数量来决定的，而是以犯罪圈的大小来决定司法人员的数量，否则便是因果倒置。如果只是因为司法人员的数量不足而不进行本应当进行的犯罪化，这就属于因噎废食。当然，客观的困难不能不考虑，现实的问题也必须解决，犯罪圈扩大所带来的案件数量增加的问题，并非无法解决。有的学者就提出了一些措施："在刑法中应当设置一些轻刑，尤其是罚金应当设置为主刑，广泛地适用于轻微犯罪。在刑事诉讼法中应当设置更为简易的程序，尽可能地节省司法资源""可以设立治安法院或者治安法庭，采取更为简易的司法程序进行审理"[3]。

有的学者为我国的犯罪化道路设计了时间表和路线图，"在我国建成富强、民主、文明、和谐、美丽的社会主义现代化国家之前，我国刑法立法总

---

[1] 当然，"莫名其妙"的标准是很主观的，在有的学者看来，我国刑法典中已经有不少这样的罪名了。
[2] 齐文远："修订刑法应避免过度犯罪化倾向"，载《法商研究》2016年第3期。
[3] 陈兴良："犯罪范围的合理定义"，载《法学研究》2008年第3期。

体上需要坚持以犯罪化为主的策略。但在此之前，仍可分为两个步骤：一是在 21 世纪 30 年代以前（即未来 10 年左右），我国仍然要面临大量犯罪化的立法倾向；二是在 21 世纪 30 年代至 50 年代（即之后的 20 年），我国犯罪化的步伐将有所放缓，但仍应以犯罪化为立法的主线"[1]。不管未来我国的犯罪化道路是否按照设计的这样发展，但有一点是可以肯定的，我国未来的刑事立法将以犯罪化为主线，这也为我国建立犯罪分层制度提供了可能。

---

[1] 赵秉志："当代中国犯罪化的基本方向与步骤——以《刑法修正案（九）》为主要视角"，载《东方法学》2018 年第 1 期。

第二章 犯罪分层制度的域外考察

第一节 实体法的域外考察

一、大陆法系国家

（一）法国

目前公认的将犯罪分为轻重不同的类型并区别对待的做法滥觞于法国。法国最早于1810年《法国刑法典》（本部分以下称为"旧刑法"）中便规定了犯罪分为重罪、轻罪和违警罪三类，自此这种做法为世界许多国家效仿。依据旧刑法的规定，重罪是指应当判处无期徒刑或终身拘押，或者最低为10年有期徒刑或拘押刑罚的犯罪；轻罪是指科处最高刑为10年监禁，或判处罚金、日罚金、公共利益劳动、附加刑、剥夺权利和限制权利的犯罪；违警罪是指除累犯之情形外，对某一犯罪仅科处不超过一万法郎罚金、限制权利的犯罪。很显然，这种划分的标准是法定刑的轻重。这种分法最容易招致的批评来自于其逻辑方面，"因为，从理性的角度看，犯罪的严重程度并不取决于对它当处刑罚的轻重，而应当反过来，对处刑之轻重起支配作用的，应当是犯罪的严重程度"[1]。换言之，某犯罪行为不是因为其法定刑重才属于重罪，而是因为其本身就属于重罪其法定刑才重，所以以刑罚轻重为标准来划分重罪轻罪属于本末倒置。对这种批评有的学者回应道："这种批评不甚恰当。毫无疑问，立法者在确定刑罚之前，显然要对犯罪作出评判并且只能依据犯罪

---

[1] [法] 卡斯东·斯特法尼等：《法国刑法总论精义》，罗结珍译，中国政法大学出版社1998年版，第183页。

来进行评判。"[1]此外，还有人批评这种分法的"人为性质"太强。例如在法国刑法中盗窃属于轻罪，但类似我国携带凶器进行盗窃的却属于重罪，同样的犯罪行为分属于重罪和轻罪，使得《法国刑法典》成为一种人为的体系，并以此为理由提出要将犯罪分为两类，一类是具有犯罪故意的重罪与轻罪，另一类是违警罪。对此，支持者认为，"罪分两类"的做法与法国的刑事法院组织系统不相吻合，"'罪分三类'的方法之存在与保留是有其道理的，因为，这种划分完全与刑事法院本身的划分相适应，尽管大部分违警罪并不一定提交违警罪法庭开庭审理，而是可以经行政程序或简易程序进行惩处"[2]。

目前法国最新的《刑法典》（1994年生效，以下称为"法国新刑法"）中仍然沿用了对犯罪进行分类的做法，"刑事犯罪依照其严重程度分为重罪、轻罪、违警罪"[3]。至少从法条的表述上来看，法国新刑法中对犯罪的划分已经不再以形式上的法定刑为标准了，而是转以实质上的犯罪严重程度为标准。但实质的划分标准也必须有形式上的体现，因此法国新刑法中规定对自然人犯重罪的可以判处的刑罚为10年~30年徒刑、无期徒刑或终身拘押，犯轻罪的可以判处监禁（最高10年）、罚金或日罚金，犯违警罪的只能处罚金或剥夺某些权利（吊销驾照、限制持有武器、收回打猎执照、禁止签发支票或使用信用卡等）。

法国"罪分三类"的意义体现在程序和实体两个方面。程序方面，由重罪法院（巡回法院）来审理重罪案件，轻罪法院负责轻罪案件的审理，违警罪则由治安法院审理；重罪案件必须要经过预审的程序，轻罪案件则可有可无，违警罪案件只有要求时才进行预审；轻罪和违警罪案件可直接传讯犯罪人，而重罪则必须在起诉庭移送案件给法院后方可进行传讯；重罪与轻罪需经过庭审辩论方可做出判决，而违警罪可不经辩论做出判决，且无需说明理由；重罪的公诉时效期间为10年，轻罪为3年，违警罪为1年。实体方面，重罪的未遂犯都要受到处罚，而轻罪的未遂只有在有规定的情况才处罚，违

---

[1]［法］卡斯东·斯特法尼等：《法国刑法总论精义》，罗结珍译，中国政法大学出版社1998年版，第183页。

[2]［法］卡斯东·斯特法尼等：《法国刑法总论精义》，罗结珍译，中国政法大学出版社1998年版，第184页。

[3]《最新法国刑法典》，朱琳译，法律出版社2016年版，第3页。

警罪则不处罚未遂；重罪和轻罪处罚共犯，违警罪一般不处罚，只在挑动犯罪的情况下处罚；数罪并罚时的限制加重原则只适用于重罪和轻罪，不适用于违警罪；关于累犯，三类犯罪也有各自不同的规定。

(二) 德国

德国在犯罪分层方面曾经深受法国的影响。在1968年之前，德国刑法也一直采用法国的"罪分三类"的三分法，即犯罪可分为重罪、轻罪和违警罪。但由于违警罪缺少必要的应受惩罚性，从1911年开始以后的所有刑法草案当中，都有将违警罪从刑法当中剔除的倾向。其后，受极端思想的影响，德国刑法当中出现了越来越多的行政刑法内容。1949年德国又单独颁布了经济刑法，这样做的主要目的是将行政刑法当中的轻微犯罪剥离出来，交由行政法规规制，另外也是为了减轻法院的负担。在其后的1952年，德国颁布了《违反秩序法》，其也被视为广义刑法的一部分。1968年，刑法当中的违警罪被完全废除，其中的一部分被纳入《违反秩序法》当中，例如谎报姓名的行为、影响他人休息的噪音行为和严重的恶作剧行为等。[1]

德国刑法在将违警罪去除之后被分为轻罪和重罪两类，划分的标准是以被科处的主刑来判断的。德国刑法当中也存在着类似于我国应当以法定刑为标准还是以宣告刑为标准对犯罪进行划分的争论，其将以宣告刑为判断标准称为具体观察方法，将以法定刑为判断标准称为抽象观察方法，通说认为应当以法定刑为标准，"重要的不是在具体情况下科处的刑罚（所谓的具体观察方法），而是所涉及的犯罪种类应当科处的刑罚（抽象的观察方法）。"[2]《德国刑法典》第12条规定，①重罪：是指最低刑为1年或1年以上自由刑的违法行为；②轻罪：是指最高刑为1年以下自由刑或科处罚金刑的违法行为；③总则中对加重处罚或减轻处罚的规定，或者针对情节特别严重或情节较轻而作出的加重处罚或减轻处罚的规定，在分类时不予考虑。[3]

德国将违警罪从刑法当中去除，纳入《违反秩序法》当中的做法其实属

---

[1] 参见[德]汉斯·海因里希·耶塞克、托马斯·魏根特：《德国刑法教科书》，徐久生译，中国法制出版社2017年版，第83页。

[2] [德]汉斯·海因里希·耶塞克、托马斯·魏根特：《德国刑法教科书》，徐久生译，中国法制出版社2017年版，第85页。

[3] 参见《德国刑法典》，徐久生译，北京大学出版社2019年版，第9页。

于一种非犯罪化的行为，这与我国未来的犯罪化走向并不一致，但这并不代表我国也要像德国一样走非犯罪化的道路，因为两国在刑法的严厉程度上完全不同。德国刑罚在1年以下的犯罪被视为轻罪，而在我国虽然关于轻罪的标准究竟是5年还是3年尚有争论，但明显要比德国的标准高，可见德国的犯罪圈相对于我国而言要宽泛许多。德国的一些违警罪以我国的标准来看，甚至连行政拘留的标准都达不到，将其从刑法中去除也并不奇怪。

（三）意大利

意大利是"刑法的摇篮和故乡"，其刑法理论有着自身的特点，这在犯罪分层上也有体现。意大利在刑法典中明确地将犯罪分为轻罪和重罪两种，并采用形式的标准对二者进行区别：法定刑为无期徒刑、有期徒刑或罚金的犯罪是重罪，法定刑为拘役或罚款的犯罪是轻罪。

《意大利刑法典》对于重罪和轻罪分别规定了不同的处遇方式。第56条第1款规定只有重罪才有犯罪未遂。意大利刑事诉讼法典第445条第2款规定了对于重罪而言如果在5年内或对于轻罪而言如果在2年内，犯罪人未犯重罪或同样性质的轻罪，犯罪和一切刑法后果即告消除。

《意大利刑法典》明确排除了过失重罪的存在，原则上只有故意才能构成重罪。《意大利刑法典》第42条第2款和第4款规定，"如果某人在实施行为时不是出于故意，不得因被法律规定为重罪的行为受到处罚，被法律明确规定为超意图犯罪或者过失犯罪的情况除外……在违警罪中，每个人对自己有意识和意志地作为或者不作为负责，无论这种行为是故意的还是过失的。"[1] 这种做法非常具有参考价值。这种原则性的规定直接限定了重罪的范畴，限制了打击范围，避免了因政策需要而随意扩大重罪犯罪圈的情况，同时也符合罪刑均衡原则的要求，它表明犯罪的轻重不能只看所造成的客观危害，还要看犯罪人主观的可谴责性，只有主客观均"重"的，才可视为重罪处理。

《意大利刑法典》虽然是以形式的法定刑为标准来划分重罪与轻罪的，但其在制定刑法时也考虑到了轻罪与重罪的实质区别，这一点对我们来说也具有非常重要的参考价值。《意大利刑法典》对于轻罪与重罪的实质划分是建立

---

[1]《最新意大利刑法典》，黄风译注，法律出版社2007年版，第21页。

在行政犯和自然犯的分类基础之上的，"事实上，轻罪源于过去那些所谓的'违警罪'，即那些触犯了行政当局为维护（如医药卫生、工业商贸等）各种具体部门的秩序，而采取的预防性惩治措施的行为。这类犯罪不同于各种以人的'自然'权利（如生命、健康、自由等）为侵犯对象的犯罪。"[1]也就是说轻罪主要以行政犯为主，而重罪主要以自然犯为主，当然这种划分是相对而非绝对的。"知道这一点后，就很容易发现今天的轻罪绝大部分仍属于：（1）不遵守预防——保护性规范的行为；（2）严重违反各种行政规范的行为。"[2]基于上述原则，意大利学者从法理的角度对于轻罪处罚故意和过失进行了解释和说明："因为这些行为都是违反预防性规范或行政管理秩序的行为，从根本上说，他们都是行为人对法律规定的预防性措施或行政要求漫不经心的罪过心态的体现。轻罪没有未遂形态，也可以用同样道理作为解释的根据；对于没采取预防性措施而构成轻罪的行为来说，将它们规定为犯罪本身已经实现了对法益的提前保护；而违反各种行政规定的轻罪没有未遂形态，则是因为行政机关只能处理人们已经实施的行为，而无权干涉人们'意图'实施某种行为的行为。"[3]在意大利，上述的这些基本原则并非只是学者们理论上的探索，而且还是以法律形式确定下来的立法原则，确认了上述原则作为"划分重罪与轻罪的指导性标准"的地位。

（四）日本

日本在战后也开始对犯罪进行分层，但其立法的模式较为特殊，并非在刑法总则中进行规定，而是单独制定了一部《轻犯罪法》，统一对相关轻罪进行规制。1948年日本制定并实施了《轻犯罪法》，并在其后废止了《警察犯罪处罚令》，将原本应当由警察进行处罚的行为纳入犯罪的范畴。

日本的轻罪根据情节不同，可以有免罪、拘留、罚款、拘留与罚款并处四种不同的结果，其中拘留的期限为1天~29天，罚款的数额为1000日元~

---

[1] [意] 杜里奥·帕多瓦尼：《意大利刑法学原理（注评版）》，陈忠林译评，中国人民大学出版社2004年版，第81页。

[2] [意] 杜里奥·帕多瓦尼：《意大利刑法学原理（注评版）》，陈忠林译评，中国人民大学出版社2004年版，第81页。

[3] [意] 杜里奥·帕多瓦尼：《意大利刑法学原理（注评版）》，陈忠林译评，中国人民大学出版社2004年版，第81页。

9999日元。警察只有制止权、取缔权、调查权和告发权，而无权对轻犯罪行为进行处罚，轻犯罪行为必须由法庭进行处理。

日本的轻犯罪行为中有一部分属于具有一定风险的行为，规定这类犯罪主要是为了防范社会活动可能产生的风险，例如无故关闭公共场所灯火；无视安全，在有人场所中丢掷、灌注、发射可能伤人之物品；无故在水道上放置船伐妨碍水路交通等。还有一部分行为类似某些犯罪的预备行为但无法证明：无故潜入无人看管的建筑物或船舶；无故携带刀械、铁棒或可以伤害他人的器具；无故携带可侵入他人住宅用的工具等。

如果说上述行为规定为轻罪尚可理解的话，还有一些行为被规定为轻罪在我们看来就有些匪夷所思了。例如日本的《轻犯罪法》将下列行为也规定为犯罪：在公共场所插队；制造噪音妨碍近邻安宁且不接受公务员制止；在公共场所造成他人不快，或露出大腿或身体其他部位；在公共场所吐痰、大小便者，或让人吐痰、大小便；有工作能力但没有职业、亦无求职意愿、游手好闲等。这也反映出日本的《轻犯罪法》制定的主要目的更多地是为了增强民众的道德规范意识，规制民众的日常生活行为。

(五) 俄罗斯

俄罗斯历来有着犯罪分层的传统，1885年的《刑罚与感化法典》当中，就将犯罪分为重罪和轻罪两类，"这应该认为是该法典毋庸置疑的优点"[1]。其后俄罗斯刑法也曾经将犯罪分为严重犯罪、犯罪和轻罪三个层次。苏联刑法将犯罪划分为特别严重的（10年以上）、严重的（5年~10年）、中等危害程度的（3年~7年）、不具有重大社会危害性的（1年以下）和轻微的犯罪，其划分标准因为模糊和重复性而饱受争议。1991年的《苏联和各加盟共和国刑事立法纲要》（以下简称《立法纲要》）当中明确规定了，根据社会危害性的性质和程度的不同，犯罪分为不具有大的社会危害性的轻罪、中等严重犯罪、严重犯罪和特别严重的犯罪。1996年的《俄罗斯联邦刑法典》延续了1991年《立法纲要》的分层模式，依然将犯罪分为四个层次[2]，但由于其

---

[1] [俄] Н. Ф. 库兹涅佐娃、И. М. 佳日科娃主编：《俄罗斯刑法教程（总论）上卷·犯罪论》，黄道秀译，中国法制出版社2002年版，第155页。

[2] 参见《俄罗斯联邦刑法典》，黄道秀译，北京大学出版社2008年版，第5页。

将过失与故意犯罪一起列为严重犯罪,而受到了不少的非议。俄罗斯目前"几乎所有刑法制度都考虑了犯罪的层次划分,俄罗斯学者认为,犯罪分类(层)的意义在于,责成立法者在构架刑法制度和规范时考虑犯罪的分类,同时也是刑罚个别化第一和基本的标准"[1]。这种通过犯罪分层来规制立法的思路值得我们借鉴。

二、英美法系国家

(一) 美国

美国虽然没有统一的成文刑法典,但其《模范刑法典》却在间接地发挥着成文刑法典的作用,其影响力巨大,成为美国三分之二以上州的刑法典蓝本。该法典由美国法学会制定完成,代表了美国甚至世界刑事立法的一流水平,其中对于重罪与轻罪着墨甚多,划分细致周到,不仅有实体内容,还有程序上的规定,非常具有研究和借鉴的价值。

美国《模范刑法典》中将犯罪分为两大类,一类是实质犯罪(crime),一类是违警罪(violation)或者称为非实质犯罪。实质犯罪可以处监禁刑,非实质犯罪只可以处罚金或民事制裁,并且不产生"法律上的不利"。其中实质犯罪又分成三种:重罪(felony)、轻罪(misdemeanor)和微罪(petty misdemeanor)。重罪可被处以1年以上监禁刑或死刑,轻罪可被处以1年以下监禁刑,微罪可被处以30日以下监禁刑。

重罪又被分为三种:一级重罪、二级重罪和三级重罪。"一级重罪和二级重罪,以本法典特别明文规定为限。被认定为重罪的罪,如果没有指明等级,为三级重罪。"[2]对重罪做这样的区分其意义主要在于量刑方面:构成一级重罪的,可能被判处的最高刑为终身监禁;构成二级重罪的,可能被判处的最高刑为10年;构成三级重罪的,可能被判处的最高刑为5年。如果构成重罪的犯罪分子属于惯犯、常业犯、危险的精神异常者、犯有数罪的被告人,则

---

[1] 叶希善:《犯罪分层研究——以刑事政策和刑事立法意义为视角》,中国人民公安大学出版社2008年版,第213页。

[2] [美]美国法学会:《美国模范刑法典及其评注》,刘仁文、王祎等译,法律出版社2005年版,第88页。

可对其适用加重的法定刑：二级重罪的最高刑期由 10 年变为 10 年以上 20 年以下，三级重罪由 5 年变为 5 年以上 10 年以下。

这种划分对于个罪的定罪量刑具有很直接的指导意义。例如，《模范刑法典》中将杀人罪分为三种：谋杀、非预谋杀人和疏忽杀人，并明确规定：谋杀属于一级重罪，非预谋杀人属于二级重罪，疏忽杀人属于三级重罪。其中只有谋杀罪才有适用死刑的可能。这种划分以及量刑规则的适用，有利于控制杀人罪当中死刑的适用。

在美国，同一个罪名可能会因为情节的不同而分属不同级别的重罪，同时辅以不同的法定刑。例如，"抢劫属于二级重罪，但行为人在实施盗窃过程中杀害他人未遂的，或者蓄意对他人施加严重身体伤害或者未遂的，属于一级重罪"；"行为人蓄意以分娩之外的手段，非法终止他人怀孕的，成立三级重罪；怀孕超过 26 周时犯本罪的，成立二级重罪。"由此可见，美国刑法中关于重罪与轻罪的划分，与量刑有着非常直接和紧密的关系。

诉讼法中关于重罪与轻罪的划分也有非常重要的意义："第一，区分重罪与轻罪，有利于及时地确定由哪一级司法机关或官员起诉。如实施重罪的，要由大陪审团起诉；实施的是轻罪，则由一般检察官起诉。第二，区分重罪与轻罪，对逮捕时是否要有逮捕证具有意义。美国普通法规定：对实施重罪的人，只要有合理根据证明该人在犯重罪，无逮捕证也允许逮捕。第三，区分重罪和轻罪，对被告是否要在审判中出庭也有意义。如根据普通法规定：在审判中，重罪被告一般要出庭，而轻罪被告可以缺席审判。现在大多数学者认为，只有处以死刑的可不出庭外，其他的重罪被告都要出庭。第四，区分重罪和轻罪，对确定证人证言的效力有意义。如普通法规定：曾犯过重罪的人出庭作证，对其证言的可靠性提出怀疑是合理的；反之，对曾犯过轻罪的一般不应提出这种怀疑"[1]。

（二）英国

在 1967 年之前，英国将犯罪分为叛国罪、重罪和轻罪，它们之间的主要区别体现在程序方面。例如，"广泛的未经授权逮捕的权力的适用只限于重

---

[1] 童颜："美国刑法中的重罪与轻罪"，载《现代法学》1984 年第 1 期。

罪；只有在重罪中才有主犯和从犯的区分；隐藏（包庇）或同意不指控（私了）一项重罪构成犯罪，但隐藏一项轻罪则不构成犯罪，私了一项轻罪很可能也不构成犯罪。"[1]但是英国议会通过了《1967年刑法法案》（Criminal Law Act 1967），在这项法案当中，重罪和轻罪的划分被取消，之前需要注意和区分的事项可以普遍适用于轻罪和重罪，因此"在以前的重罪，无论其为普通法的重罪还是制定法的重罪，和轻罪之间现在已经没有实质上的差别，二者都可以径呼之为'犯罪'"[2]。

虽然英国从法律的层面废除了轻罪与重罪的划分，但在司法实践当中，这种划分的影响依然存在，大量的现存案例依然在使用轻罪或重罪这种术语。有的学者认为"对于某些目的来说，特别是对于未经授权逮捕的法律的目的来说，有必要坚持重罪和轻罪的一种区分。对于前者来说，一种未经授权进行逮捕的权力是必要的，而对于后者来说，并不存在对于这样一种权力的广泛的需要"[3]。

此外，英国存在一种"可逮捕犯罪"，这种犯罪基本上是指可能会被判处5年以上有期徒刑的犯罪及其未遂的犯罪行为，在《1967年刑法法案》中规定了与上述"可逮捕犯罪"有关的一些犯罪。由此我们可以看出，英国目前的"可逮捕犯罪"与之前的重罪非常类似，犯罪分层的影响依然十分巨大。

第二节　程序法的域外考察

一个完整的犯罪分层制度，不光要有实体法方面的规定，还必须有程序法上的配合，因为犯罪分层的一个重要目的就是对不同类型的犯罪在审判程序方面有所区别。轻微犯罪适用较为简易的程序，严重的犯罪则要适用更为复杂的程序，所以有必要对其他国家与犯罪分层相关的程序规定进行简要的考察。

---

[1] [英] J.C. 史密斯、B. 霍根：《英国刑法》，李贵方等译，法律出版社2001年版，第78页。
[2] [英] J.C. 史密斯、B. 霍根：《英国刑法》，李贵方等译，法律出版社2001年版，第79页。
[3] [英] J.C. 史密斯、B. 霍根：《英国刑法》，李贵方等译，法律出版社2001年版，第80页。

一、轻微犯罪程序

(一) 美国

如前文所述,在对犯罪进行分层的国家当中,美国是最为细致精巧的国家之一。犯罪分层属于实体法的内容,那么相对的程序法也必须与之相适应,所以美国的刑事诉讼程序当中,很多地方都体现着犯罪分层的影响。

例如,在美国原则上必须具有拘票才可以实施逮捕,但如果警察有足够的理由怀疑行为人可能涉嫌重罪,则不需要拘票也可以实施逮捕。此外,联邦最高法院曾经要求州政府对于涉嫌重罪且无力聘请律师的犯罪嫌疑人提供法律援助,后来又判决即使涉嫌轻罪也应当提供法律援助。但在1979年时,最高院又认为只有在被告可能被判处监禁时才应当提供这种援助,只被科处罚金的则没有这种义务。在美国还规定了预审制度,"通常只有重罪被告才有预审的权利,轻罪被告以前述'第一次出庭'的程序取代预审的程序,而重罪被告需先经第一次出庭及预审两个程序的保护"[1]。对于重罪案件,在程序上最明显的不同体现在陪审团的适用上,美国多数的州都规定了关于重罪案件必须经过大陪审团的审核才能够进入起诉阶段,而对于轻罪案件则没有这样的要求。而在进入起诉阶段之后,如果是轻罪案件则向治安官起诉即可,无需向审判法官起诉。

如果是由治安官审理的轻微刑事案件,则可以适用特殊的刑事诉讼程序,但这种程序适用的前提是必须由被告人的书面同意方可实施,这种程序的特殊性在于:"1. 适用该程序必须经过被指控犯轻罪的被告人的书面同意和明确放弃由地区法院法官审判,或由司法官或者地区法院法官主持下的陪审团审判的权利表示;或者必须经过被指控微罪但不必判处监禁的被告人的统一和明确放弃由地区法院法官审判的权利表示。2. 被告人可以在一定期限内提出新的证据或其他理由并申请重新审判。3. 对司法官的判决,被告人或检察官可向地区法官提出上诉。若仍不服判,还可上诉到上诉法院"[2]。

---

[1] 王兆鹏:《美国刑事诉讼法》,北京大学出版社2014年版,第7页。
[2] 陆岸:"轻罪法建构研究——兼论行政制裁与刑事制裁的衔接",苏州大学2012年博士学位论文。

美国的辩诉交易制度也是能够对大量刑事案件进行及时处理的重要保证。辩诉交易是指在审判开始之前，犯罪嫌疑人与检察官之间关于定罪量刑所进行的协商和妥协。这种制度是建立在提高诉讼效率，降低司法成本目的的基础之上的。一般来说，如果犯罪嫌疑人认罪的，检察官可以从轻起诉，并在量刑时提出从轻或减轻量刑的建议，这样就大大地减少了起诉的时间。我国的认罪认罚从宽制度，在很大程度上也受到了美国辩诉交易制度的影响。在适用的犯罪类型上，辩诉交易制度并没有限制，无论是重罪还是轻罪均可以适用，这一点与我国的简易审判程序不同。由于辩诉交易制度是为了追求效率而产生的，那么不可避免地就会牺牲一定的公正性，为了保证这种牺牲处于可接受的程度范围之内，就必须对其进行一定的限制，"一是该交易'是否具备事实上的基础。'如果经审查发现不具备事实上的基础，法官不应接受。二是被告人的有罪答辩必须是自愿和理性的。即被告人必须充分了解交易的性质及产生的后果，自愿作出有罪答辩，达成交易，而不是受胁迫或欺骗而作出。否则，法官亦不予接受，因为这违反了宪法和法律"[1]。当然，大多数情况下检察官与犯罪嫌疑人之间所达成的协议是有效力的，法官会接受这种协议，但检察官的量刑建议则对法官而言没有约束力，犯罪嫌疑人有可能面对自己认罪之后却没有得到从轻处罚的风险。

应当说，美国的轻微犯罪审理程序和辩诉交易制度是可以被我们国家吸收采纳的。一方面，可以通过建立我国的轻微犯罪审理程序来应对未来我国可能出现的大量轻微犯罪案件的审理压力；另一方面，可以通过辩诉交易制度来消化一部分较为严重的刑事犯罪，从而通过轻重两方面的共同努力来提高刑事审判效率，以此来保障犯罪分层制度的实施。

（二）英国

英国的刑事诉讼程序当中，最有特色的当属其法院组织体系和法官的人员构成，"弄清楚英格兰和威尔士的两种刑事法院之间的区别是理解英国刑事司法制度的基础。本质上讲，其区别是简单的：治安法院负责审理大量的、不严重的案件或是普通的案件；刑事法庭负责审理相对少量的、较严重的刑

---

[1] 李传轩：" 美国辩诉交易程序与我国简易程序比较研究"，载《当代法学》2003年第6期。

事犯罪案件。治安法院审理的案件占刑事案件的绝大多数,通常被引用的数字显示,整个刑事案件的95%~97%是由治安法院审理的,刑事法庭审理的案件不到整个刑事案件的3%~5%"[1]。这个数字在我们看来是无法想象的,然而更令我们无法想象的则是英国审理刑事案件的人员构成。在英国,绝大多数的案件都是由非专业的法官进行审理的,只有少量的案件才会经由专业法官的审理(大约5%),这些专业的法官被称为"领薪治安法官(stipendiary magistrate)"。"数个世纪以来,刑事业务一直在从高级法院往下移,但这一趋势直到20世纪才得以明显加强。随着新型犯罪的出现,他们开始可以通过简易程序审理案件,即由治安法官在没有陪审团的情况下单独审理案件,也可以通过陪审团审理,从而保证了大多数案件被移交给治安法官审判。如今,治安法官可以受理严重的交通肇事致死、几乎所有最严重的伤害行为、大多数性犯罪、夜盗罪、欺诈罪、伪造罪、纵火罪、所有毒品犯罪、伪证罪、赌博罪以及大多数枪击行为。"[2]对我们而言,上述严重犯罪交由非专业的法官来审理是不可接受的,然而"起诉人更喜欢把案件送到治安法院,在这里,程序更为简便,定罪率也要高得多"[3]。在英国,之所以出现这种情况的主要原因是案件数量的庞大,因为英国的犯罪圈要远远大于我国,许多在我国被视为行政违法的行为,在英国都被视为轻微犯罪,这就需要大量的法院和法官,这也就催生了英国大量的治安法院和非专业法官。

如前文所述,英国曾经也对犯罪进行了明确的分层,后来取消了这种做法,但事实上其只不过是将轻罪与重罪换了一种称呼,变成了"可逮捕犯罪"与"不可逮捕犯罪"。"根据1984年英国《警察与刑事证据法》,警察拥有变动幅度很大的逮捕权。该法开列了一份长长的关于所谓'可逮捕犯罪'(包含了所有可判处5年或5年以上监禁的犯罪)的清单。该法规定,如果警察有合理根据怀疑已经发生可逮捕犯罪,他可以逮捕任何他有合理根据怀疑为该

---

[1] [英]麦高伟、杰弗里·威尔逊主编:《英国刑事司法程序》,姚永吉等译,法律出版社2003年版,第7页。

[2] [英]麦高伟、杰弗里·威尔逊主编:《英国刑事司法程序》,姚永吉等译,法律出版社2003年版,第260页。

[3] [英]麦高伟、杰弗里·威尔逊主编:《英国刑事司法程序》,姚永吉等译,法律出版社2003年版,第260页。

罪犯罪嫌疑人的人，无需令状（治安法官的优先权）。"[1]这一点与美国的重罪令状规则十分相似，所以我们可以把英国的可逮捕犯罪理解为重罪。在关于重罪与轻罪的不同逮捕规则方面，我们国家可以参考英国和美国的做法，根据不同的犯罪类型制定不同的逮捕规则。

在英国，为了应对大量的轻微刑事案件而出现了"警方分流"的做法，主要是指针对轻微案件并不进行起诉和审判，而是由警察实施正式的警告或告诫，从而终结刑事程序。这种正式的警告或告诫往往针对青少年犯罪实施。这种做法赋予了警方极大的裁量权，但是确实也极大地提高了司法效率。

与美国一样，英国也同样存在着辩诉交易制度，但英国的辩诉交易制度是在法官主持之下进行，"控方在辩方签订协议前，应征得法官的同意，法官有权指示控方不得签订该协议。通常，法官不会反对该协议，因为它将节省正规陪审团审判的费用，并有其他的好处"[2]。

(三) 法国

法国是现代犯罪分层制度的发源地，其"罪分三类"的做法对其他国家影响颇深，同时犯罪分层的思路也对其本国的刑事诉讼程序产生了深远的影响。可以说，法国的刑事诉讼体系完全是建立在犯罪分层基础之上的。

法国也规定了预审制度，但并不是任何类型的案件都必须要经过预审。"重罪案件，预审为强制性；轻罪案件，除有特别规定外，预审为非强制性；如共和国检察官依第44条之规定提出要求[3]，对违警罪案件也可以进行预审。"[4]

在法国，所有的重罪案件必须由重罪法庭来进行审理，重罪法庭不得受理其他任何的指控。重罪法庭以省为单位设置，每3个月为一个庭期。重罪

---

[1] [英]麦高伟、杰弗里·威尔逊主编：《英国刑事司法程序》，姚永吉等译，法律出版社2003年版，第48页。

[2] [英]麦高伟、杰弗里·威尔逊主编：《英国刑事司法程序》，姚永吉等译，法律出版社2003年版，第297页。

[3] 《法国刑事诉讼法典》第44条规定，共和国检察官对其管辖区的违警罪法院的检察官员享有上司的权力，可以向这些官员通报其了解的违警罪，并命令他们进行追诉；相应场合，共和国检察官得要求进行侦查。

[4] 《法国刑事诉讼法典》，罗结珍译，中国法制出版社2006年版，第81页。

法庭审理案件采用陪审团制，陪审团的人数为两人。此外还有一名审判长与陪审官共同组成法庭。重罪法庭审理案件的程序相对于轻罪和违警罪而言非常复杂和繁琐，目的是更好地保障犯罪嫌疑人的诉讼权利，因为法国对重罪的处罚往往在10年以上有期徒刑、无期徒刑甚至死刑，因此不能为了司法效率而牺牲公正。但对于重罪案件却可以缺席审判，这也是法国重罪程序当中的一个特殊之处。

轻罪案件则由轻罪法庭进行审理。与重罪法庭只审理重罪不同，如果违警罪和轻罪构成一个不可分的整体，那么轻罪法庭也可以连带地审理违警罪。轻罪案件也并不要求犯罪嫌疑人必须出庭，当事人可以自愿出庭。轻罪法庭并不实行陪审团制，而是由一名审判长和两名法官组成合议庭进行审理。在法国的轻罪程序当中还包含了简易程序，根据《法国刑事诉讼法典》第495的规定："《公路法典》规定的轻罪，该法典规定的有关联的违警罪，以及违反陆路交通运输规章的轻罪，可以适用本节规定的简易程序。"[1]轻罪简易程序的简易性主要体现在，一旦选择适用简易程序，检察官可以直接向审判长报送案卷并提出自己的公诉意见，审判长可以不开庭审理，但只能作出无罪或判处罚金的裁定，如果法官认为有必要开庭，则要将案卷退回检察院。但如果被告人对适用简易程序的审理结果有异议的，可以要求开庭审理。

法国最轻的刑事案件是违警罪，由违警罪法庭负责审理。违警罪法庭的人员构成最为简单，由一名初审法院的法官、一名检察院官员和一名书记员组成。《法国刑事诉讼法典》第524条规定："任何违警罪，即使属于累犯，均可适用本章规定的简易程序。"[2]违警罪的简易程序与轻罪的简易程序基本相同，在此不再赘述。

(四) 德国

德国曾经与法国一样将犯罪分为三类，即重罪、轻罪和违警罪，然而后来由于学界对违警罪性质的看法发生了变化，认为违警罪不应当属于犯罪行为而将其归入了违反秩序的行为当中，从而导致违警罪不再规定在刑法典中，这样德国刑法当中的犯罪就分成了重罪和轻罪两个层次。

---

[1]《法国刑事诉讼法典》，罗结珍译，中国法制出版社2006年版，第311页。
[2]《法国刑事诉讼法典》，罗结珍译，中国法制出版社2006年版，第329页。

德国的刑事诉讼法对于犯罪分层制度的体现并不太多，其中的特殊程序是德国刑事诉讼当中的特色之一。在刑事诉讼开始之前要进行一次实质审查，以决定该行为是否足以认定成犯罪。《德国刑事诉讼法典》第 153 条规定"程序标的为轻罪时，如果犯罪人罪责轻微，且不存在追诉的公共利益，经负责开启审判程序的法院同意，检察院可以不追诉。对于不高于最低法定刑且犯罪行为造成的后果轻微的轻罪，无需法院同意"[1]。也就是说，只有对于轻罪才存在由于情节轻微而不视为犯罪的可能，重罪则没有这样的规定。

德国的特别程序当中当属处罚令程序最具有特色。《德国刑事诉讼法典》第 407 条规定，"在刑事法官审理的程序中及属于舍芬庭管辖的程序中，针对轻罪依检察院书面申请，可以不经法庭审理以书面处罚令确定犯罪行为的法律后果。申请应当针对特定的法律后果。提出申请即为提起公诉"[2]。由此可以看出，只能针对轻罪案件才可以适用处罚令程序，而对重罪案件则不能适用。从这一点来看，德国的处罚令程序与法国的轻罪简易程序十分相似。但德国的处罚令的不利后果是有限制的，只能处以较轻的惩罚，"处罚令只能单处或并处以下法律后果：1. 罚金、保留处刑的警告、禁止驾驶、收缴、没收、销毁、废弃、有罪判决的公告和对法人或人合团体的罚款；2. 不超过两年的剥夺驾驶许可；2a. 在 1 年至 3 年的期间内禁止饲养、照管及交易任何种类或某一特定种类动物，或者在此期间内禁止与上述动物进行职业性接触活动；3. 免除刑罚。如果被诉人有辩护人且刑罚缓期执行，亦可判处 1 年以下自由刑"[3]。

德国的刑事诉讼法当中还规定了特殊的保安处分程序。它主要针对无刑事责任能力人适用，并由检察院进行申请。这种申请的性质类似于公诉，适用刑事程序，在过程中应当进行鉴定，法庭可以进行缺席审判。但如果该程序开启之后发现被指控人具有刑事责任能力，则要转入普通程序。[4]

德国还规定了简易程序。简易程序的适用情形和我国的简易程序类似，均是针对案情比较简单、事实比较清楚的案件。简易程序需要通过检察院书

---

[1]《德国刑事诉讼法典》，宗玉琨译注，知识产权出版社 2013 年版，第 145 页。
[2]《德国刑事诉讼法典》，宗玉琨译注，知识产权出版社 2013 年版，第 283 页。
[3]《德国刑事诉讼法典》，宗玉琨译注，知识产权出版社 2013 年版，第 283~284 页。
[4] 参见《德国刑事诉讼法典》，宗玉琨译注，知识产权出版社 2013 年版，第 287~288 页。

面或口头申请方可启动。法院应当在尽可能短的时间内进行审判，原则上应当由被指控人自愿到场，但也可以传唤。检察院无需递交公诉书，开庭时口头进行公诉，记录在案即可。简易程序的量刑是有限制的，不允许判处超过1年的自由刑，可以剥夺驾驶资格。

此外，德国的特别程序当中还包含了没收和扣押财产程序、对法人和人合团体的罚款程序，内容比较丰富翔实且便于执行。

总体而言，上述几国的简易或特殊程序当中均体现出了犯罪分层制度的影响，其都对于本国的轻罪或轻微犯罪适用不同于重罪的程序。通过犯罪分层可以使适用对象更为清晰明确，只需要指出针对某一类型的犯罪即可，而无需再通过列举的方式指明。同时，各国为了应对犯罪圈扩大所造成的审判压力，均制定了不同的速裁程序，例如警察分流制度、轻罪简易程序、处罚令制度等，并将这些案件交由治安法院或法庭审理，保证了将司法资源集中在重大案件的审判上，平衡了效率与公平之间的关系。

二、重罪程序

（一）美国

美国的死刑程序是所有诉讼程序当中最为重要的一种，也是典型的重罪程序。死刑程序大体上分成三个阶段，分别是审前程序、初审程序和复审程序。

1. 审前程序

在审前程序中，首先要在警察局完成相关的身份登记，其后要由警方向治安法院出具一份控诉书，目的是使治安法官知悉相关情况。随后，犯罪嫌疑人将面临第一次出庭，主要目的是确定犯罪嫌疑人能否保释，但在美国只有针对非死刑案件才能适用保释，"但是，这一问题在死刑案件中并不是无意义的，因为是否属于可处死刑的这种'不利于被捕人的推定'，应当在举行听证后决定。因此，这一程序对被告人的初审程序非常重要"[1]。

随后，被告人将面临正式的起诉。"美国正式起诉约有以下几种名称：（1）控诉书（Complaint），通常是轻罪案件向治安法官（Magistrate）起诉，

---

[1] 张栋：《美国死刑程序研究》，中国人民公安大学出版社2007年版，第24页。

而非向一般的审判法官（Trial Judge）起诉。（2）控告书（Presentment），这是大陪审团若发现犯罪嫌疑时，自己主动向法院提起的起诉状。（3）起诉书（Indictment），这是由检察官向大陪审团提出证据，经大陪审团核准后，向法院提起的正式起诉状。（4）起诉书（Information），实质上与前述 Indictment 类似只是检察官不需要大陪审团的核准，即自行主动向法院提出的起诉状。根据《美国宪法第五修正案》和《联邦刑事诉讼规则》第 7 条的规定，可判处死刑的案件必须经过大陪审团审查起诉，因此，死刑案件的起诉只能是 Indictment。"[1]死刑案件必须由大陪审团来审判，一般大陪审团由 16 人~23 人组成，其只负责判断被告人是否有罪而不负责量刑。美国也规定了必须为无法承担律师费用的死刑案件被告人指定律师，而且设置了若干要求以保证指定律师的辩护质量，"死刑案件的指定律师至少要有两位；被指定的律师中至少有一位必须具有代理死刑案件的从业经验；在做出指定之前，关于哪些律师有资格在死刑案件中获得指定，法院必须要参考联邦公共辩护人的推荐"[2]。

2. 初审程序

初审程序由定罪程序和量刑程序两个环节构成，一般的重罪程序也是这样。先由陪审团来判定被告人是否构成犯罪，如果构成则由法官来负责具体量刑工作。死刑案件的定罪过程大体上经过 8 个步骤：开庭陈述、控方举证、径为无罪判决、辩方举证、反驳程序、终结辩论、指示陪审团、陪审团评议和裁决。经过这 8 个步骤并最终被认定罪名成立的被告人最终可能有 3 种不同的后果：死刑、终身监禁和不得假释的终身监禁。

3. 复审程序

复审程序类似于上诉程序，主要是为了对死刑案件进行救济。复审程序可以分为三个阶段："第一个阶段的复审是直接上诉。在这个复审程序中，辩方和控方分别向法院递交书面材料，这些材料的范围限于在初审时已获准向法庭出示的证据……第二个阶段的复审叫作'州定罪后'复审。包括被告人向包括原审法院在内的州法院提出复审请求，请求被受理后控辩双方分别提交书面材料，并由法院决定是否举行一个新的听审……第三个阶段的复审称

---

[1] 张栋：《美国死刑程序研究》，中国人民公安大学出版社 2007 年版，第 24~25 页。
[2] 张栋：《美国死刑程序研究》，中国人民公安大学出版社 2007 年版，第 29 页。

为'联邦人身保护令'复审，也称为'联邦定罪后'复审。这个阶段的复审请求是被告人在穷尽了州救济手段之后，向联邦法院而非州法院提出的"[1]。

美国包含死刑程序在内的重罪程序最显著的一个特征就是陪审团制度，一般的轻罪案件无须陪审团审理，但重罪案件则需要陪审团参加，尤其是死刑案件，更多地会考虑到人们对正义的朴素追求和情感。

（二）法国

法国的重罪要由重罪法院进行审理，重罪法院不受理其他类型的案件只负责重罪的审判。重罪法院并非常设性的机构，也并非随时可以开庭审理案件，一般来说每3个月开庭一次。由此可见，在法国重罪案件的数量并非很多。

法国的重罪案件审判有一个非常特殊的地方，即重罪案件实行一审终审制。因此，在正式的审理之前要经过两级的预审，这其实也等于起到了增加审级的作用。"首先由预审法官进行初级预审即正式侦查。预审法官查实犯罪事实，确定犯罪行为人，确认构成重罪的，即裁定将案件移送上诉法院检察长并由检察长移交上诉法院刑事审查庭审查。刑事审查庭的审查属于起诉审查，其任务是审查检察长移送的案件是否构成犯罪、是否属于重罪、是否符合起诉条件。如果属于重罪并且符合起诉条件，刑事审查庭就做出起诉裁定，该裁定既是重罪案件正式起诉的标志，又是重罪法院受理和审判重罪案件的必要根据，未经刑事审查庭裁定起诉的重罪案件，重罪法院不得受理。"[2]

和美国的重罪审理程序一样，法国的重罪审理也必须经由陪审团来进行，但不同之处则体现在人员构成和职责范围上。法国的重罪陪审团一般由三名专业法官和九名业余的陪审员组成，而在美国的陪审团当中则没有专业法官；另外，法国的陪审员既负责是否有罪的判断也负责量刑，这一点与美国的陪审团只负责定罪不负责量刑不同。

重罪法院审理重罪案件需要当庭宣判，因此，在审理结束之后，陪审团需要马上进行评议。重罪的评议过程是法国重罪审判程序当中最为有特色的

---

[1] 张栋：《美国死刑程序研究》，中国人民公安大学出版社2007年版，第40～41页。
[2] 邓云："法国重罪法院及其审判程序之特色"，载《黑龙江省政法管理干部学院学报》2002年第1期。

一部分:"(1)书面表决,逐项进行。即法官和陪审员评议时,以书面方式,依次就主要罪行、加重情节、附加问题和构成免除或减轻刑罚合法原因的事实进行表决。(2)自由判断,秘密投票。在评议时,每个法官和陪审员都本着良心和自由心证原则,对被告人行为的性质、证据、刑罚问题自由地进行判断,实行不记名投票表决……(3)当场开票,空票有利被告……(4)定罪与处刑依次表决,连续进行。先就被告人是否犯有被控罪行表决,后表决刑罚问题"[1]。

---

[1] 邓云:"法国重罪法院及其审判程序之特色",载《黑龙江省政法管理干部学院学报》2002年第1期。

第三章 犯罪分层的理论基础

任何一种法律制度都不会是凭空产生的，必然会有其产生的理论基础和思想渊源，犯罪分层也不例外。了解犯罪分层的理论基础既有助于我们更好地理解其本身，也有助于我们更好地设计自己的犯罪分层制度。因此，我们有必要对犯罪分层的理论基础进行考察。

第一节 罪刑均衡思想

罪刑均衡也被称为罪刑一致、罪刑等价，罪刑均衡思想的形成是一个逐步发展的过程，它经历了从蒙昧野蛮到理性文明的发展。犯罪分层理论受罪刑均衡思想的影响非常之大，可以说犯罪分层背后所体现的最重要的思想以及所追求的最终目标就是罪刑之间的均衡，其所有的制度设计也都是围绕着这一指导思想而展开的。因此，罪刑均衡思想对于犯罪分层理论来说，有着极其重要的指导意义。

一、罪刑均衡思想概述

在原始时期，罪刑均衡的思想便有所体现，但受当时人们思考水平和认识能力的限制，这一思想还停留在较低的水平，更多的是对一些直观现象的反映，这也已经是当时人们理性的极致。恩格斯的《家庭、私有制和国家的起源》中提到过易洛魁人的原始"罪刑均衡"思想，他们往往采用赎罪和血族复仇的方式来处理部落之间的矛盾。所谓的血族复仇其实就是"以牙还牙、以眼还眼"式的报复，将杀人者杀死以实现原始的"罪刑均衡"，而且这种报复并不是一种理性的计算，完全是人类的一种原始本能，"参与公共事务，实行血族复仇或为此接受赎罪，究竟是权利还是义务这种问题，对印第安人来说是不存在的；在印第安人看来，这种问题正如吃饭、睡觉、打猎究竟是权利还是义务的问题一样荒谬"。[1] "在易洛魁人以及其他一般的印第安部落当中，为一个被杀害的亲属报仇是一项公认的义务。但是，在采取非常手段以前，杀人者和被杀者双方的氏族有责任使这种罪行设法得到调解。双方氏族的成员分别举行会议，为从宽处理杀人犯的行为而提出一些条件。通常采取的方式是赔偿相当价值的礼物并道歉。如果罪行有辩护的理由或具备减轻罪行的条件，调解一般可达成协议。但如果被杀者氏族中的亲属不肯和解，则由本氏族从成员中指派一个或多个报仇者，他们负责追踪该杀人犯，直到发现了他并就地将他杀死才算了结。倘若他们完成了这一报仇行为，被报仇一方的氏族中任何成员不得有任何理由为此愤愤不平。杀人者现已偿命，公正的要求乃得到满足。"[2] 后来，在《汉谟拉比法典》当中，首次以成文的方式将这一基本原则确定了下来，规定"倘自由民损毁任何自由民之子之眼，则应毁其眼"，"倘自由民折断任何自由民（之子）之骨，则应折其骨"[3]。

上述这些关于罪刑均衡的规定还带有非常强烈的原始色彩。现代意义上的罪刑均衡萌芽于 1215 年的《英国大宪章》（以下简称《大宪章》），其中第 20 条规定"自由人犯轻罪者，应按犯罪之程度科以罚金；犯重罪者应按其犯罪之大小没收其土地，与居室以外之财产；对于商人适用同样规定，但不得没收其货物。凡余等所辖之农奴犯罪时，亦应同样科以罚金，但不得没收其农具"。从上述的表述中可以看出，其中既包含了罪刑均衡的思想，也还有一定的刑罚个别化思想，不过这种个别化是以身份来进行判断的。

真正对罪刑均衡思想进行深入思考和系统研究的是刑事古典学派的学者们，他们对这一思想的阐述更多地包含在其主张的报应刑思想当中。康德、黑格尔、贝卡里亚和边沁是其主要代表人物，他们对罪刑均衡思想的形成有极大的贡献。

康德主张的是同态报复，属于绝对报应主义，黑格尔称之为"种的等同性"。康德认为报应本身就意味着正义，他站在绝对报应主义的立场上推导出

---

[1] 谭培文等编：《马克思主义经典著作选编与导读》，人民出版社 2005 年版，第 421 页。
[2] 陈兴良："罪刑均衡的价值蕴涵"，载《法律科学（西北政法学院学报）》1996 年第 4 期。
[3] 赵廷光："罪刑均衡论的兴衰与罪责刑均衡论的确立"，载《山东公安专科学校学报》2003 年第 4 期。

第三章 犯罪分层的理论基础

了这样的结论："如果你诽谤别人，你就是诽谤了你自己；如果你偷了别人的东西，你就是偷了你自己的东西；如果你打了别人你就是打了你自己；如果你杀了别人，你就杀了你自己"[1]。此外，康德做了一个很有意思的假定，"有一个公民社会，经它所有成员的同意，决定解散这个社会，并假定这些人是住在一个海岛上，决定彼此分开散居到世界各地，可是，如果监狱里还有最后一个谋杀犯，也应该在处死他以后，才执行他们解散的决定。应该这样做的原因是让每一个人都可以认识到自己言行有应得的报应，也认识到不应该把有血债的人留给人民。如果不这样做，他们将被认为是参与了这次谋杀，是对正义的公开违反。"[2]从以上的论述我们不难看出，康德主张以同样的行为方式去惩罚犯罪人，因为只有这样才可能保证刑罚是最公正的，否则都有可能出现罪刑失衡的情况，而失衡的刑罚无疑是不公正的。然而这种同态报复的缺陷是非常明显的，即在现实中我们根本无法实现同态报复。黑格尔就认为"很容易指出刑罚上同态报复的荒诞不经（例如以窃还窃，以盗还盗，以眼还眼，以牙还牙，同时我们还可以想到行为人是个独眼龙或者全口牙齿都已脱落等情况）。但是概念与这种荒诞不经根本无关，他应完全归咎于上述那种犯罪和刑罚之间种的等同性的主张"[3]。但是关于死刑，黑格尔认为"种的等同性"报复是合理的，"现在，报复虽然不能讲究种的等同，但在杀人的场合则不同，必然要处死刑，其理由是，因为生命是人的定在的整个范围，所以刑罚不能仅仅存在于一种价值中——生命是无价之宝——而只能在于剥夺杀人者的生命"[4]。

黑格尔对同态报复的批评极具合理性，其所主张的等价报应观点，则为现代的罪刑均衡思想奠定了基础。黑格尔认为，报复是一种对犯罪的扬弃，而作为扬弃对象的犯罪"具有在质和量上的一定范围，从而犯罪的否定，作

---

[1] [德] 康德：《法的形而上学原理——权利的科学》，沈叔平译、林荣远校，商务印书馆1991年版，第164页。

[2] [德] 康德：《法的形而上学原理——权利的科学》，沈叔平译、林荣远校，商务印书馆1991年版，第166页。

[3] [德] 黑格尔：《法哲学原理：或自然法和国家学纲要》，范扬、张企泰译，商务印书馆1961年版，第105页。

[4] [德] 黑格尔：《法哲学原理：或自然法和国家学纲要》，范扬、张企泰译，商务印书馆1961年版，第106~107页。

为定在，也是同样具有在质和量上的一定范围。但是这一基于概念的同一性，不是侵害行为特种性状的等同，而是侵害行为自在地存在的性状的等同，即价值的等同"[1]。在此，黑格尔明确地提出了犯罪与刑罚之间不应当是种的等同，而应当是价值上的等同，道理是显而易见的，"犯罪的基本规定在于行为的无限性，所以单纯外在的种的性状消失得更为明显，而等同性则依然是唯一的根本规则，以调整本质的东西，即罪犯应该受到什么刑罚，但并不规定这种科罚的外在的种的形态。单从这种外在的种的形态看来，一方面窃盗和强盗与罚金和徒刑等之间存在着显著的不同，可是从他们的价值即侵害这种他们普遍的性质看来，彼此之间是可以比较的"[2]。也就是说，犯罪行为的无限性与作为报应手段的刑罚有限性之间的矛盾是不可能通过同态报复解决的，唯一的途径是通过二者在价值上的等同解决，也即找出犯罪行为所侵害的价值，并通过刑罚剥夺犯罪人同样的价值，只有这种价值上的等同性才是可能实现的。其实，黑格尔关于犯罪与刑罚之间价值等同的思想，非常类似于生产交换中一般等价物的思想。在以物易物的时代，最为简便快捷的交换方式就是以同样的商品互相交换，这种方式最为公平，但却没有任何意义。因此人们只能用不同种的商品进行交换，这就使得交换非常的麻烦而且仅能在小范围内进行。后来人们找到了一般等价物，每种商品都可以用这种等价物标出自身的价格，人们只需要按照这种价格使用一般等价物与商品进行交换即可，这就大大促进了商品交换的发展。作为犯罪与刑罚之间的一般等价物就是黑格尔所谓的抽象的价值，唯一的问题在于这种价值如何衡量？换言之，犯罪与刑罚之间如何实现精确的对应？应当说，这个问题至今没有得到很好的解决，恐怕也是不可能解决的。

贝卡里亚为解决犯罪与刑罚的精确对应，曾提出了刑罚阶梯的设计，对后世的影响非常大，这一设计也是现代法定刑的雏形。贝卡里亚的基本思想就是重罪重罚、轻罪轻罚，"犯罪对公共利益的危害越大，促使人们犯罪的力量越

---

[1] [德]黑格尔:《法哲学原理：或自然法和国家学纲要》，范扬、张企泰译，商务印书馆1961年版，第104页。

[2] [德]黑格尔:《法哲学原理：或自然法和国家学纲要》，范扬、张企泰译，商务印书馆1961年版，第106页。

强，制止人们犯罪的手段就应该越强有力。这就需要犯罪与刑罚相对称"[1]。贝卡里亚是这样来设计他的刑罚阶梯的，"既然存在着人们联合起来的必要性，既然存在着作为私人利益相互斗争的必然产物的契约，人们就能找到一个由一系列越轨行为构成的阶梯，它的最高一级就是那些直接毁灭社会的行为，最低一级就是对于作为社会成员的个人所可能犯下的、最轻微的非正义行为。在这两极之间，包括了所有侵害公共利益的、我们称之为犯罪的行为，这些行为都沿着这无形的阶梯，按从高到低顺序排列"[2]。以上还仅仅是犯罪的阶梯，如果没有相应的刑罚，这种阶梯是没有意义的。所以贝卡里亚又说道，"如果说，对于无穷无尽、暗淡模糊的人类行为组合可以应用几何学的话，那么也很需要有一个相应的、由最强到最弱的刑罚阶梯"[3]。这样，犯罪与刑罚之间的基本对应关系就建立起来了，那么下面要考虑的就是如何精确对应的问题。贝卡里亚很敏感地发现了这一对应的难度，因此其没有做过于精确的设计，"然而，对于明智的立法者来说，只要标出这一尺度的基本点，不打乱其次序，不使最高一级的犯罪受到最低一级的刑罚，就足够了"[4]。所以，在贝卡里亚那里，犯罪与刑罚之间并非是精确地一一对应，而是大体严重程度上的对应，也即只要对重罪施以严重的刑罚，对轻罪施以较轻的刑罚而不是重罪轻罚或轻罪重罚即可，否则"如果对两种不同程度的侵犯社会的犯罪处以同等的刑罚，那么人们就找不到更有力的手段去制止实施能带来较大好处的较大犯罪了"[5]。

虽然贝卡里亚不赞成对犯罪与刑罚的对应关系做过于精细的设计，但也并非没有任何的限制，其提出了一些基本的原则。贝卡里亚认为，犯罪与刑罚之间应当具有一定程度的相似性，"刑罚应尽量符合犯罪的本性，这条原则惊人地进一步密切了犯罪与刑罚之间的重要连接，这种相似性特别有利于人们把犯罪动机同刑罚的报应进行对比，当诱人侵犯法律的观念竭力追逐某一

---

[1][意]切萨雷·贝卡里亚：《论犯罪与刑罚》，黄风译，北京大学出版社2008年版，第17页。
[2][意]切萨雷·贝卡里亚：《论犯罪与刑罚》，黄风译，北京大学出版社2008年版，第18页。
[3][意]切萨雷·贝卡里亚：《论犯罪与刑罚》，黄风译，北京大学出版社2008年版，第18页。
[4][意]切萨雷·贝卡里亚：《论犯罪与刑罚》，黄风译，北京大学出版社2008年版，第18页。
[5][意]切萨雷·贝卡里亚：《论犯罪与刑罚》，黄风译，北京大学出版社2008年版，第19页。

目标时，这种相似性能改变人的心灵，并把它引向相反的目标"〔1〕。这种相似性并不是同态报复，而是建立在理性基础之上的价值追求，例如贝卡里亚说"对于不牵涉暴力的盗窃，应处以财产刑……但一般来说，盗窃是一种产生于贫困和绝望的犯罪，是不幸者的犯罪……所以，最恰当的刑罚是那种唯一可以说是正义的苦役，即在一定的时间内，使罪犯的劳作和人身受到公共社会的奴役，以其自身的完全被动来补偿他对社会公约任意的非正义践踏"〔2〕。在这里，贝卡里亚还展现出了一定的刑罚个别化思想，这种思想不仅仅体现在针对犯罪人的方面，还体现在针对不同性质的犯罪方面，"如果盗窃活动中加进了暴力，那么刑罚也应该是身体刑和劳役的结合。在我以前的一些学者已经证明：对暴力盗窃和诡计盗窃在刑罚上不加以区别，荒谬地用一大笔钱来抵偿一个人的生命，会导致明显的混乱"〔3〕。

边沁也站在功利主义的立场上对罪刑均衡进行了分析，而且其提出了更为精确的对应规则。边沁认为"孟德斯鸠意识到了罪刑相称的必要性，贝卡里亚则强调它的重要性。然而，他们仅仅做了推荐，并未进行解释，他们未告诉我们相称性由什么构成"〔4〕。边沁提出了具体的刑罚适用规则，"刑罚之苦必须超过犯罪之利；刑罚的确定性越小，其严厉性就应该越大；当两个罪刑相联系时，严重之罪应适用严厉之刑，从而使罪犯有可能在较轻阶段停止犯罪；罪行越重，适用严厉之刑以减少其发生的理由就越充足；应该对所有罪犯的相同之罪适用相同之刑，必须对可能影响感情的某些情节给予考虑"〔5〕。边沁通过精巧的功利主义计算，使得罪与刑之间的对应关系越发清晰，其所提出的原则不仅可以适用于立法，同时还可以适用于司法，他也使得罪刑均衡的思想不仅仅只停留在立法的层面，还扩展到了司法的层面，大大拓宽了罪刑均衡思想的适用范围，从而使这种思想贯穿了整个刑事司法过程。

通过康德、黑格尔、贝卡里亚和边沁的论述和分析，罪刑均衡思想逐渐

---

〔1〕 ［意］切萨雷·贝卡里亚：《论犯罪与刑罚》，黄风译，北京大学出版社2008年版，第48页。

〔2〕 ［意］切萨雷·贝卡里亚：《论犯罪与刑罚》，黄风译，北京大学出版社2008年版，第52页。

〔3〕 ［意］切萨雷·贝卡里亚：《论犯罪与刑罚》，黄风译，北京大学出版社2008年版，第52页。

〔4〕 ［英］吉米·边沁：《立法理论——刑法典原理》，孙力等译，中国人民公安大学出版社1993年版，第68页。

〔5〕 ［英］吉米·边沁：《立法理论——刑法典原理》，孙力等译，中国人民公安大学出版社1993年版，第68页。

深入人心，虽然在其后目的主义盛行的时期，罪刑均衡曾一度有所衰退，但在责任主义兴起之后很快又获得了复兴。时至今日，罪刑均衡已经作为刑法的一个基本原则得到确认，成为指导刑事立法、司法和执行的一个重要思想。

二、犯罪分层与罪刑均衡

罪刑均衡思想与犯罪分层有着天然的亲近，可以说犯罪分层就是罪刑均衡思想在立法上的具体体现，罪刑均衡也是犯罪分层所追求的主要目的之一。

犯罪分层的基本思路是依据犯罪的轻重将犯罪分为不同层次，然后对每个层次的犯罪配备不同的处遇措施，这种措施包含实体法上和程序法上的不同。例如不同层次之间犯罪的法定刑刑种和轻重均不一样，管辖的法院和适用的程序也不相同。在这一制度之下，可以很好地达到重罪重罚、轻罪轻罚，罪刑均衡的基本要求得以实现。因此，我国就有学者认为"真正全面确立并贯彻罪刑相当原则的是1791年和1810年的法国刑法典。法国刑法典关于重罪、轻罪、违警罪的划分以及刑法分则条文关于各种具体犯罪及其法定刑的规定，都是罪刑相当原则的具体体现。法国刑法典之后，罪刑相当原则成为西方各国刑法典规定罪刑关系的基本准则"[1]。

积极倡导罪刑均衡的贝卡里亚也曾经对犯罪进行过分层，他认为"前面提到的第一类犯罪，由于其危害性较大，因而是最严重的犯罪，这就是所谓的叛逆罪。残暴和愚昧把这些字眼和一些最明确的观念搞得混乱，只有他们才可能把叛逆的罪名及其随之而来的最重刑罚强加于那些本质不同的犯罪……其次，就是侵犯私人安全的犯罪"[2]。"第三类犯罪，具体地说，就是那些扰乱公共秩序和公民安宁的犯罪行为。"[3]贝卡里亚所作的犯罪分层与我国刑法分则对犯罪所做的划分基本一致，我们今天也是将危害国家安全的犯罪排在第一位，侵害公民人身权利的犯罪排在危害国家的犯罪之后，而侵害公共和社会秩序的犯罪则要排在侵害公民人身权利的犯罪之后。只不过我们没有像法国那样将犯罪明确地分为不同的层次，但在不同性质的犯罪的排列顺序和法定刑轻

---

[1] 曲新久：《刑法的精神与范畴》，中国政法大学出版社2003年版，第452页
[2] [意] 切萨雷·贝卡里亚：《论犯罪与刑罚》，黄风译，北京大学出版社2008年版，第23页。
[3] [意] 切萨雷·贝卡里亚：《论犯罪与刑罚》，黄风译，北京大学出版社2008年版，第27页。

重上则明确地反映出了不同的层次。

此外，刑罚的阶梯也与犯罪分层有着极为密切的关系。刑罚阶梯的基本做法也是先将犯罪行为根据轻重不同进行排列，这一点与犯罪分层的做法一致。然后再将刑罚根据轻重不同进行排列，并与犯罪阶梯进行对应，从而实现罪与刑的均衡。如果将轻重不同的犯罪再划分为不同的层次的话，这就与现代的犯罪分层十分相似了。甚至连贝卡里亚所提出的，为了方便犯罪与刑罚大体对应而确定的"基本点"，也可以理解为现代犯罪分层制度当中的法定刑标准。例如我国刑法当中的3年、5年、10年等。所以我国学者"在研究罪行与法定刑关系的过程中惊讶地发现，贝卡里亚在二百多年前试图建立的这种罪刑阶梯，已经隐涵于我国刑法之中"[1]。

虽然犯罪分层与罪刑均衡思想当中的刑罚阶梯的设计有着极为密切的关系，但是否意味着实施了犯罪分层就实现了刑罚阶梯进而实现了罪刑均衡呢？持前述观点的学者主要理由是"刑因罪起，罪以刑分。法定刑是立法者对具体罪行的社会危害性及其程度进行评判考量的结果……所以，立法者为具体罪行所配置的法定刑，是区分罪行轻重的唯一标准"[2]。也就是说，只要对轻重不同的犯罪配备了轻重不同的法定刑，那么刑罚阶梯就实现了。这个观点是值得商榷的。"该论者在这里犯了两个错误：一是以通过形式标准表现出来的立法者标准作为评价犯罪严重程度的'唯一标准'，忽视了其他角度对犯罪严重程度的评价，也抹杀了立法者评价的合理性问题；二是从第一点导致该学者承认了立法者对犯罪严重程度评价的完全合理性，进而误认为立法者搭建的'罪刑阶梯'就是贝卡里亚所说的自在的'罪刑阶梯'，最终'惊讶地'发现中国刑法中已经隐涵着一个'罪刑阶梯'。"[3]虽然笔者不赞同上述持反对意见的学者所倡导的以实质标准来对犯罪进行划分的观点，但也并不认为法定刑的轻重就意味着刑罚阶梯的实现，实现了犯罪分层并不一定就等于实现了刑罚阶梯。因为犯罪分层是对不同的犯罪所进行的宏观上的划分，一般来说这种层次不会太多。从世界范围来看，大部分国家的划分基本上在二层至四层，相对于数量众多的犯罪而言，这样的划分只能实现初步的罪刑

---

[1] 赵廷光：《量刑公正实证研究》，武汉大学出版社2005年版，第35页。
[2] 赵廷光：《量刑公正实证研究》，武汉大学出版社2005年版，第33页。
[3] 叶希善："论犯罪分层标准"，载《浙江师范大学学报（社会科学版）》2008年第2期。

均衡。换言之，这样的划分只能够保证重罪不会被作为轻罪对待，轻罪不会被作为重罪对待，但不能够保证对每个犯罪都能够做到罚当其罪，尤其是当犯罪分层的数量较少时，每个犯罪层次当中还包含着数量较大的犯罪，这样在每个独立的犯罪层次当中还存在着罪刑是否均衡的问题。然而，我们不可能在每个犯罪层次当中再进行划分，因为按照这样的逻辑就必须无限地划分下去，直至每一个犯罪都对应一个具体的法定刑，这显然是荒谬的。所以，从这个意义上来说，精确的刑罚阶梯是不可能实现的，能够做到犯罪分层这样大体的对应已经是较为理想的结果了。

虽然绝对的罪刑均衡只存在于理想当中，但并不妨碍我们把罪刑均衡当作追求的理想。通过犯罪分层所建立起来的刑罚框架可以更好地帮助我们去实现罪刑的均衡，即使会出现一定程度的偏差，也可以保证这种偏差存在于可接受的范围之内。

第二节 刑罚个别化思想

罪刑均衡的思想主要是旧派所倡导的，它为反对罪刑擅断、保障人权作出了突出的贡献，它与罪刑法定原则一起使得刑法学摆脱了原始蒙昧的状态，走向了现代和文明。总的来说，罪刑均衡的思想属于客观主义的范畴，更加偏重于对犯罪行为的处罚，而对犯罪人本身的关注度不高，这也是其后来饱受新派攻击之处。犯罪分层并不属于客观上或主观上某一个方面的内容，更多的是坚持主客观相统一。如果说在客观领域的思想基础是罪刑均衡的话，那么它在主观领域的思想基础就应该是刑罚个别化。

一、刑罚个别化概述

近代意义上的刑罚个别化思想出现的相对较晚，但在更早的教会法当中其实就已经出现了刑罚个别化的思想萌芽。法官按照个别情形以定刑罚的理论，是由罗马教法庭所创始的。在另一方面，我们不要忘记以人道主义的态度对待罪犯之外，还有一种明显的观念存在，就是刑法以及法官使用刑法的目的，是儆戒别人，使他们不要犯罪，以便社会臻于安全。更有一点须记着的，就是立法者与法官对于法律的订立，以及施行法律负有实施的责任，不但以某时期中社会上所盛行的自由意志，及责任理论为依归，并且更须切实顾到社会对某一特殊损害所生的忿怒。当时既然信仰着一个罪犯的惩罚，应当依照犯人的犯罪，是否出于他自己的自由意志而加以处置，而且在实际施行上，不能根据于当日的心理，就在当时加以断定，而应当以犯罪者犯罪时的环境作为断定的根据。[1]

虽然一般均认为刑罚个别化主要是新派的观点，但也并不代表旧派没有这种思想，一些旧派的代表人物也具有刑罚个别化的观点。如前文所述，贝卡里亚在论述罪刑均衡时便阐述了其刑罚个别化的思想。另外，边沁也在阐述其刑罚适用的原则时提到了刑罚个别化思想，他认为"它（刑罚）应该在某种程度上对所有犯同样之罪的人都一模一样，适应他们不同层次的感受力。这就需要注意年龄、性别、条件、命运、个人习惯以及许多其他情节；同样的名誉刑却以常对一些人太严厉，对另一些人太温和，因此或者惩罚过量或者难以奏效。由法律规定的罚金对不同命运的人也绝不是一个平等的刑罚。放逐对一些人过分严厉，对另一些人则毫无意义"[2]。

现代意义上的刑罚个别化思想是伴随着刑事实证学派的兴起而出现的，它与预防刑理论是密不可分的。预防刑论是刑事实证学派的观点，是在批判报应刑论的基础上产生的。预防刑论者认为，在报应刑论者眼里只有行为而没有行为人，只有抽象的犯罪而不考虑具体的刑罚承担者，刑罚即使是因为犯罪行为才被判处的，但最终承担刑罚的依然是具体的犯罪人，因此舍去犯罪人来谈犯罪和刑罚等于是舍本逐末，不可能得出有实际意义的答案。

预防刑的产生有其独特的时代背景和原因。首先，19世纪自然科学的迅猛发展为预防刑理论的发展提供了技术上的支持，使得对犯罪人危险性的研究成为可能。典型的代表是刑事人类学派的创始人龙勃罗梭，他通过大量的尸体解剖得出了结论，认为犯罪人是一种返祖现象，是蜕变到低级的原始人类型。犯罪行为有遗传性，它从犯罪天赋中产生，人类中存在着某些"天生

---

[1] 参见[美]齐林：《犯罪学及刑罚学（二）》，查良鉴译，台湾商务印书馆1977年版，第476页。参见张琳："刑罚个别化研究"，中国政法大学2001年博士学位论文。

[2] [英]吉米·边沁：《立法理论——刑法典原理》，孙力等译，中国人民公安大学出版社1993年版，第77页。

犯罪人"。龙勃罗梭认为"天生犯罪人有招风耳朵,头发浓密,胡须稀疏,额前隆起,颌骨健壮,方下巴或下巴向前突出,颧骨宽大——简而言之,呈现在面前的是一种蒙古人,有时是与黑人相似的人种类型"[1],惩罚这些人的主要目的是为了使其不再犯罪,因此对不同的犯罪人要施以不同的刑罚。其次,在方法论上,预防论的学者们反对报应论者纯思辨式的研究方法,转而采用了实证式的研究方法,进行了大量的统计调查和数据分析,甚至还采用了不少自然科学的研究方法[2]。最后,由于自由资本主义向垄断资本主义的转型,出现了大量犯罪行为,其中不少是新的犯罪样态,传统的古典主义报应理论已经无力应对这些新情况,菲利就认为"在意大利,当古典犯罪学理论发展到顶峰时,这个国家却存在着从未有过的数量极大的犯罪行为的不光彩状况。这确实是一种令人惊异的对比。因此,犯罪学阻止不住犯罪浪潮的波动,也正因为如此,实证派犯罪学便与其他学科一样自然而然地产生了"[3]。新的犯罪形势要求新的刑事政策调整和刑事制度改革,冯·李斯特就在其被称为"马堡计划"的演讲中提出了自己的应对措施:"(1)矫正可以矫正和有矫正必要的犯罪人;(2)威慑没有矫正必要的犯罪人;(3)使不能矫正的犯罪人不再危害社会(使之不能犯)"[4]。在这里,李斯特很明显地提出了刑罚个别化的思想,他将犯罪人分为三种,并处以不同的刑罚措施,分别予以矫正,这相对于前期旧派那种不分青红皂白,对所有犯罪人适用基本相同刑罚的做法显然更为先进和科学。李斯特还提出了著名的口号:"应受惩罚的不是行为,而是行为人",他认为刑罚的根据不是犯罪行为,而是行为人实施

---

[1] 参见[德]汉斯·约阿希姆·施奈德:《犯罪学》,吴鑫涛、马君玉译,中国人民公安大学出版社1990年版,第115页。

[2] 龙勃罗梭通过调查得出在巴伐利亚每315名民众中有1名希伯来人被判刑,每265名居民中有1名天主教徒被判刑,在伦巴第,7年来每2568名居民中有1名希伯来人被判刑,1865年在意大利一共只有7名希伯来人被监禁,其中5男2女([意]切萨雷·龙勃罗梭:《犯罪人论》,黄风译,中国法制出版社2000年版,第206页)。加罗法洛也举例在酒鬼麦克斯的后裔中,出现了200个谋杀犯和盗窃犯,200名病人和90个娼妓([意]加罗法洛:《犯罪学》,耿伟、王新译,中国大百科全书出版社1996年版,第97页)。

[3] [意]恩里科·菲利:《实证派犯罪学》,郭建安译,中国人民公安大学出版社2004年版,第3页。

[4] [德]冯·李斯特:《论犯罪、刑罚与刑事政策》,徐久生译,北京大学出版社2016年版,第31页。

犯罪行为的"危险状态",也即"人身危险性"。但问题是哪些人是可以矫正的、哪些人是不能矫正的呢?刑法学本身是无法回答这样的问题的,所以实证学派必然会到人类学、社会学和自然科学那里去寻找答案。但很显然,使用自然科学的研究方法是无法回答法学问题,这也是后来新派观点逐渐衰落的原因之一。

由于过于强调特殊预防的原因,刑罚个别化的思想也受到了不少批评。最主要的批评在于刑罚个别化对报应刑的排斥,这种排斥必然导致为了预防的目的而丧失了最基本的罪刑均衡,而没有罪刑均衡作为保证就很难称得上公平正义。具体而言,过多地强调特殊预防将会导致重罪轻判和轻罪重判情况的普遍发生,对犯罪行为严重但人身危险性低的犯罪人可以判处较轻的刑罚,对犯罪行为轻微但人身危险性高的犯罪人则可以判处较重的刑罚,这样的情况就有些类似于罪刑擅断了。"不仅如此,个别化导致的行刑不公还表现在对人身危险性未消除者施加的所谓'刑罚后拘禁'亦即刑罚执行完毕后的'预防性拘禁'上。如英国1908年制定的《犯罪预防法》第10条规定,'犯重罪者,经陪审团认定为常习犯时,为了矫治犯人的癖性,改善犯人的适应社会生活的能力,为了保护社会的一般利益,在强制执行完毕后,可以宣告继续执行5年以上10年以下的预防拘禁'。尽管'预防拘禁'不属于刑罚,而属于保安处分,但是,这种预防性拘禁的执行场所就设置在监狱之中,与监禁一样具有剥夺人身自由的作用。对犯罪人以人身危险性未消除为由执行这种'刑后刑',意味着一罪两罚,其不公正性不言自明。"[1]20世纪中期的美国也盛行以教育改造为目的的特殊预防思想,于是便在其刑罚制度中大力推进医疗模式,也就是把犯罪人当作病人加以治疗,采用了绝对或相对的不定期刑,由假释委员会根据矫正的情况来决定实际执行的刑罚期限,这种做法在实践中造成了巨大的混乱,也使得美国当时的刑事政策左右摇摆[2]。

二、我国学界的态度

刑罚个别化的思想在我国引起理论界的注意是20世纪80年代。何秉松

---

[1] 邱兴隆:"刑罚个别化否定论",载《中国法学》2000年第5期。
[2] 李川:《刑罚目的理论的反思与重构》,法律出版社2010年版,第24页。

教授在 1986 年的文章"建立具有中国特色的犯罪构成理论新体系"中阐述了刑罚个别化的思想，但是并未使用"刑罚个别化"一词。他指出"应受惩罚的当然是行为，没有行为就不构成犯罪，这是社会主义法制的要求。但是由于受到惩罚的是行为人，所以在行为人实施了一定的违法行为的前提下，就不能不考虑行为人的具体情况来决定是否应以犯罪论处，给予惩罚。以行为为核心并结合行为主体的具体情况来解决罪与非罪、此罪与彼罪的界限，这是我们刑事政策和刑事立法的传统。我国的犯罪构成理论理所当然地要正确反映这个传统"[1]。在这里，何秉松教授是将刑罚个别化思想与犯罪构成理论结合在一起论述的，并未当成单独的问题进行研究。其后，更多的学者单独对这个问题进行了更为深入和系统地分析和论证，刑罚个别化思想初步为我国刑法理论界所接受。[2]

但随着对刑罚个别化研究的深入，以及国外在刑罚个别化思想指导之下所进行的一些实践工作的失败，我国对刑罚个别化思想也出现了一些不同的声音，甚至有学者提出应当否定刑罚个别化思想，认为这是一种先天不良后天也有问题的理论，已被西方证实为一种失败的思想。因为个别化与一般预防论相对并且排斥报应论明显不公正，而且其自身自相矛盾："个别化因存在严重的理论缺陷而是一种天生不良的刑罚理念，同时又因不具有贯彻的现实性而是一种后天不足的刑罚理念。而且，即使在将来人类认识能力发达到可以准确地预测人身危险性的有无与大小，通过矫正与隔离手段有效地消除个人的人身危险性，换言之，即使个别化的后天不足在将来可以弥补，个别化的天生不良也注定了它是永远不应予以贯彻的一种刑罚理念。因为撇开对刑罚一般预防功能的追求而实现的刑罚效益永远不可能是刑罚的最大效益；不奠基于犯罪人已然的犯罪之上而奠基于未然的犯罪之上的刑罚即使得之社会效益也失之对个人的公正，刑罚的人权保障功能将会在防卫社会的需要下丧失殆尽。因此，个别化在西方的由兴到衰的历史给我们提供的应该是教训而

---

〔1〕 何秉松："建立具有中国特色的犯罪构成理论新体系"，载《法学研究》1986 年第 1 期。
〔2〕 王作富在《中国人民大学学报》1987 年第 4 期上发表"谈谈刑罚个别化"，曲新久在《法学研究》1987 年第 5 期发表"试论刑罚个别化原则"，周振想在《社会科学战线》1990 年第 2 期发表"论刑罚个别化原则"等。在一些学术专著中也开始出现关注刑罚个别化，如 1990 年周振想的《刑罚适用论》，1993 年喻伟主编的《量刑通论》等。

不是值得效法的榜样"[1]。

对上述观点，支持刑罚个别化思想的学者进行了反驳，认为"刑罚个别化在其发展的不同阶段蕴涵不同：在刑罚个别化的萌发时期，刑罚个别化在于弥补严格规则主义指导下的罪刑法定主义的不足，以促进刑罚的个别正义；在近代学派发展的鼎盛时期，刑罚个别化演进为以犯罪的个别预防为适用刑罚的出发点，以犯罪人的人身危险性为着眼点；在现代刑法中，刑罚个别化不仅要考虑预防犯罪的需要，而且要考虑报应的需要，既考虑犯罪的情状，也考虑犯罪分子重新犯罪的可能性"[2]。也就是说，在刑罚个别化发展的过程当中的确在某些阶段出现了问题，但是在兼顾报应与预防的二元论时代，刑罚个别化是必需的。

笔者认为，现在的问题并不是我们接不接受刑罚个别化，而是我们如何使刑罚个别化的具体做法更为合理。因为从我国现行刑法的规定来看，我们其实已经接受了刑罚个别化思想。

首先，现行刑法当中关于缓刑、减刑、假释、限制减刑等制度的规定已经明白无误地告诉我们，刑罚个别化思想已经在我国生根发芽，剩下的就是如何使刑罚个别化思想更好地发挥更大的作用，而不是由于其可能存在的问题而全盘否定它。例如，我国之前在司法实践当中曾经出现了减刑幅度过大、假释适用过多的情况，导致的明显的不公，这是刑罚个别化思想走向极端的一种体现。随后，我国便出台了相关法律法规，规范并限制了减刑和假释工作；同时，针对我国刑罚体系长期存在的"生刑过轻，死刑过重"的问题，我们提高了自由刑的执行上限，并增加了限制减刑制度，使得在充分考虑刑罚个别化的同时，又不至于违反罪刑均衡的基本原则。所以，对刑罚个别化思想不能全盘否定，它的存在有着非常合理的逻辑内核与思想底蕴，对于发展中出现的问题我们应当用发展的方法去解决。

三、犯罪分层与刑罚个别化

刑罚个别化思想发展至今，虽然存在着一些问题，但是也已经被世界许

---

[1] 邱兴隆："刑罚个别化否定论"，载《中国法学》2000年第5期。
[2] 翟中东："刑罚个别化的蕴涵：从发展角度所作的考察——兼与邱兴隆教授商榷"，载《中国法学》2001年第2期。

多国家所接受并吸收在其本国的刑事立法当中，主要体现在一些关于量刑的规定上。《德国刑法典》第46条规定："1. 行为人的责任是量刑的基础。量刑时应考虑刑罚对行为人将来的社会生活所产生的影响。2. 法庭在量刑时，应权衡对行为人有利和不利的情况。特别应注意下列事项：行为人的行为动机和目的，尤其是涉及种族歧视、仇外或者其他类似动机和目的，行为所表露的思想和行为时的意图，违反义务的程度，行为的方式和行为结果，行为人的履历、人身和经济情况，及行为后的态度，尤其是行为人为了补救损害所做的努力。"[1]《意大利刑法典》第133条规定："法官在行使裁量权时，应当根据下列情况认定犯罪的严重程度：（1）行为的性质、类型、手段、对象、时间、地点和其他方式；（2）对犯罪被害人造成的损害或者危险的程度；（3）故意或者过失的程度。法官还应当根据下列情况认定犯罪人的犯罪能力：（1）犯罪的原因和犯罪人的特点；（2）刑事处罚前科，尤其是犯罪人在犯罪前的品行和生活；（3）犯罪时的品行或者犯罪后的品行；（4）犯罪人所处的个人、家庭和社会生活环境"。[2]《日本改正刑法草案》第48条规定："刑罚应当根据犯罪人的责任量定。适用刑罚时，应当考虑犯罪人的年龄、性格、经历与环境、犯罪的动机、方法、结果与社会影响、犯罪人在犯罪后的态度以及其他情节，并应当以有利于抑制犯罪和促进犯罪人的改善更生为目的。"[3]

从世界范围来看，各国犯罪分层的最初阶段往往都是先从对重罪进行分层开始的，而这些重罪当中，无论是叛国罪还是杀人、放火等严重的暴力性犯罪，都被认为具有极强的人身危险性和主观恶性，因此有必要严加惩处，将其单独作为犯罪当中最为严重的一个层次。在随后出现的轻罪当中，一方面是由于这些行为所造成的法益侵害较轻，社会危害性不大，另一方面也是由于这些行为本身所代表的人身危险性和主观恶性较轻，因此才将其列为轻罪或微罪。尤其是在轻罪当中有相当多的属于法定犯，而依据传统上对于法定犯的认识，这类犯罪并非侵犯了人们的善良情感，而是违反了保持社会秩序的相关规定，人身危险性低，没有必要作为严重犯罪来处理，有些甚至完

---

[1]《德国刑法典》，徐久生译，北京大学出版社2019年版，第19~20页。
[2]《意大利刑法典》，黄风译，中国政法大学出版社1998年版，第103页。
[3]《日本刑法典》，张明楷译，法律出版社2006年版，第125页。

全可以作为行政违法行为来对待，而没有必要将其视为犯罪。

虽然刑罚个别化思想主要是针对人身危险进行的个别化，但笔者认为，我们还可以从更广义的角度来理解刑罚个别化，包括针对不同层次的犯罪进行的个别化。在许多国家，某些特定的刑罚只能针对某些特定层次的犯罪适用。例如在美国、法国等国家中，对轻微犯罪只能适用非监禁刑或罚金，监禁刑只能适用于轻罪或重罪。我国近几年来所增加的几个轻微犯罪也体现了这种趋势。我国刑法当中的危险驾驶罪、代替考试罪和使用虚假身份证件、盗用身份证件罪的法定刑最高为拘役而不包含有期徒刑。我国也有学者提出，可以通过犯罪分层来限制死刑的适用，将死刑专属于某一个特定层次的犯罪，具体来说就是"在犯罪分层中，单独设立'最严重犯罪'的犯罪层次，并明确这一层次的犯罪只能是蓄意而且结果为危害生命的暴力犯罪；然后在刑法总则中规定死刑只限于'最严重犯罪'（限制性条件），在分则中根据总则中'最严重犯罪'的含义限制可以设立死刑的罪名。从而在立法与司法两个方面实现对死刑的最大限度控制"[1]。从这个角度也可以说，刑罚个别化包括了针对人身的刑罚个别化和针对不同犯罪层次的刑罚个别化。整体而言，犯罪分层制度体现了根据不同类型的犯罪区别对待的态度，这与刑罚个别化根据犯罪人具体情况适用刑罚的做法有着内在的契合。同时，在对犯罪进行分层时，除了要考虑犯罪行为所造成的社会危害大小之外，在犯罪行为后所隐含的犯罪人的人身危险性大小，也是需要考虑的非常重要的因素。这样，犯罪分层就与刑罚个别化达成了一致。

第三节　罪刑法定原则[2]

罪刑法定原则的内涵博大精深，其对于刑法当中的许多基本制度都具有指导意义，犯罪分层制度也不例外。然而，由于罪刑法定原则的内容十分丰富，并且经过数百年的演变，其真正的含义已经模糊不清了，其究竟可以对

---

[1] 叶希善："通过犯罪分层制度控制死刑"，载《中国人民公安大学学报（社会科学版）》2007年第1期。

[2] 本节内容部分引用了部分笔者已发表的文章，详见郝冠揆："罪刑法定原则的正本清源"，载《河南师范大学学报（哲学社会科学版）》2017年第2期。

犯罪分层制度起到怎样的理论基础和指导作用并不十分清晰，所以我们首先要对罪刑法定原则的真正内涵进行考察。

一、罪刑法定原则概述

学界普遍认为罪刑法定的思想最早可以追溯至英国1215年的《大宪章》。在1066年诺曼征服之后，英国建立起了强大的王权统治，王室的权力向社会每一个可能的缝隙中渗透。而与此同时，"在这一过程中却同时存在着地方分权的现象。这种现象对王室造成了致命性的伤害，极大地妨碍了英国王权的集权进程，从而助推了'有限王权'的形成"。因此，以国王为代表的王室权力与以贵族为代表的地方政权之间的冲突在所难免，而王室的横征暴敛和专横跋扈更加速了这一冲突的到来，及至约翰王统治时期，这种矛盾发展到了极致，"他常用的敛财手段有征收盾牌钱、提高动产税、出售王室林地的开垦权、征收封地继承金、控制寡妇的改嫁权以及卖官鬻爵等方式"[1]。加之国外战争的失利，终于导致约翰王被迫与反叛贵族签订了《大宪章》。

通过上述的简单介绍，我们可想而知，作为贵族胜利果实的《大宪章》的内容必定是限制王权的，但究竟该如何进行限制，大多数的贵族自己也并不清楚，因此从《大宪章》的条文本身来看，条文之间的逻辑关系混乱、内容繁杂，但这都无法掩饰第39章的光辉："任何自由人，如未经其同等地位之人并（或）依据这块土地上的法律做出合法裁判，皆不得被逮捕，监禁，没收财产，剥夺法律保护权，流放，或加以任何其他形式的损害"。"布莱克斯通在其著作中曾阐述了一个观点，那就是自由大宪章是因为第39章才被称为'自由大宪章'的"[2]。从条文内容来看，这一规定确实具备了现代罪刑法定的雏形。其中所说的"依据这块土地上的法律"（by the law of the land），只能理解为在行为时土地上已经颁行生效的法律，否则都不可能被认定是这块土地上的法律；同时还必须是依据法律方可处罚，国王的命令等不得成为处罚的依据，现代罪刑法定中的法律主义强调的也是这一意思；另外，"这块土地上的法律"还强调了管辖的问题，必须是行为人行为时所处的那块土地

---

[1] 齐延平：《自由大宪章研究》，中国政法大学出版社2007年版，第98页。
[2] 齐延平：《自由大宪章研究》，中国政法大学出版社2007年版，第177页。

上的法律才能成为处罚的依据，而不能对这块土地上的人适用那块土地上的法律。

很明显，这样的规定限制了王权，使得国王不能对自由人滥施刑罚。如果国王想要处罚他人或征收他人财产则必须事先颁行法律，而颁行法律的过程就很可能遭遇阻力和麻烦，这样就可以极大地遏制国王罪刑擅断的冲动。但这种限制并非对国王立法权的限制，因为当时的人们依然普遍认为国王的立法权至高无上，贵族们还不可能对其进行全面的制约，因此限制国王的司法权就成为更为现实可行的选择。所以说，孕育于《大宪章》中的罪刑法定思想，目的就是为了保证法的稳定性，限制国王过于随意的司法权以避免罪刑擅断，从这个意义上来说，罪刑法定原则就是为了限制司法权而生的。

冯·费尔巴哈被称为"近代刑法学之父"，历史上也是他首次明确地提出了罪刑法定原则的具体概念，并概括为三条附属原则："1. 无法无刑（法无明文规定不处罚，nulla poena sine lege）。法律只处罚行为前法律规定加以处罚的行为。因为只有规定了刑罚的概念和法定的可能性，才可能有作为恶的刑罚的适用可能性。2. 无法无罪（法无明文规定不为罪，nulla poena sine crimine）。因为法律规定对特定的行为给予刑罚威慑，是法律上的必要的前提条件。3. 有罪必罚（nullum crimen sine poena）。因为法律规定对特定的违法给予刑罚之恶，是必要的法定后果"[1]。基本上，后世比较重视对前两条原则的研究，并以此为现行罪刑法定原则的主要内容，而第3条原则不知为何被有意无意地忽略掉了。但是从费尔巴哈那里，我们分明看到了"有罪必罚"的规定，人为地将其从罪刑法定原则中剔除出去是不正确的，因为结合费尔巴哈所提出的心理强制学说，"有罪必罚"是必需的。

那么既然费尔巴哈明确提出了"有罪必罚"的原则，为什么后来这一条原则消失不见了呢？笔者认为，从罪刑法定原则发展的历史来看，其出现主要是为了防止封建时代的罪刑擅断，限制随意入罪的司法权，而费尔巴哈的第3条原则从字面上来看是赋予司法机关惩罚权的规定，与罪刑法定的目的不相协调。因此，一般在正式的刑法条文中需要对罪刑法定原则进行某种宣

---

[1] [德] 安塞尔姆·里特尔·冯费尔巴哈：《德国刑法教科书》，徐久生译，中国方正出版社2010年版，第31页。

誓性规定时往往都不采用费尔巴哈第3条原则的表述方式，基本都只是进行了否定性的规定，包括在费尔巴哈本人起草的《法国刑法典》中我们也没有看到这一内容。及至后来，罪刑法定原则又被赋予了出罪的功能，也即对于某些被刑法明确规定为犯罪的行为，由于社会危害性或可罚性低而使其无罪化的功能，从而罪刑法定原则的内容变成了"无规定绝对不罚，有规定可以不罚"，这样的内容设定就必然不可能允许"有罪必罚"的内容出现。因此，费尔巴哈所最初设定的关于罪刑法定原则的三条基本内容就这样变成了两条。

然而消失已久的"有罪必罚"的原则却被我国《刑法》所采纳。我国《刑法》第3条关于罪刑法定原则是这样表述的："法律明文规定为犯罪行为的，依照法律定罪处刑；法律没有明文规定为犯罪行为的，不得定罪处刑"。据此，我国有的学者将第3条前半段概括为积极的罪刑法定，后半段概括为消极的罪刑法定，并认为"依据积极的罪刑法定惩罚犯罪和依据消极的罪刑法定保障人权都是非常重要的，是一枚银币的两面"[1]。对此，反对的学者认为，"当我国刑事立法者选择将积极罪刑法定规定在前段时，罪刑法定原则就已经被异化和扭曲了；此时有无第3条后段实际已不重要，即使有消极罪刑法定原则，也更像是为了掩盖其'中国化'，明显带有'此地无银三百两'的欲盖弥彰之意味"[2]。当然也有的学者基于现实的考虑认为"罪刑法定的历史以及蕴含于历史之中的防止刑罚权滥用以保障人权的意义告诉我们，罪刑法定显然不包括所谓积极的罪刑法定原则……我们可以说立法者误读历史，错误地表述了罪刑法定原则，可以批评、嘲讽这一规定，可以建议修改这一违反逻辑的规定。但是，无论是作为立法者的原意解释还是作为法律的文本解释，既不可以混淆应然与实然，是什么就是什么，也不可以闭起眼睛假装没有看到第3条前半部分的规定"[3]。

关于我国的罪刑法定原则究竟应该如何理解，立法者予以了说明："本条规定的罪刑法定的内容有两个方面：一方面，只有法律将某一种行为明文规定为犯罪的，才能对这种行为定罪判刑，而且必须依照法律的规定定罪判刑；

---

[1] 何秉松主编：《刑法教科书》（上卷），中国法制出版社2000年版，第63~67页。
[2] 刘艳红："刑法的目的与犯罪论的实质化——'中国特色'罪刑法定原则的出罪机制"，载《环球法律评论》2008年第1期。
[3] 曲新久：《刑法学》，中国政法大学出版社2012年版，第37页。

另一方面，凡是法律对某一行为没有规定为犯罪的，对这种行为就不能定罪判刑"[1]。从这一说明我们可以看出，所谓积极的罪刑法定其实立法者想强调的是对法有规定之行为必须依照法律的规定定罪判刑，重点是依法而不是处刑。可是即使立法者作出了这样的说明，其也包含了必须对规定为犯罪的行为定罪处刑的意思，只不过强调了要依法定罪处刑，这同样可以理解为"有罪必罚"的意思。另外，成文法一旦生效，其真实含义就脱离了立法原意而独立存在，也许立法者确实是想强调"依法"，可我们却分明从其表述中读出了"有罪必罚"的味道，或许这二者本来就没有什么实质的区别。其实这样的规定与限制司法权并不矛盾，因为所应受限制的司法权是罪刑擅断的司法权，而不是司法机关正常打击犯罪所必需的司法权，"有罪必罚"与"无罪不罚"之间并不矛盾。从这一点来说，我们一直以来对罪刑法定原则的理解或许过于小心了。

二、罪刑法定原则的应有之意

（一）限制司法优于限制立法

受邀起草《法国刑法典》的费尔巴哈并未在《法国刑法典》中照搬他的著述，而是将罪刑法定原则表述为："没有在犯罪行为时已明文规定刑罚的法律，对任何人不得处以违警罪、轻罪和重罪""这种直接规定司法权的禁区的表述方式说明了作为立法者的费尔巴哈的倾向：罪刑法定、近代刑法的本意就是限制司法权，除此之外，别无其他"[2]。

今天，权力必须得到制约的理念已经深入人心，任何一种权力，无论是立法权、司法权还是行政权，只要不被制约都会有自我扩张的冲动，刑罚权也是这样。如果说人类社会的发展历史是一个逐步将权力关进笼子里的过程，那么刑法的发展史就是一个逐步将刑罚权关进笼子里的过程。在封建的罪刑擅断时期，人们面临的最大的威胁其实并不是来自所谓的"恶法"，因为"恶

---

[1] 全国人大常委会法制工作委员会刑法室编著：《<中华人民共和国刑法>释义及实用指南》，中国民主法治出版社 2011 年版，第 81 页。

[2] 王太宁："历史的误读与当下的转型——费尔巴哈罪刑法定的还原与当代罪刑法定的重新定位"，载《刑事法评论》2011 年第 2 期。

法"毕竟已经公布出来了，人们还有可能规避刑罚风险。真正威胁人们生活的是那些没有被写出来的"法律"，比如君主的喜怒好恶、法官的肆意裁量，人们的正常生活时刻都可能被这些并不存在的"法律"所摧毁，真正威胁我们的其实是刑事司法而非立法。我们必须加以提防的是司法中的风险，最明显的例子就是类推制度。也许有人认为类推制度早已被淘汰了，但其实从理论上我们至今依然无法提出一种区别类推解释与扩大解释的具体标准，因此类推的风险是始终存在的。因此在刑事领域，立法权对司法权的限制是绝对必要的。

有的学者认为罪刑法定的形式侧面是限制司法权的，实质侧面主要在于限制立法权，反对恶法亦法，是实质法治的表现[1]。那么，罪刑法定原则真的可以担负起限制立法权乃至反对恶法的重担么？应当说，罪刑法定原则对立法权的限制是十分有限的。立法者完全可以通过罪刑法定原则合法地确定自己的意志，至于其将什么样的行为规定为犯罪，其制定出的法律是恶法还是良法并非不重要，而是这已经不是罪刑法定原则所能解决的问题了。罪刑法定原则既可能是良法之治的保障，也可能是恶法之治的帮凶。例如，纳粹在其统治期间制定了大量包含残酷野蛮刑罚的法律，每一种犯罪与刑罚都是"法定"的，至少从表面上看似乎罪刑法定原则依然被遵守，但其并没有能够起到任何限制立法的作用。到最后，纳粹认为依照罪刑法定原则随心所欲地制定法律依旧太麻烦，干脆连罪刑法定原则也不要了，"在第三帝国，这一基本的法律原则（罪刑法定原则——笔者注）的所有因素都被践踏，随着《判处和执行死刑法》的颁布，所谓的《范·德·虏伯法》和纳粹时代的其他20多部法令使警察有权自行决定采取的'保护性拘留'在刑法体系外建立了新的处罚体系。禁止溯及既往成为一纸空文"[2]。

即使认为不会再出现纳粹统治的黑暗时代，罪刑法定原则在逻辑上也不能禁止处罚不当罚的行为或残酷的刑罚。从逻辑上来讲，立法者可以制定任何残酷的或者不合理的刑罚，这本身并没有违背罪刑法定原则的要求，因为立法者事先公布了哪些行为会被处罚以及会被如何处罚（哪怕这种处罚是残

---

[1] 参见张明楷：《刑法学》，法律出版社2011年第4版，第58页。
[2] 参见[德]英戈·穆勒：《恐怖的法官——纳粹时期的司法》，王勇译，中国政法大学出版社2000年版，第67~73页。

酷或不合理的），行为人依旧选择了实施犯罪行为，那么依据罪刑法定原则对其进行处罚至少在形式上是完全合理的。所以我们说，罪刑法定原则根本无法也不应该承担刑罚合理化或轻缓化的责任。以死刑为例，法官依据现行刑法对杀人者判处死刑，只要是以事实为依据、以法律为准绳，那么就没有违反罪刑法定原则，但从人道主义的角度来看，死刑是十分野蛮的，若干年后死刑也许会被废除，那时的人们或许还会像我们今天指责封建时期的君主那样指责我们野蛮和残酷，但我们毕竟没有违反今日之罪刑法定原则，因为成文法将死刑作为一种刑罚规定在了刑法典中，我们依据法律适用了死刑，完全符合罪刑法定原则。

罪刑法定原则对立法的限制更多地体现在形式上而非实质上，其要求立法者欲将某一行为犯罪化，则必须事先进行规定，这种规定必须通过成文法的方式进行。而基于成文法本身的特点，这种规定必须清晰明确，否则便无法被人民知晓，而一个无法被人民知晓的法律是无效的。因此，立法者规定犯罪必须首先要满足法律形式的要求，至于内容是否合理、是否处罚了不当罚的行为、是否规定了野蛮和残忍的刑罚等是无法通过罪刑法定原则来进行限制的。如果过分强调罪刑法定原则对立法权的限制不仅会难以实现，还会使罪刑法定原则附加过多的诸如反对酷刑等实质内容，而这些内容原本应当是属于刑罚人道主义原则的。因此，罪刑法定原则应当更倾向于限制司法权而非立法权，不宜将这两种功能相提并论。

（二）形式优于实质

黑格尔认为自在的法本身就等于理性，就是合理的，只有通过成文法的表述才能将这种理性表述出来，因此他认为法的形式理性是第一位的，这一点上与罪刑法定原则的内在逻辑颇为相似。马克斯·韦伯也认为，只有具备形式合理性的法律才是治理人类的合法形式。法律的形式合理性是法律区别于其他行为规范（习惯、道德等）并能从中脱颖而出的首要特征，正是形式才决定了法律成为法律，因此我们必须首先强调法律的形式理性，尤其是对于刑法及罪刑法定原则来说更是这样，没有了形式合理性也就没有了刑法，更没有罪刑法定原则。

罪刑法定原则所包含的内容基本上是随着历史的发展而不断增加的，目前而言一般认为罪刑法定的派生内容（原则）包含法律主义（成文法主义）、禁止事后法、禁止类推、禁止绝对不定期刑、明确性原则、禁止处罚不当罚行为、禁止酷刑等。有的学者将法律主义（成文法主义）、禁止事后法、禁止类推、禁止绝对不定期刑称为罪刑法定的形式侧面，将明确性原则、禁止处罚不当罚行为、禁止酷刑称为罪刑法定的实质侧面[1]。还有的学者认为"归纳各家学说，推知罪刑法定原则的派生原则不外乎体现在司法与立法两个方面，而且就该原则自身演变来说，大致是先有司法上的派生原则，后有立法上的派生原则"[2]。按照上述学者们的划分标准，罪刑法定司法上的派生原则相当于其形式侧面，立法上的派生原则相当于其实质侧面。

笔者认为，明确性原则不应当属于罪刑法定原则实质侧面的内容，而应属于形式侧面的内容。所谓明确性"表示这样一种基本要求：规定犯罪的法律条文必须清楚明确，使人能确切了解违法行为的内容，准确地确定犯罪行为与非犯罪行为的范围，以保障该规范没有明文规定的行为不会成为该规范适用的对象"[3]。从明确性原则的相关表述来看，其主要是从形式上要求刑法的表述清晰明确，只有这样才能使人们准确地知道刑法所禁止的内容是什么，至于刑法规范所禁止的行为应当是什么、规定是否合理等实质内容其实并不是明确性原则所关心的。因此，明确性原则应当属于罪刑法定原则形式方面的内容。而禁止处罚不当罚的行为和禁止酷刑则应属于刑法谦抑和刑罚人道主义的内容，而不应通通将这些内容划归罪刑法定原则，这样就会导致罪刑法定原则的内容和功能过多而挤占了别的刑法原则的生存空间。罪刑法定原则越来越有彻底实质化的风险，而一个实质化的罪刑法定原则不仅在实质的方面不如别的概念彻底，而且又使其丧失了赖以安身立命的形式合理性，从而变成了一个"半吊子"的原则。可以毫不夸张地说，罪刑法定原则彻底实质化的时候，也就是其彻底消亡的时候。

其实我们今天更应当强调的并非罪刑法定原则的实质内容而是其理念。罪刑法定原则的理念关注其形式背后的人权保障目的，认为对人权的保障才

---

[1] 这种提法即使在发源地日本也并非通说，而只是为部分学者所提倡。
[2] 彭凤莲："罪刑法定派生原则与罪刑法定原则变迁研究"，载《刑法论丛》2008年第1期。
[3] [意]杜里奥·帕多瓦尼：《意大利刑法学原理》，陈忠林译，法律出版社1998年版，第24页。

是其终极目标,一切有助于实现这一目标的做法和制度都不违反罪刑法定原则,在这一目标的指引下可以对罪刑法定原则的形式进行一定的修正和突破。例如,"从旧兼从轻原则"和"允许对被告人有利的类推原则",这二者其实都是对罪刑法定原则形式上的突破,因为禁止溯及既往与禁止类推都是罪刑法定原则形式上的要求,违反了形式也就违反了规定本身,任何溯及既往与类推的行为本质上都是违反罪刑法定原则的内在逻辑的,但由于这二者符合理念上的罪刑法定原则保障人权的终极目标,因此也是被允许的,并不认为其违反了罪刑法定原则。

即便是认为罪刑法定原则有所谓的实质侧面,那么在处理形式与实质的关系时也应当遵循如下的原则:"罪刑法定原则要以实质的罪刑法定原则即实质的人权保障原理为前提,按照原则上形式合理性是优于实质合理性的要求,在一般情况下,形式的罪刑法定原则优于实质的罪刑法定原则,但是当形式的罪刑法定原则明显违背了实质的罪刑法定原则的理念时就有必要以实质的罪刑法定原则来进行矫正"[1]。这一点对于我国来说尤其重要,因为我国从来不缺少实质性的定罪思维,一直以来出于对诸如社会危害性、处罚必要性等实质原因的考虑而突破犯罪构成的规定都是我们所面临的最大风险,过于强调罪刑法定原则的实质功能很有可能导致类推解释,"如果在没有很好地培育公民乃至全社会对于形式罪刑法定的坚定信仰之前,就极力倡导实质的刑法解释论[2],这不仅脱离了我国刑事法治发展的实际,而且削弱了刑法保障机能的发挥,我国刑法司法解释中为数不少的类推解释就鲜明地体现了这一点"[3]。

(三) 入罪与出罪的分离

罪刑法定原则有出罪的功能么?如果严格恪守罪刑法定原则的形式要求,那么可以说其是没有出罪功能的。如上文所述,罪刑法定原则的基本要求是"无法无罪"和"有罪必罚",我们看不到"有罪不罚"的内容,而且"在法有明文规定情况下的出罪是否会导致司法擅断?这是在论及这个问题的时候首先

---

[1] 王充:"罪刑法定原则论纲",载《法制与社会发展》2005年第3期。
[2] 实质的刑法解释论主要的依据就是罪刑法定原则的实质侧面。
[3] 王晓辉:"从形式到实质:罪刑法定原则的现代性嬗递",载《哈尔滨师范大学社会科学学报》2014年第2期。

提出的一种担忧。我们认为，在目前情况下，提出这种担忧是有一定道理的……如果允许司法机关在法有明文规定的情况下，对某一行为不作为犯罪处理，就有可能造成对刑事法治的破坏"[1]。但"西哲早已提醒人们，'并不是所有以法律为依据的处罚都符合合法性原则的要求'。形式上的法律依据是否具备内在的处罚必要性和合理性，是否处罚了实质上不该处罚的行为，是检验其实质上是否合法的关键。因此，为了避免出现'使人民看到惩罚，但是却看不到罪行'的非法治结果，建立'有罪不一定罚'的出罪机制，在行为成立犯罪与否的判断过程中，'司法能动主义'的价值衡量应该是允许的"[2]。

笔者赞同这种观点，因为成文法本身具有不可克服的局限性，通过文字表达出来的犯罪行为必然含有一定不值得处罚的行为，这种局限性是通过立法无法克服的，只能通过司法进行解决，也就是所谓的"司法能动主义"。但这种司法能动主义的依据是罪刑法定原则么？换句话说，对于刑法有明确规定的行为出罪的依据是罪刑法定原则么？答案是否定的。如果认为罪刑法定原则可以为出罪提供依据的话，那么就会使得入罪、出罪的依据都是罪刑法定原则，从而使罪刑法定原则内部的逻辑发生混乱，丧失了存在的形式合理性。因此，想从罪刑法定原则中找到出罪的依据是不可能的。尤其是在我国的语境下，罪刑法定原则的规定不同于经典的表述，增加了依法定罪处刑的内容，所以如果要将某一符合犯罪构成的行为出罪就不可能从规定入罪的罪刑法定原则中去寻找依据，而只可能求助于其他的刑法原则。

三、犯罪分层与罪刑法定原则

犯罪分层制度符合了罪刑法定原则的基本要求，是罪刑法定原则的具体体现。

犯罪分层体现了罪刑法定原则的思想基础当中的三权分立理论。依据三权分立理论的基本要求，立法权、行政权与司法权之间应当是一种互相监督制约的关系，而不能任由其中任意一种权力随意扩大其边界。而我国的现实

---

[1] 陈兴良："入罪与出罪：罪刑法定司法化的双重考察"，载《法学》2002年第12期。
[2] 刘艳红："刑法的目的与犯罪论的实质化——'中国特色'罪刑罚定原则的出罪机制"，载《环球法律评论》2008年第1期。

情况是：一方面，在行政权与司法权的博弈过程中，行政权力过大而司法权力过小，具体体现为行政处罚范围过大；另一方面，在立法权与司法权的博弈过程中，司法权不断地蚕食立法权的边界，具体体现为司法解释的立法化倾向。而犯罪分层制度的建立可以在一定程度上缓和三种权力之间的紧张对立局面：一方面，通过犯罪分层建立起我国的微罪制度，将原属于行政处罚的行为纳入到犯罪圈并通过司法程序解决，进而限制行政权力的不断扩张，实现司法权对行政权的制约；另一方面，立法者通过犯罪分层对犯罪进行了更为细致地划分并规定了相应的法定刑，司法者必须按照刑法的明文规定进行量刑，不能随意地减轻或加重其刑罚，对法官的自由裁量权进行了必要的限制，可以在一定的程度上防止司法过程中的罪刑擅断，从而使立法权对司法权的有效限制。此外，对犯罪轻重进行划分时，应当依据立法者事先确定的法定刑进行划分，即使这种法定刑有一定的偏差也应当遵守，而不应当通过犯罪分层对现有的犯罪体系重新进行排列和构建，这也体现了立法优位的倾向。

犯罪分层体现了罪刑法定原则的思想基础当中的心理强制学说。犯罪分层通过对轻重不同的犯罪行为制定不同的刑罚来实现贝卡里亚所说的刑罚阶梯，而这种刑罚阶梯的目的之一就是建立起犯罪行为与刑罚之间的心理联系，而这种心理联系就是实现费尔巴哈所说的心理强制的基础。犯罪人在实施犯罪行为之前就已经知道当自己实施较重的犯罪行为时会得到较重的惩罚，实施较轻的犯罪行为时会得到较轻的惩罚，在犯罪人有意志自由时自然会选择更有利于自己的结果。这样，犯罪分层就借由罪刑法定的内在逻辑实现了对人们行为的规制，从而起到了预防和减少犯罪的效果。

犯罪分层体现了罪刑法定原则形式优于实质的要求。一方面，对于犯罪进行细分的做法充分地体现了罪刑法定原则的明确性要求，使得人们更加清楚地知道何种行为将被处以何种刑罚；另一方面，将犯罪划分为轻重不同的层次所依据的应当是形式标准，因为试图从实质上对犯罪进行划分的思路是不可能实现的（后文详述），唯一可行的办法就是依据形式标准（即法定刑）来进行划分。可以说，在注重形式这一点上犯罪分层与罪刑法定原则是一致的。

第四节　自然犯与法定犯思想

一、自然犯与法定犯思想概述

一般认为，自然犯与法定犯的观念萌芽于罗马法，"古罗马法中关于 Mala in Se 与 Mala Prohibia 的区分为其提供了直接的思想资源。Mala in Se 指实质上违反社会伦理道德的违法行为，这种行为因侵害了公共秩序、善良风俗而为一般社会正义所不容。Mala Prohibia 则是本质上并不违反伦理道德，而是因为维护行政管理秩序的需要而为法律所禁止的行为"。[1]而系统阐述这一对概念的则应首推意大利学者加罗法洛，他在其经典著作《犯罪学》当中详细地论述了自然犯与法定犯的思想。

加罗法洛认为"在一个行为被公众认为是犯罪前所必需的不道德因素是对道德的伤害，而这种伤害又绝对表现为对怜悯和正直这两种基本利他情感的伤害……我们可以确切地把伤害以上两种情感之一的行为称之为'自然犯罪'"[2]。显然，这并不是一个严格意义上的法律概念，"可是它提供了一个我认为最重要的决定因素"[3]。鉴于这一概念的模糊性，为了方便大家更好地把握自然犯的内涵，加罗法洛具体列举了一些他认为属于自然犯的犯罪。第一类是对怜悯感和仁慈感的伤害，大体包括了故意伤害行为、虐待行为、雇佣童工的行为、拐卖妇女儿童的行为、诽谤行为、诬告陷害行为和诱奸行为；第二类是伤害正直感的犯罪，大体包括暴力侵财行为、敲诈勒索行为、故意毁坏财物行为、诈骗行为、侵占行为、背信行为、侵犯知识产权的行为和一些伪证行为。加罗法洛认为只有自然犯才是真正的犯罪，是法律真正应当重点打击的对象。与这些犯罪类型相对应的是不同类型的犯罪人，加罗法洛将自然犯的犯罪人分为谋杀犯、暴力犯、缺乏正直感的罪犯和色情犯。应

---

[1] 韩忠谟："行政犯之法律性质及其理论基础"，载《台湾大学法学论丛》1980 年第 1 期；张文、杜宇："自然犯、法定犯分类的理论反思——以正当性为基点的展开"，载《法学评论》2002 年第 6 期。

[2] [意] 加罗法洛：《犯罪学》，耿伟、王新译，中国大百科全书出版社 1996 年版，第 44 页。

[3] [意] 加罗法洛：《犯罪学》，耿伟、王新译，中国大百科全书出版社 1996 年版，第 44 页。

当说这种划分是比较粗糙和没有逻辑的，更多地像是一种经验的总结，但这并不能否认自然犯概念的价值。

关于什么是法定犯，加罗法洛并没有给出十分明确的定义，从他的论述当中我们可以得知，法定犯不属于他所说的犯罪，这与我们现在的理解不同。"那些未被我们列入的犯罪不属于社会学研究的犯罪范围。它们与特定国家的特定环境有关，它们并不说明行为人的异常，即不证明他们缺少社会进化几乎普遍为人们提供的道德感。"[1]如果从与自然犯相反的方向来理解法定犯的话，那么法定犯就应当是一种没有侵害怜悯和正直情感的违法行为。

既然加罗法洛将犯罪分为了自然犯与法定犯两种截然不同的犯罪类型，那么他自然要回答究竟是什么造成了这一现象。与他的老师龙勃罗梭将犯罪归因于先天的生理原因不同，加罗法洛认为自然犯的出现是由于道德异常的原因。"加罗法洛也想在罪犯与非罪犯之间寻找某种区别，这一点可以说是继承了龙勃罗梭的衣钵，但在区别的标志上又显然不同于龙勃罗梭，我们可以归纳为从生理异常到道德异常这样一个发展轨迹。"[2]然而一旦涉及道德，所有的问题都会变得异常复杂，如何判断一个人是否道德异常，可以说是一个无法解答的问题，这也决定了自然犯与法定犯之间区分标准的模糊性。

在确定了不同的犯罪类型之后，还要确定对不同的犯罪类型施以怎样的刑罚。在回答这个问题时，加罗法洛表现出了很强的刑罚个别化思想，他针对不同类型的犯罪人提出了不同的刑罚惩罚措施，这也符合其实证犯罪学派学者的背景。例如，在论及对谋杀犯的刑事处罚时，他认为死刑作为消除措施是有必要存在的；对于那些严重侵害人身或道德的，并有可能继续显示残忍、堕落特征的罪犯，就应当被放逐到遥远的孤岛上。"按照罪犯心理异常所导致的危险程度，或者换一种方式说，按照或多或少根深蒂固于罪犯身上的堕落程度以及很可能再次出现的堕落程度，社会对犯罪所做出的反应应当表现为下列三种形式中的一种。这三种形式是：（1）完全消除，剥夺罪犯与社会的一切往来；（2）部分消除，把罪犯与其不适应的特殊环境隔离开；（3）强制赔偿罪犯的犯法行为产生的损害。"[3]

---

[1] [意]加罗法洛：《犯罪学》，耿伟、王新译，中国大百科全书出版社1996年版，第53页。
[2] 陈兴良：《刑法的启蒙》，法律出版社1998年版，第236页。
[3] [意]加罗法洛：《犯罪学》，耿伟、王新译，中国大百科全书出版社1996年版，第227页。

上述刑罚措施是针对自然犯而言的，在加罗法洛的语境下法定犯是不属于犯罪的，因此自然不应当适用刑罚，但其也认识到这种行为是有害的，只不过"一个行为有危险性或有害性并不必然使其成为犯罪"[1]。可是对于这样的有害行为置之不理的话，也会对社会造成一定的损害，因此惩罚是必要的，关键是通过什么样的形式来惩罚。"我们的分析将会导致刑法典中犯罪的大量减少，而这些违法行为现在是应受惩罚的，而且从社会安全的利益出发仍应保持其应受惩罚性。然而，什么能阻止一个单独的违法法典与刑法典同时存在呢？"[2]在谈及如何对法定犯进行处罚时，加罗法洛提到了犯罪分层，"在英国法律中，在重罪（felonies）和轻罪（misdemeanors）之间也做了区别。与个别国家的特别镇压法不同，制定一部所有文明国家一致的自然犯罪法典，将是这一过程的必然结果"[3]。从加罗法洛的表述来看，他赞成对自然犯制定一部单独的法律，一般来说将会以刑法典的形式存在，同时还应当有一部违法法典，主要针对的是法定犯，这部法典不属于刑法的范畴，应当类似于现在的行政处罚法律。可是问题在于，如果法定犯不是犯罪的话，那么它与自然犯就不是一个层面的概念，也并不是对犯罪进行的分类，而是对违法行为进行的分类，侵犯人们自然权利的属于犯罪，其他的不属于犯罪而是行政违法行为。那么称其为法定犯就不妥当，也不能将其等同于现在的行政犯。但事实上，我们目前基本上是在同样的语义下使用这两个词的。[4]

二、自然犯与法定犯分类的争议

虽然自然犯与法定犯的分类方法提出之后受到了许多学者的支持，在世界范围内产生了极大的影响，但自打其产生之日起便伴随了许多反对的意见。关于这些反对意见，加罗法洛本人在《犯罪学》当中也逐一进行了反驳与解

---

[1] [意]加罗法洛：《犯罪学》，耿伟、王新译，中国大百科全书出版社1996年版，第66页。
[2] [意]加罗法洛：《犯罪学》，耿伟、王新译，中国大百科全书出版社1996年版，第66页。
[3] [意]加罗法洛：《犯罪学》，耿伟、王新译，中国大百科全书出版社1996年版，第66页。
[4] 参见米传勇：《加罗法洛的自然犯与法定犯理论研究》，法律出版社2017年版，第86~88页。

释[1]。这些反对意见反映了在当时的环境下,同时代学者对于这种分类的看法。在这种分类方法传入我国之后,同样也有大量的学者支持并赞同这种分类方法,但也伴随着一些反对意见。何秉松教授就曾指出这种方法并不科学,并举例说明并不存在所谓的自然犯。例如,人们一般认为杀人行为毫无疑问是自然犯,然而在奴隶社会,奴隶主却可以随意地剥夺奴隶的生命而不会被视为犯罪;再比如强奸行为也被当然地视为自然犯,然而在封建时期,土地的领主却享有对这片土地上女子的初夜权而不会被视为强奸罪;而资产阶级的资本家却可以通过各种合法手段巧取豪夺,也不会被认为是侵犯他人财产权利的犯罪。[2]还有的学者从更为具体的角度指出了这种分类方法的不足。一般认为,区分自然犯与法定犯最直接的作用在于违法性认识的要求不一样,自然犯往往不需要判断行为人有无违法性认识或认识的可能性,只要其实施了自然犯罪的行为就可以认定其有违法性认识,因为自然犯是侵犯人们自然权利的犯罪行为,任何一个正常人都应该认识到这一点。而对于法定犯则要具体判断行为人是否有违法性认识的可能性,因为法定犯并没有侵犯到人们的自然权利,并不具备天然的恶,只是由于法律的规定才成为犯罪,因此就存在行为人是否具有违法性认识可能的问题。"在我们看来,区别说是不能成立的。其一,虽然在大部分情况下,在自然犯中表象了犯罪事实便一般意味着具有违法意识,但也不能排除在少数情况下,行为人虽然表象了犯罪事实但却并不具备违法性意识……其二,虽然自然犯与法定犯在观念中存在区别,但同样是故意犯罪,为什么要对自然犯与法定犯作出不同要求呢?从逻辑的一致性出发,所有的故意犯罪都需要具备违法性意识是必然的结论。其三,正如大冢仁教授指出的,法定犯与自然犯的界限是模糊的,在相当多的情形下我们根本无法辨明某种犯罪是自然犯或是法定犯。同时自然犯与法定犯的界限还是变动的,事实上不可忽视地存在着法定犯与自然犯之间的相互转化。"[3]如果说违法性认识的问题说明了区分自然犯与法定犯没有必要的话,

---

[1] 参见[意]加罗法洛:《犯罪学》,耿伟、王新译,中国大百科全书出版社1996年版,第54~58页。

[2] 参见何秉松:《刑法学教科书》(上卷),法制出版社2000年版,第56~57页。

[3] 张文、杜宇:"自然犯、法定犯分类的理论反思——以正当性为基点的展开",载《法学评论》2002年第6期。

那么区分标准的模糊性则说明了这种分类方法是不可能的。"伦理道德的不确定性、评价的易偏离性，综合地决定了伦理道德评价的模糊性。而要在此基础上进一步清楚地辨别伦理评价的程度则更是近乎痴妄。因此，自然犯与法定犯的现行区分标准是缺乏可行性的，从而注定是不能成功的。"[1]除此之外，将道德评价标准引入刑法之中可能会造成法律与道德的界限模糊从而导致判断上的混乱也是反对自然犯与法定犯区分的理由之一。[2]

笔者支持自然犯与法定犯的划分。虽然如有些学者所言，存在着一些诸如奴隶主杀害奴隶等虽然侵害了人们自然权利但却不被视为犯罪的问题，但这明显不是一个法律问题而是政治问题，在法律语境下没有任何法律会将杀人行为视作无罪。此外，我们在决定是否使用一个概念时的主要标准是看其是否与当下与未来相适应，即便在过去存在某些问题，但那也仅是存在于过去的问题，在奴隶制、封建制时代存在的问题早已没有任何说服力。因此，以这样的例子来反对自然犯与法定犯的划分是没有道理的。其实，关于自然犯与法定犯最有力的反对意见应当是其划分标准的模糊性。在这个问题上，加罗法洛也并没有能够提出明确划分的标准，后来的学者们也没有一个能够提出客观可操作的划分标准。但标准的模糊性也并不能成为否定自然犯与法定犯区分的理由，因为作为社会科学的概念原本就不如自然科学的概念那般精确，概念之间的区分也相对来说比较模糊，这是一个不容否认的事实。对于刑法学而言，作为这门学科最核心概念的"犯罪"，我们都没有能够找出一个清晰的定义来，又怎么可能要求其他的延伸概念有着清楚的内涵与外延呢？即便是自然犯与法定犯之间的界限比较模糊，但我们也不能否认在刑法当中的的确确存在着两种性质完全不同的犯罪类型。我们不可能认为杀人、放火、强奸等行为和虚报注册资本、虚假破产等犯罪性质相同。既然存在着这样两类犯罪，那么就有必要对其区别对待，这样无论是在刑事政策还是具体的刑事制度构建方面都会更加具有针对性，对犯罪的预防效果也会更好，同时还可以节省大量的司法资源。当然，也的确有一些犯罪的性质比较模糊，应当

---

[1] 张文、杜宇："自然犯、法定犯分类的理论反思——以正当性为基点的展开"，载《法学评论》2002年第6期。

[2] 参见张文、杜宇："自然犯、法定犯分类的理论反思——以正当性为基点的展开"，载《法学评论》2002年第6期。

将其归为自然犯还是法定犯是一个很难回答的问题,此时,我们不由得又想起那句至理名言:法律的生命不在于逻辑,而在于经验。

三、犯罪分层与自然犯和法定犯

自然犯与法定犯的划分在犯罪分层当中有着直接的指导意义,许多国家都是将自然犯认定为重罪,将法定犯认定为轻罪或更低层次的犯罪。这既可以作为一个对已有犯罪进行划分的标准,也可以作为对未来可能增加的犯罪的一个立法标准。也就是说,立法者对于需要增加的犯罪可以首先判断其属于自然犯还是法定犯,然后再将其归入相应的犯罪层次,配备相应的法定刑,这样也可以更好地实现罪刑均衡。

自然犯与法定犯的思想发展直接影响着犯罪分层的模式。法国的"罪分三类",其中的重罪基本上都是自然犯,轻罪当中则以法定犯居多,而违警罪则都是法定犯。德国原先也和法国一样,将犯罪分为三类,但后来将违警罪从刑法典当中去除而归入《违反秩序法》当中,这是由于在德国行政犯理论的崛起。

笔者也是在自然犯与法定犯的理论基础之上来构建我国的犯罪分层制度的。依据笔者的设计,未来我国应当建立起法定最高刑为拘役的微罪制度,其中绝大部分的犯罪都属于法定犯,极个别的自然犯也是社会危害性十分轻微的,基本都是严重的自然犯的"轻微版"。除此之外,还应当将之前的劳动教养行为和现在的行政拘留行为,也全部或部分纳入微罪之中,从而真正实现违法与犯罪的二元惩治体系。难以区分性质的犯罪可以归入轻罪和中罪阶层,而重罪当中则只包含自然犯,死刑则只应当适用于重罪当中的暴力犯罪。

第五节 其他理论基础

还有其他一些思想和理论,也对犯罪分层制度或某一层次犯罪的形成产生过影响,但是相对于上述四种思想而言的重要性较弱,在此一并介绍。

孟德斯鸠的学术思想曾经对犯罪分层产生过一定的影响。在加罗法洛提出自然犯与法定犯思想之前,孟德斯鸠就已经对不同性质的犯罪与刑罚之间的关系进行了研究,他认为犯罪可以分成四种基本的类型,针对这四种基本类型所施以的刑罚也要有所区分:"第一类是危害宗教的犯罪,对此的刑罚应为剥夺宗教所给予的一切利益,如驱逐出庙宇,暂时或永久禁止与信徒来往等;第二类是危害风俗的犯罪,对此的刑罚可以是罚金、剥夺公权、驱逐出城等;第三类是危害公民安宁的犯罪,即单纯的违警罪,对于这类犯罪的刑罚应依事务的性质规定,并应采取有利于公民安宁的形式,例如监禁、放逐、矫正惩戒及其他刑罚,使那些不安分子回头,重新回到既定的秩序里来;第四类是危害公民安全的犯罪,这是一种最为严厉的犯罪,因而应该受到严厉的惩罚"[1]。孟德斯鸠对这四类犯罪基本上是按照严重程度由轻到重进行的排列,这其中已经有了自然犯与法定犯分类的雏形。其中第一类危害宗教的犯罪和第二类危害风俗的犯罪,在今天已经基本无罪化了,而第三类犯罪就属于违警罪,比较接近加罗法洛所说的法定犯,第四类犯罪比较接近加罗法洛所说的自然犯,应当属于法国现在的重罪范畴。

孟德斯鸠的三权分立思想对于犯罪分层理论也有一定的影响,主要体现在司法权与行政权的划分方面。孟德斯鸠认为,立法权、行政权和司法权必须分立,"当立法权和行政权集中在同一个人或同一个机关之手,自由便不复存在了,因为人们将要害怕这个国王或议会制定暴虐的法律,并暴虐地执行这些法律。如果司法权不同立法权和行政权分立,自由也就不存在了。如果司法权同立法权合二为一,则将对公民的生命和自由施行专断的权力,因为法官就是立法者。如果司法权同行政权合二为一,法官便将握有压迫者的力量"[2]。这种思想在犯罪分层当中的直接体现就是违警行为的归属问题。如果认为违警行为属于行政权管理的范畴,那么他就应当从刑法典中被剔除,例如德国;如果认为违警行为属于司法权管理的范畴,那么它就应当被规定在刑法典当中而不能全部由警察来处理。当然,这也与每个国家对违警行为所处以的惩罚类型有关。有的国家对于违警行为只能处以罚金等非监禁刑,那么将其归入行政权的范畴也并无不可,但如果对于违警行为还可以处以监

---

[1] [法]孟德斯鸠:《论法的精神》(上册),张雁深译,商务印书馆1961年版,第190~191页。

[2] [法]孟德斯鸠:《论法的精神》(上册),张雁深译,商务印书馆1961年版,第155~156页。

禁刑，那么将其归入行政权就很容易导致对人权的侵害，例如我国之前的劳动教养制度。

此外，边沁的功利主义思想也对犯罪分层产生过影响。"法国学者在分析1810年《法国刑法典》的理论基础时认为，该法典更多地受英国哲学家边沁的影响，其次才是受到贝卡里亚思想的影响。总体而言，此言不差，因为1810年《法国刑法典》的制定者认为，人的一切行为都必然基于避苦求乐的选择。所以对犯罪就必须毫不犹豫地采取心理威慑的方法，而形成心理威慑的主要途径就是强化刑罚的制裁力度，让人们在衡量犯罪可能带来的快乐和接受惩罚可能遭受的痛苦的数量关系时，将选择的天平倾向于不犯罪和放弃犯罪。"[1]这样，重罪、轻罪和违警罪的层次划分就会对犯罪人的心理产生强制，而且这种"罪分三类"的形式更有利于犯罪人对自己的行为和可能接受的惩罚进行判断，因为相对于判断自己的犯罪行为可能获得的法定刑而言，判断自己的行为是重罪还是轻罪显然要容易得多。

---

[1] 卢建平："法国违警罪制度对我国劳教制度改革的借鉴意义"，载《清华法学》2013年第3期。

第四章 犯罪分层的必要性与可能性

第一节 符合时代的要求

一个国家的法律制度必然和一个国家的社会生产条件和社会结构紧密相关，而一个国家的犯罪状况也必然和社会生产条件和社会结构息息相关。如果一个国家的法律制度不能根据外部条件的变化进行调整，那么其社会效果就很难得以发挥。对于刑法而言，首要的任务是打击犯罪，这就要求刑法本身必须根据犯罪结构的变化而进行调整，否则打击犯罪的任务将很难完成，即使投入大量的资源，也只能是事倍功半。对于我国而言，当下的犯罪结构正在发生着巨大的变化，与现行刑法制定之初的情况有着很大的不同，这些变化主要来自于两个方面。

一、风险社会带来的影响

风险社会的概念是由德国学者乌尔里希·贝克提出的，他认为20世纪前半段属于古典工业社会，而伴随着财富的产生和科技的进步，20世纪的后半段从财富分配逻辑进入了风险分配的逻辑，社会也随之步入了风险社会。"生产力的指数式增长，使危险和潜在威胁的释放达到了一个我们前所未知的程度。"[1]

风险社会的理论在我国刑法学界产生了巨大的反响，支持该理论的学者很多，并以该理论为基础提出了在风险社会下刑法的应对和发展趋势。有的学者认为为了规制风险，我国应当增设抽象危险犯，认为"抽象危险是一种

---

[1] [德]乌尔里希·贝克：《风险社会》，何博闻译，译林出版社2004年版，第15页。

法律拟制的危险,它是法律依据人们的一般经验而拟制的危险,具有发生危害的潜在性。因此我们无须对其行为本身是否具有发生严重危害的可能性或者现实性作出判断,仅根据其行为的形式即可肯定其抽象危险的存在。如只要行为人在公共场所携带管制刀具,尽管没有使用,也可以被认为实施了危害公共安全的行为"[1];还有的学者认为我国应当增加过失危险犯,认为"我国现行刑法对公害犯罪的规定大多未按危险犯加以设计,这与从重处罚公害犯罪的法理相背离。当前,应在一些危害重大公共安全罪及破坏环境犯罪的条文中,对过失危险犯做出规定,如设立失火危险罪、过失爆炸危险罪、重大责任事故危险罪等,从而建立一种外部的刑法制约和诱导机制,使过失行为人意识到过失行为的危险性与危害性,知晓国家刑法对危险行为的严厉否定评价,培养严谨的工作态度和作风,强化个体的注意义务,避免或减少可能造成的危险或实害"[2];还有人提出应当重建刑法的归责原则,认为"传统刑法的归责原则建立在因果关系基础之上,但现代科学和现代系统理论的发展,其复杂已非以因果关系为基础的归责原则所能圆满解决。为了应对风险,需要建立起新的归责原则"[3]。还有的学者认为在风险社会的大背景下应当对整个刑法体系进行全面的调整和反思。[4]

笔者认为,在风险社会的大环境下,具体应当如何调整现有的刑法体系,增加怎样的具体制度都是可以讨论和研究的,但有一个前提性的问题必须搞清楚,即我们目前是否真正处于风险社会之中?如果答案是肯定的,那么我国的刑法必然要针对这种新的社会发展做出反应和调整。刑法必须顺应时代发展的要求,这也是刑法发挥其社会功能和规范人们行为所必需;如果答案是否定的,那么包括上述提议在内的所有关于我国刑法应当针对风险社会所做出调整的提议则都是伪命题,至少是过于超前的。

有的学者认为风险社会的说法并不一定真实,而是一种文化上的产物,

---

[1] 薛进展、王思维:"风险社会中危险犯的停止形态研究",载《华东政法大学学报》2009年第5期。

[2] 田鹏辉:"论风险社会视野下的刑法立法技术——以设罪技术为视角",载《吉林大学社会科学学报》2009年第3期。

[3] 陈晓明:"风险社会之刑法应对",载《法学研究》2009年第6期。

[4] 参见劳东燕:《风险社会中的刑法——社会转型与刑法理论的变迁》,北京大学出版社2015年版。

人类很早以前就开始面对并重视各种各样的风险，当下所说的风险社会中的风险其实是被夸大了的，风险并未显著增加，而是人们对风险的感受增加了。媒体对于风险事件的有选择性报道，也使得人们对自己身边风险的数量产生错误的判断，同时人们也越来越焦虑，越来越容易忽略科学技术的进步对降低风险所能够发挥的作用，所以风险社会并非真实存在的状态，不能够作为要求刑法进行调整或改变的理由。[1]

笔者认为我们的确处于一个与以往社会明显不同的风险社会之中。当下社会的风险无论是质量还是数量都远超过去，因此刑法应当对此有所调整和反应。科技的进步一方面给人们带来了巨大的物质满足，另一方面也必然会带来一些前所未有的风险，虽然科学技术也一直在克服风险方面取得进展，但克服风险的技术本身又会带来新的风险。例如计算机技术的进步使人们的计算更为精确，控制更为精准，降低了许多行业的风险水平，但计算机技术本身也带来了许多新的风险，例如网络犯罪、黑客攻击、信息泄露等，通过计算机这一强大的科技工具，这些风险产生了前所未有的扩张和影响。在贝克的时代，网络和移动互联技术远未像今天这般发达，现在我们的生活通过互联网时时刻刻被连接在一起，任何一点的风险都可能被传播至整个网络。可以说，移动互联时代的风险较之贝克的时代更为巨大。虽然媒体对风险的宣传确实有夸大的成分，导致人们对风险的认识更为严重，但从客观上来讲，当今社会的风险确实远超过去，这也是造成媒体夸大宣传的原因之一。

反对风险社会的学者认为"在久远的时代，当船舶航行于河流或者大海时，人们同时就意识到船舶在航行中的风险，并一直采取各种措施避免风险（不能认为造船和航行没有科学技术含量）。同样，在发明了汽车的时代，人们同时意识到汽车在使用过程中潜藏的危险，并且一直在采取各种措施减少交通事故"[2]，所以风险一直都是存在的，只是人文学者们没有重视而已。这种观点是值得商榷的。我们认为今天的社会属于风险社会，但并不代表我们否认风险是一直存在的，并不是说只要存在风险的社会就可以被称为风险社会，只有当风险的质和量达到一定程度时才能被视为进入了风险社会。从

---

[1] 参见张明楷："'风险社会'若干刑法理论问题反思"，载《法商研究》2011年第5期。
[2] 参见张明楷："'风险社会'若干刑法理论问题反思"，载《法商研究》2011年第5期。

船舶诞生之日起，当然就伴随着风险，但在航运业并不十分发达的过去，这种风险是有限的。同时，由于所运输的货物种类发生变化，也使得一次海难所可能产生的风险大大提高。例如，一艘油轮失事可能造成的人员伤亡并不多，但对海洋环境造成的破坏是无法估量的，这种影响可能会持续数年甚至数十年。同样，汽车从诞生之日起就伴随着风险，但这种风险与汽车的数量是成正比的，较低的汽车保有量使得风险自然较低，所以今日社会由交通事故所带来的风险是过去无法比拟的。加之日渐成熟的人工智能和自动驾驶技术，在为我们的生活提供便利的同时也必然在未来创制更多的风险。因此，应当承认今日的社会的确处于风险社会之中。

既然肯定了我们处于风险社会之中，那么刑法就应当顺应时代的要求进行一定程度的调整。"一方面，现有刑事法律体系看起来似乎体系完整、内容翔实、标准健全、规则严密；但另一方面，这种经过深思熟虑建立起来的刑事法律体系正日益受到风险的侵蚀和困扰，它们动摇了现代刑法制度应对风险所依托的理念与原则，致使大量的违法犯罪行为从规则和标准组成的强大法网中脱逃，严重影响和威胁着人类的生存和生活。这实际上暴露了现有刑法体系在控制风险能力上的匮乏和失效。"[1]从晚近的刑事立法来看，"刑法通过增设新罪将部分原本具有民事性质的'欠债不还'行为犯罪化（如增设拒不支付劳动报酬罪等）来参与社会管理，解决社会突出矛盾，其不再是对那些'严重地'侵害生活利益的行为的反应，刑法与民法、行政法的界限越来越模糊"[2]。

关于如何具体进行调整，学者们提出可以考虑将刑罚前置，提前处罚危险犯。"当代社会的风险性质使得刑法承担了预防、惩治严重危险行为的功能和任务，风险成为塑造刑法理论、制定刑法规范的重要社会力量。因此，刑罚提前处置危险犯便成了刑法立法的必然选择。"[3]一方面，刑法从消极的法益保护——有法益受到侵害时，刑罚权才能启动，转变为积极的法益保护——立法上积极评估未来可能出现的法益侵害并及时跟进，确立相对较低的行为"入刑"标准；另一方面，针对某种可能造成危险的行为设置罪刑规范，从重

---

[1] 陈晓明："风险社会之刑法应对"，载《法学研究》2009年第6期。
[2] 周光权："转型时期刑法立法的思路与方法"，载《中国社会科学》2016年第3期。
[3] 高铭暄："风险社会中刑事立法正当性理论研究"，载《法学论坛》2011年第4期。

视法益实害转向重视法益的抽象危险，从注重保护个人法益转向重视公共法益和社会秩序的保护。[1]可以说提前处罚危险犯是风险社会刑法的一个显著标志和必然选择，我国刑法增设危险驾驶罪就是最好的证明。当然这种提前是有限度的，不可能无限制的提前，否则犯罪圈就会过度膨胀，从而严重影响到公民权利。本书所讨论的犯罪圈扩张也仅指在适度的范围内扩张，那些非理性的、过度的扩张不在本书的考虑范围之内，这自然是应当禁止的。如果我们接受提前处罚危险犯的思路，那么增设一定数量的轻微罪名就是必然的选择。同时，仅仅提前处罚此类型的犯罪行为是远远不够的，因为随着罪名的增加和犯罪圈的扩大，适用刑罚的范围也越来越大，刑罚所带来的负面影响也必然随之增加，例如有犯罪记录和被贴上犯罪标签的人数必然上升，越来越多的人会受到刑法扩张所带来的影响。除此之外，犯罪数量的上升又必然给司法机关带来巨大的压力，如果刑事司法程序过于繁琐冗长则必然使得司法机关不堪重负。一方面为了应对社会的变革必须适当地扩大犯罪圈，另一方面又必须考虑犯罪圈的扩大所带来的负面影响，这就陷入了一个左右为难的悖论之中，所以不能只是单纯地进行犯罪化的立法，而是必须建立起一整套相应的轻（微）罪制度、前科消灭制度和更为简易的刑事处罚程序。因此，只有通过建立起专门针对轻微犯罪的系统性制度，才可能既对风险社会所带来的新变化有所反应，又能克服犯罪化所带来的种种弊端，所以犯罪分层是最佳的选择。

二、城镇化带来的影响

传统观念中，我国一直是一个农业和农村人口占大多数的农业国家，然而从近年所公布的数据来看，这种观念已经是错误的了。2019年，我国城镇人口为84 843万，农村人口为55 162万；第一产业（农业）对GDP的贡献率为7.1%，第二、第三产业（工业和服务业）对GDP的贡献率为92.9%[2]。从数据来看，我国已经不再是一个农业国家，而是一个初步城镇化和工业化

---

[1] 参见周光权："转型时期刑法立法的思路与方法"，载《中国社会科学》2016年第3期。
[2] 数据来自中华人民共和国国家统计局：http://data.stats.gov.cn/easyquery.htm？cn=C01&b=A0301&sj=2019，最后访问时间：2020年8月10日。

的国家。这些变化反映到犯罪领域中就会表现为犯罪类型的变化，具体来说就是自然犯和法定犯的比例变化。

在传统农业社会中，自然犯所占比例远远大于法定犯。"从历史发展来看，在自然经济条件下，犯罪的基本形态就是自然犯，自然经济条件下社会发展非常缓慢，受社会谴责的行为按千百年来人们所熟悉的观念、伦理标准就能判断，所以自然犯就是在社会发展非常缓慢、在自然经济条件下的犯罪。"[1]

相对于农村，虽然城市中也存在着一些严重的自然犯，但更多的是法定犯。也正是由于这些严重的自然犯数量较少，因此对人们造成的切身感受并不十分强烈，反倒是一些发生在我们身边的轻微犯罪经常给人们带来巨大的冲击和心理震撼[2]。随着诸如视频监控、卫星定位等科技手段的发展和在城市管理中的运用，严重犯罪和恶性案件发生的可能性也会随之降低，这也要求我们应当将犯罪预防的重点从重罪转移到轻微犯罪上来，应当将城市中普遍存在的、对生活秩序造成严重损害的一些行为纳入犯罪圈，以此来保障城市中共同生产生活所必需的秩序与安全。

总的来说，我国目前城乡二元结构所造成的不同犯罪类型并存的情况与自然犯和法定犯理论内在契合，这也要求我们对犯罪进行分层，只有这样才能够在不同的环境中实施更加有针对性的刑事政策和管理措施，才能够更好地实现刑法的社会效果，才能够使刑法更好地顺应时代发展的要求。

第二节　符合刑罚目的的分配

传统的刑罚目的理论都有着自己内在的问题，主要问题之一就是针对性不强，只是笼统地说针对犯罪而言刑罚目的是什么，而不是针对哪一种类型的犯罪。分配理论在这方面有着非常独特的观点，能够与犯罪分层制度很好地结合起来。

---

[1] 李运平："储槐植：要正视法定犯时代的到来"，载《检察日报》2007年6月1日第3版。

[2] 例如前些年发生的颐和酒店女子被袭击事件，从量刑严重程度上来看是非常轻微的，但造成的社会影响却非常巨大。

一、传统刑罚目的理论的问题

（一）刑罚目的[1]理论概说

刑罚权是伴随着国家的出现而出现的，是所有国家权力当中最重要也是最能体现国家意志的一种，是国家对于犯罪的反应。但毕竟刑罚是对犯罪人的一种恶害，这种恶害如果要存在，就必须为自己找到存在的合理解释，即为什么国家禁止公民实施杀害、伤害、非法拘禁等行为[2]，而自己却可以合法地实施这些行为？这便是刑罚目的理论必须要回答问题。

首先站出来回答这个问题的是报应刑论。报应（责任）刑论的出现可以说是必然的，它直接源自人类"以牙还牙、以眼还眼"的朴素的正义观。报应刑论认为刑罚是一种恶害，是犯罪的对等物和对犯罪的否定，刑罚本身就体现了正义，"因为有犯罪而科处刑罚"是该理论的经典表述。然而，单纯为了报应而科处刑罚忽视了预防犯罪的目的，不利于对犯罪进行打击，也和世界各国的刑罚制度不相匹配。

为了克服报应刑论的缺点，预防（目的）刑论则是从预防犯罪这一正当目的来解释刑罚的合理性的。"无论对个人还是对社会，预防犯罪行为的发生要比处罚已经发生的犯罪行为更有价值，更为重要。"[3]预防刑论认为适用刑罚的目的是为了预防犯罪，这种目的毫无疑问是正当的，因此刑罚本身就是正当的。"为了没有犯罪而科处刑罚"是该理论的经典表述。当然，预防刑论过于看重预防犯罪的需要，可能为了此目的而突破公正的界限，从而不当地加重或减轻犯罪人的刑罚，失去基本的公正标准。

并合主义的出现是为了更好地吸收报应刑论和预防刑论的优点并克服二者的缺点产生的，是一种折衷的理论。其认为判处刑罚的目的一方面是为了

---

[1] 刑罚目的的理论其实主要是为了回答刑罚为何能够存在，即刑罚的正当性依据究竟是什么样一个问题，因此，有的学者认为"旧派与新派在刑罚论领域中的绝对主义（报应刑论）与相对主义（目的刑论）之争，并不是关于刑罚目的本身的争论，而是关于刑罚的正当化根据的争论"。参见张明楷：《责任刑与预防刑》，北京大学出版社2015年版，第9页。这种说法具有一定的道理，但为了行文的方便，笔者依然遵守惯用的说法，使用"刑罚目的"一词。

[2] 当然，现代国家已经基本废除了肉刑，所以现代的刑罚制度中已经基本没有对犯罪人进行伤害的内容，但由于死刑的存在，国家依然可以合法地处决犯罪人，这也可以视为一种极端的伤害。

[3] [德]李斯特：《德国刑法教科书》，徐久生译，法律出版社2006年版，第23页。

对犯罪进行报应，这是公正的必然要求；另一方面也是预防犯罪所必须，这是功利的体现。"因为有犯罪而为了没有犯罪科处刑罚"是其经典表述。然而，吸收二者的优点并不能使得二者的缺点自动消失，"把各种学说相互混合地聚在一起的方法，对于刑法学来说是毫无用处的"[1]。的确，并合主义最大的问题是无法给出一个适用的标准，即何时以报应为主兼顾预防，何时以预防为主兼顾报应，何时要报应和预防并重？这些问题如果得不到解决，并合主义内部之争不过将是报应论与预防论之争的延续，很难得出确定的答案。

关于刑罚目的，我国学者也给出了自己的答案，提出了诸如"惩罚说""改造说""多目的说""多层次说"等[2]，不一而足，但基本上都是以上述三种理论为基础而得出的不同说法，并没有超脱出上述三种理论的范畴，笔者在此不再进行一一介绍。

（二）不同学说的问题

1. 报应刑论

德国刑法学家冯·李斯特就曾经提到过另一位德国学者许策尔的观点，后者相信在刑法教科书中无需讨论刑罚目的，当然李斯特本人是反对这种观点的，其将刑罚目的问题认为是刑法发展的动力。不过其也对刑罚目的理论的玄学化提出了批评，他指出"如果谁想从玄学中寻找该问题的答案，当然不会受到阻止……但它并没有引导人们去进行科学研究。面对刑罚形而上学的解释，刑法学科没有敌意，甚至也没有拒绝；但是，作为一定程度上的异类，刑法科学必须研究所有这些尝试，并自我否定"[3]。

冯·李斯特所提到的刑罚目的理论的玄学化在报应刑论中体现得尤为明显。报应刑论两位巨擘康德和黑格尔是举世闻名的哲学家，因此其对刑罚目的的论述多是在哲学层面展开的，使用的也多为哲学用语。从伦理学和逻辑的角度来说这样的结论没有任何问题，但问题在于这样的解释使得刑罚目的

---

[1] 邱兴隆主编：《比较刑法（第二卷·刑罚基本理论专号）》，中国检察出版社2004年版，第303页。

[2] 高铭暄主编：《新中国刑法学研究综述（1949-1985）》，河南人民出版社1986年版，第408~410页。

[3] ［德］冯·李斯特：《论犯罪、刑罚与刑事政策》，徐久生译，北京大学出版社2016年版，第8页。

理论不再是一个刑法问题，而变成了一个伦理学问题。对此，冯·李斯特一针见血地提出"刑罚的本源可以而且必须与伦理学相分离，无需否定或者排挤之。这种将两者分离的好处还没有受到足够的重视：它避免了刑法科学陷入关于伦理学基础的毫无结果的争论之中，免除了刑法科学每天对其赖以存在的法合理性加以证明的义务"[1]。

黑格尔在刑罚目的方面的"玄学"倾向非常明显。"犯罪的扬弃是报复，因为从概念上说，报复是对侵害的侵害，又按定在说，犯罪具有在质与量上的一定范围，从而犯罪的否定，作为定在，也是同样具有在质与量上的一定范围，但是，这种基于概念的同一性，不是侵害行为特种性状的等同，而是侵害行为自在地存在的等同，即价值的等同。"[2]同时，黑格尔成功地将针对个人的犯罪转化成了针对社会全体的犯罪，"因为在市民社会中所有权和人格都得到法律上承认，并具有法律上效力，所以犯罪不再只是侵犯了主观的无限的东西，而且侵犯了普遍事物""对社会成员中一人的侵害就是对全体的侵害，所以犯罪的本性也起了变化……侵害行为不只是影响直接受害人的定在，而是牵涉到整个市民社会的观念和意识"[3]，这就更加为刑罚的存在找到了正当性。此外，黑格尔得出了一个看似匪夷所思的结论，他从自由意志的角度出发，认为"刑罚既包含着犯人自己的法，所以处罚他，正是尊敬他是理性的存在。如果不从犯人行为中去寻找刑罚的概念和尺度，他就得不到这种尊重"[4]。对于这样形而上的结论，冯·李斯特给予了批判，他认为"受到处罚是一个国民的重要的权利（费希特 Fichte 语）；在处罚中，犯罪人被作为一个有理智者受到尊重（黑格尔 Hegel 语）：这些以及类似的语句，是刑罚内在本质的显然似是而非的说法，根本不是客观化了的刑罚的特征"[5]。

---

[1] ［德］冯·李斯特：《论犯罪、刑罚与刑事政策》，徐久生译，北京大学出版社2016年版，第12页。

[2] ［德］黑格尔：《法哲学原理：或自然法和国家学纲要》，范扬、张企泰译，商务印书馆1961年版，第103页。

[3] ［德］黑格尔：《法哲学原理：或自然法和国家学纲要》，范扬、张企泰译，商务印书馆1961年版，第107页。

[4] ［德］黑格尔：《法哲学原理：或自然法和国家学纲要》，范扬、张企泰译，商务印书馆1961年版，第104页。

[5] ［德］冯·李斯特：《论犯罪、刑罚与刑事政策》，徐久生译，北京大学出版社2016年版，第19页。

报应刑理论经过康德和黑格尔等人的升华，具有了越来越浓烈的哲学和伦理学色彩，以致我们今天在谈到报应刑理论乃至其他刑罚理论时也往往是在哲学和伦理学的语境下进行，也许所得出的答案足够深刻，但这种高度抽象化的理论对于刑事法律实践来说并没有实际的指导意义。

2. 预防刑论

预防刑论是刑事实证学派的观点，是在批判报应刑论的基础上产生的，预防刑论者认为，在报应刑论者眼里只有行为而没有行为人，只有抽象的犯罪而不考虑具体的刑罚承担者，刑罚即使是因为犯罪行为才被判处的，但最终承担刑罚的依然是具体的犯罪人，因此舍去犯罪人来谈犯罪和刑罚等于是舍本逐末，不可能得出有实际意义的答案。

预防刑的产生有其独特的时代背景和原因。首先，19世纪自然科学的迅猛发展为预防刑理论的发展提供了技术上的支持，使得对犯罪人危险性的研究成为可能。其次，在方法论上，预防论的学者们反对报应论者纯思辨式的研究方法，转而采用了实证式的研究方法，进行了大量的统计调查和数据分析，甚至还采用了不少自然科学的研究方法。最后，由于自由资本主义向垄断资本主义的转型，出现了大量犯罪行为，其中不少是新的犯罪样态，传统的古典主义报应理论已经无力应对这些新情况。新的犯罪形势要求新的刑事政策调整和刑事制度改革，冯·李斯特就在其被称为"马堡计划"的演讲中提出了自己的应对措施："（1）矫正可以矫正和有矫正必要的犯罪人；（2）威慑没有矫正必要的犯罪人；（3）使不能矫正的犯罪人不再危害社会（使之不能犯）"[1]。然而，哪些人是可以矫正的、哪些人是不能矫正的标准又是什么呢？刑法学本身是无法回答这样的问题的，所以实证学派必然会到人类学、社会学和自然科学那里去寻找答案。

预防刑理论改变了过去报应刑理论那种哲学式的思辨研究方式，注重实证研究和统计调查，使得刑罚目的理论重新回归世俗，在他们那里受处罚的不再是抽象的犯罪概念，而是形形色色的具体的犯罪人，刑罚也不再是单纯对犯罪的报应，而是为了实现某些特殊目的而存在的。但是，与报应刑理论

---

[1]［德］冯·李斯特：《论犯罪、刑罚与刑事政策》，徐久生译，北京大学出版社2016年版，第31页。

所采取的研究方法一样，预防刑理论所采用的研究方法同样不是刑法学方法，更多地属于犯罪学或人类学甚至自然科学的研究方法，在这样的刑罚目的理论指导之下的实践必然会出现许多问题。

总的来说，报应刑论和预防刑论都各有可取之处，也在当时的社会产生过巨大的影响和推进作用，奠定了刑罚目的的主要内容，后世的研究基本上是在其基础之上的不同排列组合，但由于其研究方法都并非刑法学甚至法学的研究方法，与大力提倡法教义学的当下形势相悖，所以使得刑罚目的理论基本上变成了刑法学说史的展示，无法得出一个在实践中可供参考和借鉴的标准，导致了我们在刑事法律实践中几乎从不考虑刑罚的目的，只是简单地使用司法三段论进行判断，机械性司法愈演愈烈，刑罚被无目的地使用。

二、"分配理论"的基本内容

鉴于前述三种主要的刑罚目的理论都有其自身的缺点，不少学者都试图寻找一种与并合主义那种简单拼凑不同的，能够有机统一报应与预防的刑罚目的"一体论"模式。邱兴隆教授认为西方的"一体论"目前主要有九大模式，笔者认为其中的"分配理论"具有一定借鉴意义，为我们提供了一个全新的理解刑罚目的的方法[1]。

（一）费尔巴哈的分配思想

所谓"分配理论"通俗地来说就是认为刑罚并无统一的目的，在不同的刑事活动阶段，为其分配不同的刑罚目的。"分配理论"的思想最早可见于德国刑法学者安塞尔姆·冯·费尔巴哈的论述中，但费尔巴哈并没有明确提出这一叫法。费尔巴哈最著名的是其心理强制学说，他认为身体上的强制不足以阻止违法行为的发生，还必须有一个在违法结束前业已存在的国家的强制，在每一种情况下这种强制都会发挥作用，这就是心理强制[2]。费尔巴哈提出，"让每个人知道在其行为之后必然有一个恶在等待着自己……因此，为了

---

[1] 这九大模式可具体参见邱兴隆："西方刑罚一体论的九大模式"，载《湖南省政法管理干部学院学报》2001年第1期。

[2] 参见[德]安塞尔姆·里特尔·冯·费尔巴哈：《德国刑法教科书》，徐久生译，中国方正出版社2010年版，第27~28页。

建立这种恶与侮辱之间的必然联系的一般信念，必须在法律上将这种恶作为行为的必然后果加以规定（法定的威慑）……由国家通过法律规定并依据该法律科处的恶便是世俗刑罚。刑罚的必要性的根据以及刑罚存在的根据……是消除人们内心的违法动机"[1]。由以上论述可见，费尔巴哈认为在立法阶段刑罚的目的是一般威慑（预防），以此消除人们的违法动机。

费尔巴哈还明确提出了刑罚适用的规则，他指出刑罚只能适用于犯罪之人而不得适用于无罪之人，法官不得为了达到处罚真正的犯罪人的目的而对无罪责者科处刑罚痛苦，刑罚执行的唯一依据是法官的判决，任何人受到的刑罚痛苦均不得大于其犯罪所得之快乐。[2]在此，费尔巴哈明确了在刑罚适用即刑事司法过程中的报应原则，通过报应来限制预防目的可能的滥用。

通过以上的论述我们可以看出，费尔巴哈认为在立法阶段应当以一般预防目的为主，发挥刑罚的威慑功能，通过心理强制消除一般人的违法意图；在司法阶段则应当以报应为主，罪责自负、罚当其罪，不得以预防为目的加重犯罪人的刑罚。

（二）迈耶的"分配理论"

"分配理论"这一明确的叫法是德国学者迈耶提出的，他认为"刑事活动分为刑的规定、刑的量定与行刑三个阶段……迈耶认为，在刑的规定亦即立法阶段，刑罚的根据是报应，即'立法者对轻重不同的犯罪规定相应的轻重不同的法定刑，具有报应的意义'；在刑之量定亦即审判阶段，刑罚的根据是维护法，即'法官审判时对行为人的行为是否构成犯罪予以确定和量定刑罚，具有维护法律的规定与尊严的意义'；在刑罚的执行阶段，刑罚的根据是个别预防，亦即'行刑机关根据法律与政策对服刑人实行教育改造，使之复归社会，具有预防意义'"[3]。

相较于费尔巴哈，迈耶将刑罚的执行阶段也纳入了刑罚目的分配的范畴，认为在立法与司法阶段以报应为主，而在执行阶段以个别（特殊）预防为主。

---

[1] [德] 安塞尔姆·里特尔·冯·费尔巴哈：《德国刑法教科书》，徐久生译，中国方正出版社 2010 年版，第 28~29 页。

[2] 参见 [德] 安塞尔姆·里特尔·冯·费尔巴哈：《德国刑法教科书》，徐久生译，中国方正出版社 2010 年版，第 137~138 页。

[3] 邱兴隆："西方刑罚一体论的九大模式"，载《湖南省政法管理干部学院学报》2001 年第 1 期。

应当说迈耶的三阶段分配理论更加符合现代刑事司法制度。

(三) 帕多瓦尼的"分配理论"

意大利刑法学者杜里奥·帕多瓦尼认为刑罚在不同的发展阶段作用是不一样的,报应刑论和预防刑论的"共同缺陷在于忽视了刑罚是一种变化的事物,不是僵死不变的东西"[1]。刑罚在立法、司法和执行三个阶段分别表现为法定刑、宣告刑和执行刑,这三种表现形式所处法律阶段不同,其刑罚目的也有所区别。帕多瓦尼认为,在立法阶段刑罚主要发挥一般预防作用,立法者在法律中规定实施一定行为的人会受到处罚不只是一个简单的通知而是一种威胁,刑罚的威慑阻止作用,是一种不容否认的事实。而在司法阶段,帕多瓦尼认为刑罚的主要目的是报应和特殊预防,量刑时应当排除一般预防的因素,不能够将人作为工具来实现杀鸡儆猴的需要。但帕多瓦尼同时认为这种限制只应适用于对罪犯不利的情况,如果一般预防的目的较小,刑罚可以更轻。在刑罚的执行阶段,帕多瓦尼认为应当着重发挥刑罚的特殊预防功能,同时通过执行的可信性与严肃性也可以发挥一般预防的作用[2]。

(四) 赫布的另类"分配理论"

与上述三位以时间先后为标准在不同的刑事活动阶段进行刑罚目的分配不同,德国学者赫布在不同刑种之间进行分配的理论非常特别,也很值得我们借鉴。赫布认为,"立法者不能无视由于每个人的人性的不同而产生的上面讲的每一种不同的可能性关系(改造、赎罪、特殊预防和一般预防等不同的刑罚目的——笔者注)。立法者必须从整体来把握这些不同的可能性关系。根据状况的不同,不得不有时候采用这一观点,有时候还要同时采用其他观点","这样看来,刑罚并不是只实现一个目的,有时以威吓,有时以赎罪,有时以改造,有时以保安作用为目的,或者说刑罚应同时实现多个目的"[3]。

---

[1] [意] 杜里奥·帕多瓦尼:《意大利刑法学原理(注评版)》,陈忠林译,中国人民大学出版社2004年版,第357页。

[2] 参见 [意] 杜里奥·帕多瓦尼:《意大利刑法学原理(注评版)》,陈忠林译,中国人民大学出版社2004年版,第357~360页。

[3] 邱兴隆:"西方刑罚一体论的九大模式",载《湖南省政法管理干部学院学报》2001年第1期。

从赫布的论述可以看出，其也是反对将刑罚及其目的看作僵死不变之物，他进而认为不同的刑罚具有不同的目的，"认为任何一种刑罚都可以实现所有目的的这种学说，会在其之后的推论中陷入最难以解决的矛盾之中。说不定能够发现使所有的刑罚目的和平统一起来的未知的其他刑种，但至少现在还不知道哪种刑种被发现"[1]。赫布认为对杀人犯适用死刑很明显是报应，但是其他犯罪所适用的死刑只不过是威吓刑而已；有期自由刑属于改造刑，因为经过一定时间之后，犯人还要回归市民社会；无期徒刑不是单纯的预防刑就是保安刑，同时又是对他人的威吓刑；肉刑只能是报应；罚金刑具有对被害人赔偿损失的性质[2]。可以说，由于德国的刑事司法制度和刑罚体系与我们不同，所以赫布对不同刑种所分配的刑罚目的也不一定能得到我国学者的认同，但是这种依据不同刑种进行分配的方法，可以为我们选择具体的刑种提供一定的参考标准，可以使刑罚目的理论更好地在刑事司法阶段发挥作用。

三、犯罪分层与分配理论

通过对上述不同的分配理论的介绍分析不难发现，其主要的思想是刑罚在不同的阶段有着不同的目的，不能一概而论。这种分析的思路非常具有方法论意义，既然可以在不同的司法阶段有不同的刑罚目的，那么对于不同类型的犯罪当然也可以有不同的刑罚目的。前文介绍过不同学者对于犯罪所进行的分类，笔者认为其中最能够体现刑罚分配理论的恰恰是犯罪分层的按照轻重进行分类的方法。

1. 重罪的刑罚目的应以报应为主。从报应主义的学者所举的例子可以看到，基本都是杀人、伤害等严重侵害他人的犯罪，都属于侵害人们善良情感的自然犯范畴。人们对于这类犯罪普遍的报应欲望强烈，尤其是对于被害人及其家属来说，对于这类犯罪几乎没有别的诉求，只要求血债血偿。如果出于预防的原因从轻处罚犯罪人的话可能会导致被害人及其家属的强烈不满，使得刑法的社会效果大打折扣，更无法使人们树立起对法律的信任感。例如

---

[1] 邱兴隆："西方刑罚一体论的九大模式"，载《湖南省政法管理干部学院学报》2001年第1期。

[2] 参见邱兴隆："西方刑罚一体论的九大模式"，载《湖南省政法管理干部学院学报》2001年第1期。

"杭州保姆放火案",无论放火的保姆出于什么样的目的和心态,其再犯的可能性是不存在的,但我们不能因为其没有特殊预防的必要性而从轻处罚,因为其毕竟造成了母子四人死亡的严重结果,如果不出于报应的目的对其处刑的话,可想而知被害人家属的反应,而且也明显有失公平。因此,对于这类重罪最为公平的做法就是报应,预防的目的几乎可以不考虑。

2. 轻罪的刑罚目的应以预防为主。轻罪的预防效果是最好的,也是最有可能进行预防的。如果说某些重罪的发生是不可避免或很难减少的话,那么绝大多数的轻罪是完全有可能进行预防的,刑罚的威慑效果也是最有可能发挥的,这一点从醉驾入刑之后的效果上就可以看出来。因为大多数轻罪本就属于法定犯,主要是由于严重违反某些社会规则而导致的,这些规则本就是为了更好地维护社会秩序而设立的,所以行为人遵守他们本就没有什么困难,一旦有外力的威慑则很容易遵守。更为重要的是,轻罪中不少犯罪属于没有被害人或者被害人不明显的,加之本身的危害性就比较小,对其进行报应的诉求和愿望就不如重罪那么强烈,因此在处刑时就不用过多考虑报应的因素,完全可以采用更为灵活的方式进行。如果通过非监禁刑或罚金就可以实现刑罚目的,就没有必要将行为人监禁,这其实也符合我国目前宽严相济的刑事政策。正如边沁所言:"所有惩罚本身都是恶,基于功利原则,如果它根本应该得到承认,便只有在它有希望排除某种更大的恶的范围内,它才应该得到承认,显然,在下列情况下不应该施加惩罚:……(4)在因为不用惩罚,危害也可以得到防止或者自行终止,所以惩罚不必要的场合""在将一个目标付诸实践的目的,可以通过一种更为便宜的价格(如:通过教育与通过威吓,通过启发理解以及通过对意志发挥一种直接的影响)同样有效地实现的场合,一种惩罚便是不必要的"[1]。如果说对于重罪出于报应的目的相当的刑罚是必不可少的,那么对于轻罪而言这样的刑罚就不是必需的了。

这样,我们通过对犯罪进行分层,同时也使得刑罚的目的进行了分配,重罪以报应为主,轻罪以预防为主,这样就使得我们在讨论刑罚目的时具有了明确的对象,即我们讨论的是哪种类型犯罪的刑罚目的,这就避免了刑罚

---

[1] [英]杰里米·边沁:"惩罚的一般原理",邱兴隆译,载邱兴隆主编:《比较刑法(第二卷·刑罚基本理论专号)》,中国检察出版社2004年版,第320~322页。

目的理论陷入泛泛的空谈，从而使其更好地指导我们的量刑乃至整个刑事司法实践活动。

第三节 符合刑事政策的要求

关于刑事政策的概念千差万别，"可以这样认为，至今几乎所有关于刑事政策的著述，找不到两个完全相同的刑事政策定义"[1]，所以笔者在此也并不想再多做一个关于刑事政策的定义。由于本书的重点并非探讨刑事政策问题，因此在这里只是采取一个能够基本反映刑事政策含义的说法，即刑事政策是国家和社会对犯罪所作出的反应的整体。

一、我国刑事政策的发展

一般认为，新中国成立后我国的刑事政策经历了从"镇压与宽大相结合"到"惩办与宽大相结合"再到今天的"宽严相济"三个阶段。

新中国成立不久，毛泽东同志提出了"首恶者必办，胁从者不问，立功者受奖"的刑事政策，其中有惩罚也有受奖的内容，属于镇压与宽大相结合。这个阶段仍处于阶级斗争时期，敌我矛盾依然比较尖锐，该政策的适用对象更多地集中在敌对分子身上，因此这一时期的刑事政策比较侧重于"严"的方面。

后来随着社会主义改造的完成以及敌我矛盾的缓和，刑事政策针对的对象主要不再是敌对分子，而是普通的刑事犯罪分子，因此这一时期的刑事政策也随之发生了一定的调整，不再强调镇压而是惩办，相较于前一阶段，这一时期的刑事政策比较侧重于"宽"的方面。

随着20世纪80年代开始的社会全面转型的开始，犯罪数量剧增，而且其中包含了大量的严重刑事犯罪，因此"严打"政策成为必然的选择。从1983年开始到2002年，我国先后开展了三次大规模的"严打"活动。一般认为，"'严打'并不是一项基本的刑事政策，但其作为'惩办与宽大相结合'刑事政策中'惩办'方面的突出表现而受到重视，在相当长的时期内，在一

---

[1] 储槐植："刑事政策：犯罪学的重点研究对象和司法实践的基本指导思想"，载《福建公安高等专科学校学报—社会公共安全研究》1999年第5期。

定程度上主导了我国的刑法立法和刑事法治"[1]。近些年来，对于"严打"政策的认识越来越客观，学界基本上达成了一定的共识，认为"严打"政策的出现是必然的，是社会环境发展到一定程度和时期必然会出现的刑事政策，其对遏制犯罪发挥过巨大的作用。

及至后来，中央于2005年底的政法工作会议上提出了"宽严相济"的刑事政策。在随后几次相关的会议上，宽严相济逐渐确立了作为我国刑事政策的地位。从我国刑事政策发展的脉络来看，从宽严结合开始，经历了"严打"之"严"，复归宽严相济，这是一个完整的否定之否定的过程。结合我国当下和未来一段时期的发展趋势来看，宽严相济将在未来相当长的一段时期内成为我国刑事政策的主线，这也契合了国际上"轻轻重重"的主流刑事政策。

二、犯罪分层与"宽严相济"刑事政策

"宽严相济"刑事政策的基本含义通俗地说就是"该轻的要轻、该重的要重"。这听起来非常简单，也很有道理，但是究竟哪些要轻、哪些要重并不是一个容易回答问题。历次"严打"所针对的对象基本都是杀人、抢劫、强奸等严重侵害人身权利的暴力性犯罪，但是也并不仅限于此，例如我国还开展过打击盗抢机动车犯罪专项斗争，"追逃"专项行动，打击拐卖妇女、儿童专项斗争，打击盗窃、抢劫等多发性侵财犯罪专项行动，侦破命案专项行动，打击治理利用手机短信和网络诈骗犯罪专项行动，打击整治盗窃破坏电力设施犯罪专项行动等。

作为一种政策，刑事政策天然地具有较之成文法更强的灵活性，这种灵活性在一定程度上弥补了成文法僵化的缺点，但也较易滋生个别违法现象，因此想要更好地发挥刑事政策的作用，就必须在法律的框架内进行。这一点已经成为学界的共识，而犯罪分层就可以为刑事政策搭建起法律的框架。

第一，规定重罪可以使从重的范围更为固定。对重罪进行严厉打击乃犯罪分层的题中之义，但关于重点打击的犯罪范围应当稳定，避免出现"头疼医头、脚疼医脚"的做法。否则，那些原本因为畏惧严厉打击而暂时放弃犯

---

[1] 赵秉志："新中国60年刑事政策的演进对于刑法立法的影响"，载《中国社会科学报》2009年第3期。

罪计划的犯罪分子，反而会因为打击的趋缓而更加疯狂地进行犯罪活动，这样不仅不能起到预防和打击犯罪的效果，反而会在一定程度上使得犯罪数量有所增加，适得其反。通过犯罪分层可以将需要严厉打击的犯罪从一般犯罪行为当中区分出来，以成文法的形式规定为重罪，并始终对重罪进行严厉打击，保持对象和时间上的连续性，重罪行为一旦出现，就给予严厉的打击，避免出现同样的重罪行为由于出现的时间不同，而处以差别较大的刑罚的不公正现象。这样也可以使得我国的刑事政策具有更强的连贯性和统一性。

第二，规定轻罪可以使从宽处罚于法有据。我国的刑事政策当中一直有宽大的内容，但并非针对某类犯罪，更多的是体现在首要分子（主犯）与从犯之间的区分上，即所谓的"首要必办，胁从不问"。这种在共犯之间体现刑事责任轻重差别的做法，当然也体现出了宽与严的差别，但严格来说这并不是一种刑事政策的体现，而是必然的结果。共犯之间的刑事责任本来就有区别，所处的刑罚有轻有重也属当然，这是所有国家的通行做法，与刑事政策没有关系。所以，刑事政策中从宽的方面在我国刑事司法实践当中贯彻得并不理想，具有很强的偶然性和随意性。如果通过犯罪分层规定轻罪或微罪制度，则可以从立法的层面确定从宽的刑事政策，同时还可以在司法层面对于轻罪或微罪更加从宽处罚，这样便符合了"轻轻"的要求。

第三，犯罪分层可以更好地配置司法资源。通过犯罪分层，对轻微犯罪采用更为便捷简单的诉讼方式，更多地适用非监禁刑和罚金刑，这样就可以节省甚至增加大量的经费，将更多的司法资源用于打击更为严重的犯罪。"我们在不放松严刑惩治重罪的同时，应当借鉴世界性刑法改革运动中各国非刑罚化的成功经验，对轻微犯罪尽可能用非刑罚手段予以调整，这样我们才可能以最少的刑罚资源投入达到最大的控制和预防犯罪的效果，从而使我国刑法的运行实现效益最大化。"[1]

第四节　符合我国司法传统与实践

任何一种法律制度要想在一个国家生根发芽，就必须深深地植根于这个

---

[1] 梁根林："非刑罚化——当代刑法改革的主题"，载北京大学法学院编：《刑事法治的理念建构》，法律出版社2002年版，第261~262页。

国家的法律土壤，就必须符合这个国家的司法传统和司法实践，这一点对于舶来品而言尤其重要。我们国家也曾经移植过许多法治先进国家的制度，既有成功的经验，也有失败的教训，犯罪分层制度要想在我国取得成功，也必须和我国的司法传统与实践相契合。

一、我国的司法传统

现代意义上的犯罪分层制度虽然起源于国外，但这并不能说明我国没有相类似的做法与传统。犯罪分层的核心观念是对不同性质的犯罪进行区分并区别对待，而这样的做法在我国的历史上是长期存在的。

纵观世界各国在早期对犯罪分层的做法，一般都是先规定某些犯罪行为构成重罪，这些重罪当中往往以叛国罪为主。我国最早出现的重罪是在周朝，《周礼·地官司徒·大司徒》中记载了八种重罪简称"八刑"，分别是："一曰不孝之刑，二曰不睦之刑，三曰不姻之行，四曰不弟之刑，五曰不任之刑，六曰不恤之刑，七曰造言之刑，八曰乱民之刑。"与世界上其他各国做法不同的是，我国最早出现的重罪当中，虽然也有叛国的身影，但更多的是以违反伦理道德为主的犯罪，这与我国以礼法治天下的传统有关。有的学者认为"八刑"就是其后出现的"十恶"的前身[1]。

战国时期魏国的李悝所创制的《法经》当中，明确地将反对政权的犯罪列为最严重的犯罪并严厉打击。这一点和世界其他国家的做法相同。

及至北齐，我国出现了影响久远的重罪十条："一曰反逆，二曰大逆，三曰叛，四曰降，五曰恶逆，六曰不道，七曰不敬，八曰不孝，九曰不义，十曰内乱。"犯这几类罪的不在八议的范围之内。

唐朝明确将这十条定为了"十恶大罪"，不在赦免的范围之内，也被称为"十恶不赦"。以后的朝代，虽然关于十恶的内容在不断地变化，但立法的形式保持基本稳定，都是在刑法典中单独列出，并配有明显不同的特殊规定，主要表现为：1. 法定刑重：每条罪名都有死刑，谋反等罪名还实行株连制。2. 不予宽宥：十恶不在八议之内，《开皇律》记载："犯十恶及故杀人狱成者，虽会赦，犹除名"；《唐律疏议·名例篇》记载："其犯十恶者，死罪不

---

[1] 参见宁汉林、魏克家：《中国刑法简史》，中国检察出版社1999年版，第64页。

得上请；流罪以下，不得减刑。"3. 不得相隐：《唐律疏议·名例篇》记载："谋反、谋大逆、谋叛，此等三事，并不得相隐。"4. 处罚预备犯：隋朝之后将北齐的"反逆"改为"谋逆"，"大逆"改为"谋大逆"。这里的"谋"应当理解为预谋，也就是说在这里不光要处罚实行犯，还要处罚预备犯。"对比古代刑法中，没有其他关于一般性预备犯规定的情况，可以认为，古代刑法只对'十恶'重罪规定处罚预备行为。"[1]

"历朝各代还有各自不同的重罪法，如秦朝有'偶语诗书者弃市，以古非今者族'的重刑罪，汉朝有《轻侮法》，宋朝有《盗贼重法》。唐、明虽合制，但其刑罚轻重却也不尽相同：大抵事关典礼及风俗教化等事，唐律均较明律为重；盗贼及有关帑项钱粮等事，明律则又较唐律为重。"[2]至于十恶不赦之罪，在唐以后为我国历朝历代所共同接受。所以从历史的角度来看，我国是有对犯罪进行不同分类并区别对待的司法传统的，普通老百姓对于不同类型的犯罪的评价也是不同的，犯罪人所犯罪名一旦涉及十恶不赦之罪，则会遭到来自法律和社会最大程度的谴责，而并非对所有的犯罪进行同样程度的谴责。这一点其实是可供学习的，即对于社会危害性最大的几种罪名单独列举，既有助于充分发挥刑法的震慑作用，也更有利于规范人们的行为，减少这些严重犯罪的数量。

二、我国的司法现实

从实体法的角度来看，我国《刑法》中也大量存在着对不同类型犯罪进行区别对待的做法。《刑法》当中的以下条文均体现了这种思想：

第七条第一款 中华人民共和国公民在中华人民共和国领域外犯本法规定之罪的，适用本法，但是按本法规定的最高刑为3年以下有期徒刑的，可以不予追究。

第八条 外国人在中华人民共和国领域外对中华人民共和国国家或者公民犯罪，而按本法规定的最低刑为3年以上有期徒刑的，可以适用本法，但

---

[1] 叶希善：《犯罪分层研究——以刑事政策和刑事立法意义为视角》，中国人民公安大学出版社2008年版，第199页。

[2] 彭凤莲：《中国传统刑事政策思想》，中国人民大学出版社2017年版，第77页。

是按照犯罪地的法律不受处罚的除外。

第十七条第二款 已满14周岁不满16周岁的人，犯故意杀人、故意伤害致人重伤或者死亡、强奸、抢劫、贩卖毒品、放火、爆炸、投放危险物质罪的，应当负刑事责任。

第二十条第三款 对正在进行行凶、杀人、抢劫、强奸、绑架以及其他严重危及人身安全的暴力犯罪，采取防卫行为，造成不法侵害人伤亡的，不属于防卫过当，不负刑事责任。

第五十条第二款 对被判处死刑缓期执行的累犯以及因故意杀人、强奸、抢劫、绑架、放火、爆炸、投放危险物质或者有组织的暴力性犯罪被判处死刑缓期执行的犯罪分子，人民法院根据犯罪情节等情况可以同时决定对其限制减刑。

第五十六条第一款 对于危害国家安全的犯罪分子应当附加剥夺政治权利；对于故意杀人、强奸、放火、爆炸、投毒、抢劫等严重破坏社会秩序的犯罪分子，可以附加剥夺政治权利。

第六十六条 危害国家安全犯罪、恐怖活动犯罪、黑社会性质的组织犯罪的犯罪分子，在刑罚执行完毕或者赦免以后，在任何时候再犯上述任一类罪的，都以累犯论处。

第七十二条 对于被判处拘役、3年以下有期徒刑的犯罪分子，同时符合下列条件的，可以宣告缓刑，对其中不满18周岁的人、怀孕的妇女和已满75周岁的人，应当宣告缓刑：……

第八十一条第二款 对累犯以及因故意杀人、强奸、抢劫、绑架、放火、爆炸、投放危险物质或者有组织的暴力性犯罪被判处10年以上有期徒刑、无期徒刑的犯罪分子，不得假释。

第一百条第二款 犯罪的时候不满18周岁被判处5年有期徒刑以下刑罚的人，免除前款规定的报告义务。

通过分析上述条文我们可以发现，我国《刑法》中有很多地方涉及对不同种类犯罪的区分，这种区分基本上遵循着两种思路，一种是依据法定刑进行区分，涉及的刑期标准主要有：有期徒刑、无期徒刑、死刑；另一种思路是依据犯罪的性质进行区分，所涉及的具体罪名有故意杀人罪、故意伤害致人重伤或者死亡罪、强奸罪、抢劫罪、贩卖毒品罪、放火罪、爆炸罪、投放危险物质罪、绑架罪，涉及的类（种）罪名有危害国家安全犯罪、恐怖活动犯罪、黑社会性质的组织犯罪和有组织的暴力性犯罪。除此之外还有"行凶"这一行为类型，我们可以认为这属于一个兜底规定。

从程序法的角度来看，我国《中华人民共和国刑事诉讼法》（以下简称《刑事诉讼法》）中也存在着区分不同种类的犯罪并区别对待的做法，下列条文均反映了这一理念：

第二十一条　中级人民法院管辖下列第一审刑事案件：

（一）危害国家安全、恐怖活动案件；

（二）可能判处无期徒刑、死刑的案件。

第六十七条　人民法院、人民检察院和公安机关对有下列情形之一的犯罪嫌疑人、被告人，可以取保候审：

（一）可能判处管制、拘役或者独立适用附加刑的；

（二）可能判处有期徒刑以上刑罚，采取取保候审不致发生社会危险性的；……

第一百五十九条　对犯罪嫌疑人可能判处10年有期徒刑以上刑罚，依照本法第158条规定延长期限届满，仍不能侦查终结的，经省、自治区、直辖市人民检察院批准或者决定，可以再延长2个月。

第二百一十条　自诉案件包括下列案件：

（一）告诉才处理的案件；

（二）被害人有证据证明的轻微刑事案件；

（三）被害人有证据证明对被告人侵犯自己人身、财产权利的行为应当依法追究刑事责任，而公安机关或者人民检察院不予追究被告人刑事责任的案件。

第二百一十六条第一款　适用简易程序审理案件，对可能判处3年有期徒刑以下刑罚的，可以组成合议庭进行审判，也可以由审判员一人独任审判；对可能判处的有期徒刑超过3年的，应当组成合议庭进行审判。

第二百二十条　适用简易程序审理案件，人民法院应当在受理后20日以内审结；对可能判处的有期徒刑超过3年的，可以延长至1个半月。

第二百二十二条第一款　基层人民法院管辖的可能判处3年有期徒刑以下刑罚的案件，案件事实清楚，证据确实、充分，被告人认罪认罚并同意适用速裁程序的，可以适用速裁程序，由审判员一人独任审判。

第二百四十七条 中级人民法院判处死刑的第一审案件，被告人不上诉的，应当由高级人民法院复核后，报请最高人民法院核准。高级人民法院不同意判处死刑的，可以提审或者发回重新审判。

高级人民法院判处死刑的第一审案件被告人不上诉的，和判处死刑的第二审案件，都应当报请最高人民法院核准。

第二百四十八条 中级人民法院判处死刑缓期2年执行的案件，由高级人民法院核准。

第二百八十八条第一款 下列公诉案件，犯罪嫌疑人、被告人真诚悔罪，通过向被害人赔偿损失、赔礼道歉等方式获得被害人谅解，被害人自愿和解的，双方当事人可以和解：

（一）因民间纠纷引起，涉嫌刑法分则第四章、第五章规定的犯罪案件，可能判处3年有期徒刑以下刑罚的；

（二）除渎职犯罪以外的可能判处7年有期徒刑以下刑罚的过失犯罪案件。

除了上述规定之外，《最高人民检察院关于在检察工作中贯彻宽严相济刑事司法政策的若干意见》中指出，宽严相济的基本含义是"实行区别对待，注重宽与严的有机统一，该严则严，当宽则宽，宽严互补，宽严有度，对严重犯罪依法从严打击，对轻微犯罪依法从宽处理，对严重犯罪中的从宽情节和轻微犯罪中的从严情节也要依法分别予以宽严体现"[1]，这里面也涉及了对"严重犯罪"和"轻微犯罪"的理解问题。此外，2016年全国人民代表大会常务委员会授权最高人民法院、最高人民检察院在部分地区开展刑事案件认罪认罚从宽制度试点工作，目前这项工作在实践中的级别管辖也涉及犯罪轻重的问题，其中可能判处3年以下有期徒刑、拘役、管制的案件，由基层检察院负责；其中可能判处3年以上有期徒刑的案件由市级检察院负责，显然在这里划分轻罪重罪的标准是以3年为限。

此外，从2016年开始北京市检察系统已经开始试点设置了轻罪检察部门。轻罪检察部的主要职责是"集中承担法定刑为3年以下有期徒刑的轻罪

---

[1] 参见《最高人民检察院关于在检察工作中贯彻宽严相济刑事司法政策的若干意见》。

案件的审查逮捕和审查起诉工作，综合运用刑事速裁、简易程序、刑事和解等诉讼程序，探索认罪认罚从宽处理和不批捕、不起诉等相关机制制度创新，为诉讼制度改革提供实践经验，推动刑事诉讼制度的不断完善"[1]。

　　从上述规定我们可以看出，我国程序法当中也涉及许多对不同严重程度的犯罪进行区别对待之处，与实体法相同的是区别的标准也有两种，一种是依据法定刑的轻重，主要涉及的是有期徒刑、无期徒刑、死刑；另一种是依据犯罪的性质进行区分，其中涉及的犯罪有扰乱公共秩序犯罪、危害国家安全犯罪、恐怖活动犯罪、侵犯公民人身权利、民主权利犯罪、侵犯财产犯罪、渎职犯罪和部分过失犯罪。

　　综上所述，我国虽然没有明确地规定犯罪分层制度，刑法理论当中也少有关于该制度的具体研究和理论传统，但在实践中却在大量地运用犯罪分层的成果。这种运用大大便利了刑事司法实践活动，简便了刑事司法程序，提高了刑事司法效率，节约了刑事司法成本，是一种非常有益的运用。但是，也正由于我国对犯罪分层的具体做法、标准等没有明确的规定，这也造成了不同法律规范之间关于犯罪分层的混乱和不协调。如前文所述，关于轻罪的标准，有时界定为1年以下有期徒刑，有时认定为3年以下有期徒刑；关于重罪的标准，有时界定为10年以上有期徒刑，有时界定为7年以上有期徒刑，有时界定为无期徒刑、死刑。除此之外，有时还会依据犯罪的性质进行轻罪与重罪的界分，诸如将危害国家安全犯罪、恐怖活动犯罪、黑社会性质组织犯罪等视为重罪，而不考虑法定刑的高低。另外，法律中还运用了一些含义模糊不定的词语来表达轻罪或重罪，例如"轻微犯罪""行凶"等。这样的表达对正确理解和适用法律都带来了极大的困难。要纠正和改变上述存在的问题，就应当建立起我国的犯罪分层制度，通过法律的形式给予刑事司法实践活动以明确的指引和标准，只有这样才能避免实践当中的混乱，更加有利于形成统一和协调的刑事司法体系。

---

〔1〕 "北京市人民检察院：轻罪案件集中办理 提升司法效率"，载http://www.chinapeace.gov.cn/zixun/2016-09/19/content_ 11368121.htm，最后访问时间：2018年5月15日。

第五章 犯罪分层的标准

犯罪分层的标准是指划分犯罪轻重所依据的客观标准。划分标准的不同将直接影响到最终犯罪分层的结果,因此,犯罪分层的标准是犯罪分层理论当中一个非常重要的问题,也是任何建立犯罪分层制度的国家首先要解决的问题。其中有三个关键问题必须回答。

第一节 形式标准还是实质标准

所谓形式标准是指以刑罚的轻重作为确定犯罪轻重的标准。与形式标准相对的是实质标准,指的是以犯罪本身的性质和严重程度作为确定犯罪轻重的标准。

一、形式标准

从世界上采取犯罪分层的国家和地区的情况来看,多数国家和地区都是采用的形式标准:

德国是以1年有期徒刑为限来划分轻罪与重罪的,1年以上的为重罪,1年以下或科处罚金的为轻罪。

《意大利刑法典》规定法定刑为无期徒刑、有期徒刑或罚金的犯罪是重罪,法定刑为拘役或罚款的犯罪是轻罪。

美国的《模范刑法典》中规定,重罪可被处以1年以上监禁刑或死刑,轻罪可被处以1年以下监禁刑,微罪可被处以30日以下监禁刑。

《俄罗斯联邦刑法典》规定,轻罪是指最高刑罚不超过2年有期徒刑的行为,中等严重的犯罪是指最高刑不超过5年的行为,严重犯罪是指最高刑不超过10年的行为。

虽然都是采取形式的划分标准，但由于标准的不同，划分出的轻罪与重罪也相差较大，这些都是各个国家自己选择的结果，并无过多可供借鉴之处。每个国家完全可以依据本国的情况来确定轻罪与重罪的标准，只要便于操作和国民接受即可。

我国也有不少学者在涉及轻罪重罪的划分时采用形式的标准。例如赵秉志教授认为"根据每个罪的法定刑幅度和刑种，就能看出它的轻重"[1]。黄开诚认为"认定重罪与轻罪法定刑的分界线应当以有期徒刑3年为限，即凡法定刑为3年或3年以上有期徒刑的罪行都是重罪，反之便是轻罪。这一结论根植于我国刑事立法同犯罪作斗争的实践经验及实际情况"[2]。郑丽萍教授主张"以5年有期徒刑作为轻罪与重罪的划分界限，法定最高刑为5年以下有期徒刑的为轻罪，轻罪又包括轻微犯罪；法定最高刑为3年以下有期徒刑的为轻微犯罪；除轻罪以外的其他犯罪，即法定最高刑为5年以上有期徒刑的为重罪"[3]。

采用形式的标准进行分层优势是比较明显的。形式标准具有极强的客观性和可操作性，标准统一明确，不会令人产生误解或模糊，同时由于每一个犯罪都配有明确的法定刑，采用形式标准可以很方便地对每一个犯罪进行划分，使现有犯罪体系形成一种无缝衔接的层次，不会漏掉任何一个罪名，层次与层次之间也不会有任何的缝隙。可以说，形式标准是一种比较理想的犯罪分层标准，因此被世界各国广泛接受。

虽然形式标准具有比较明显的优势，但是其本身却具有难以克服的逻辑缺陷。采用形式标准划分犯罪轻重的逻辑是：既然某一犯罪的法定刑高，就说明该犯罪属于重罪，否则该犯罪的法定刑应当会低。但是该逻辑很难回答这样一个问题，即为什么该犯罪的法定刑会高？很显然，某个犯罪的法定刑之所以会高，是因为该犯罪本身更重。这样，形式标准就陷入了一个逻辑循环之中，即一个犯罪属于重罪是因为其法定刑高，而这个犯罪之所以法定刑高是因为其属于重罪。这样一个类似于先有鸡还是先有蛋的问题是形式标准无法解决的，"因为，从理性的角度看，犯罪的严重程度并不取决于对它当处

---

[1] 赵秉志主编：《刑法新探索》，群众出版社1993年版，第336页。
[2] 黄开诚："我国刑法中轻罪与重罪若干问题研究"，载《现代法学》2006年第2期。
[3] 郑丽萍："轻罪重罪之法定界分"，载《中国法学》2013年第2期。

刑罚的轻重，而应当反过来，对处刑之轻重起支配作用的，应当是犯罪的严重程度"[1]。这一点也是形式标准饱受攻击的一点，也正是为了克服这一缺陷，一些学者主张在对犯罪进行分层时采用实质标准。

二、实质标准

法国在早期是采用形式标准来进行犯罪分层的，但由于上述难以克服的缺陷，后又采用了实质标准进行划分。《法国刑法典》中规定，"刑事犯罪，依其严重程度，分为重罪、轻罪与违警罪"。也就是说，法国在对犯罪进行区分时，依据的是其严重程度而非法定刑。但其实，法国关于分层标准的规定只不过是把沿用了多年的形式标准换了个说法，真正起到划分标准作用的依然是法定刑。

我国也有不少学者采用实质标准对犯罪进行分层。沈玉忠认为"我国未来刑事立法中犯罪分层可以根据犯罪行为的性质分三层：轻罪、一般犯罪、重罪。其中，轻罪是指法定最高刑在 3 年以下有期徒刑的犯罪；一般犯罪是指法定刑最高刑 3 年以上 10 年以下有期徒刑的犯罪；重罪是指法定最低刑在 10 年以上有期徒刑的犯罪"[2]。叶希善认为"从科学角度和追求良法角度看，犯罪分层应该以实质标准为主，形式标准为辅。因为只有从实质标准出发，才能发现真正的'严重犯罪'，从而为犯罪控制提供一个方向，为设计合理的犯罪控制政策提供智识支持"[3]。

实质标准的逻辑是，某个犯罪行为之所以是重罪，是由其自身的性质和社会危害性所决定的，即便其法定刑较低，其也应属于重罪。从逻辑上来讲，实质标准克服了形式标准的缺陷，从逻辑上是可以成立的。也正因为此，实质标准有着自身明显的优势，依照该标准划分出的犯罪层次更加接近客观真实，更加符合罪刑相一致原则的要求。一般而言，支持实质标准的学者往往

---

[1] [法]卡斯东·斯特法尼等：《法国刑法总论精义》，罗结珍译，中国政法大学出版社 1998 年版，第 183 页。

[2] 沈玉忠："犯罪分层理论的展开：梳理、价值与架构"，载《鄂州大学学报》2009 年第 6 期。

[3] 叶希善：《犯罪分层研究——以刑事政策和刑事立法意义为视角》，中国人民公安大学出版社 2008 年版，第 253 页。

也会支持实质的犯罪概念和犯罪观,在考虑犯罪时往往不是从规范的角度,而是从实质的角度进行,对于犯罪的社会危害性和法益侵害性也更加重视。

虽然相对于形式标准而言实质标准有着独特的优势,但其自身也存在着一些问题,最直接的就是如何从实质的角度来判断不同犯罪之间的轻重程度,即哪个犯罪更重,哪个犯罪更轻?这个问题看起来很好回答,但如果想找出客观可行的标准来,几乎是不可能的。例如,故意杀人罪与盗窃罪孰轻孰重?这个问题人人都可以作出正确的回答。但如果问过失致人死亡罪与盗窃罪孰轻孰重?这个问题就很难回答了,即使是受过专业训练的人做出了正确的回答,很大程度上也是因为通过法定刑的对比而得出的,这就又回到形式标准上来了。因此,想要客观准确地区分出犯罪的轻重是非常困难的。

在这方面,国内外的学者都进行了一些实证研究和量化分析,试图从大体上对犯罪轻重作出一定的排序。"这方面最有影响的是美国学者马文·E.沃尔夫冈教授为首的小组从1964年开始在全美开展的犯罪严重性调查。在1977年下半年进行的一次调查中,他们把204个项目编制成12种形式的问卷,每种问卷包含25道题,以'一个人在街上偷了一辆自行车的严重程度是10分'为参照,让受访者对每个描述的犯罪行为以分数的形式评价,从全美抽取60 000个样本,最后根据统计结果得出一个犯罪严重性排列表。其中最严重的行为是'一个人在一公共建筑物放置炸弹。炸弹爆炸并炸死20个人',最轻微的行为是'一个不满16岁的人从学校逃学'。对这种调查,调查者认为,'从社会角度对广泛的犯罪事件的严重性进行准确测量,对立法者和政策制定者是有帮助的。它为量刑的适当性提供标尺,也对有限的刑事司法资源分配有助益。'"[1]

叶希善博士参考沃尔夫冈教授的做法,在北京也进行了类似的调查,并得出了自己的结论。这一调查分专业和非专业两组进行,两组对于暴力犯罪之间的态度差异比较小,对于风化犯罪、职务犯罪的态度差距较大,在"无被害人犯罪"方面的差距最大。调查者通过这样的调查,并不是想得出确定、唯一的结论,而是想从中找出某种共性和规律,作为通过实质标准对犯罪进

---

[1] 叶希善:《犯罪分层研究——以刑事政策和刑事立法意义为视角》,中国人民公安大学出版社2008年版,第94页。

行分层的参考和依据。从方法论的角度来说，这种研究的方法具有一定的启发意义，但这更像是犯罪学方面的研究。

三、笔者的选择

笔者认为对犯罪进行分层采用实质还是形式标准的问题其实是关于犯罪究竟采用实质概念还是形式概念问题的延伸。如果犯罪应当从实质方面进行定义，那么在进行犯罪分层时自然应当采用实质标准，如果犯罪应当从形式方面进行定义，那么犯罪分层时自然应当采用形式标准。因此有必要对犯罪概念进行简单地分析。

（一）犯罪概念问题概述

刑法学所研究的主要对象就是犯罪，然而究竟什么样的行为才是犯罪并不是一个容易回答的问题。从历史的角度来看，犯罪概念主要分为三种不同的类型：形式的犯罪概念、实质的犯罪概念和混合的犯罪概念。

1. 形式的犯罪概念

形式的犯罪概念主要立足于犯罪行为的刑事违法性特征，其认为一个行为之所以是犯罪是由于刑法规定它是犯罪。我国有学者认为形式的犯罪概念起源于1810年的《法国刑法典》，其中规定到"法律以违警刑所处罚之犯罪，称违警罪。法律以惩治刑处罚之犯罪，称轻罪。法律以身体刑或名誉刑处罚之犯罪，称重罪。"[1]这种形式的犯罪概念影响范围很大，后来的德国、美国、俄国、瑞士、印度、西班牙和我国香港地区等国家和地区，在不同时期的刑法当中均有体现，犯罪的形式概念基于学理又可以分为犯罪构成要件说、规范犯罪说、责任刑事犯罪说、特定程序犯罪说和观念犯罪说等不同的类型，不同的类型之间的侧重点和角度不同，但都坚持从形式的角度来定义犯罪。[2]

形式的犯罪概念符合了罪刑法定原则的基本要求，有利于克服罪刑擅断，符合保障人权的目的，因此被许多国家和地区所接受，但也有学者认为形式

---

[1] 肖敏、陈荣飞：《犯罪概念研究》，四川大学出版社2011年版，第26页。
[2] 参见肖敏、陈荣飞：《犯罪概念研究》，四川大学出版社2011年版，第26~30页。

的犯罪概念存在一些问题,"从理想层面来说,也即假定立法者通过理性能够制定出一部完美无缺的刑法典,那么犯罪的形式概念也将无以指责……但令人遗憾的是,罪刑法定原则的立论基础有着根本性的缺陷,人的理性并非万能,无论多么聪明睿智的立法者都不可能创造出一部完美无缺的刑法典,这也决定了犯罪的形式概念本身也存在着无可避免的局限性"[1]。因此,犯罪的形式概念无法对立法者进行限制,立法者完全可以将任何行为规定为犯罪,可能会导致立法权的滥用和国家的集权,出现"恶法亦法"的情况。

2. 实质的犯罪概念

实质的犯罪概念是从犯罪行为的本质特征的角度来界定犯罪并试图找出其与其他行为的本质区别。相对于犯罪的形式而言,犯罪的实质更难以把握,因此,关于犯罪的实质的理论和思想就更多,大致可分为客观危害说、主观恶性说与犯罪人人格说三类。

客观危害说认为一个行为之所以被认定为犯罪,主要是因为其对客观利益的侵害,客观危害说在早期表现为纯粹的客观归罪,经过长期的发展后演变为建立在主客观相统一基础之上但更注重客观损害的客观主义。主观恶性说则认为一个行为之所以是犯罪主要是由于它表现出了行为人的主观恶性,在其发展的早期表现为主观归罪,后来经过新派的改造与修正逐渐演变为了主观主义。"犯罪人人格说是从行为人的人格角度来揭示犯罪本质的,认为犯罪是行为人有缺陷的特定人格结构的表现。犯罪人人格说也经历一定的学说嬗变过程,至今仍在不断的发展完善中。"[2]

如果我们可以准确地把握犯罪的实质,那么采用实质的犯罪概念自然是最理想的选择,其当然也可以对立法者的立法权进行限制,将那些不具有犯罪实质特征的行为排除在犯罪圈之外。然而,实质的犯罪概念最大的问题就是无论是客观危害说、主观恶性说还是犯罪人人格说都无法明确说明究竟什么才是犯罪的实质,缺乏一个可以将犯罪与其他行为区分开的实质要素,那么犯罪的实质概念就难免会落入空谈从而难以把握。

---

[1] 肖敏、陈荣飞:《犯罪概念研究》,四川大学出版社2011年版,第31~32页。
[2] 肖敏、陈荣飞:《犯罪概念研究》,四川大学出版社2011年版,第55页。

3. 混合的犯罪概念

混合的犯罪概念是一种折衷的观点，主要是为了克服形式的犯罪概念和实质的犯罪概念的缺点而生的。我国《刑法》第13条规定"一切危害国家主权、领土完整和安全，分裂国家、颠覆人民民主专政的政权和推翻社会主义制度，破坏社会秩序和经济秩序，侵犯国有财产或者劳动群众集体所有的财产，侵犯公民私人所有的财产，侵犯公民的人身权利、民主权利和其他权利，以及其他危害社会的行为，依照法律应当受刑罚处罚的，都是犯罪，但是情节显著轻微危害不大的，不认为是犯罪"。这条规定通过列举的形式指出犯罪是一种危害社会的行为，这可以理解为一种实质的犯罪概念。同时其还指出犯罪是一种依照法律应当受刑罚处罚的行为，这可以理解为一种形式的犯罪概念。因此，我国关于犯罪的概念采用的便是混合的形式。

混合的犯罪概念是为了克服实质与形式概念的缺点而产生的，这种初衷当然是好的，然而问题在于其也不可避免地陷入以往任何一种折中学说所不可避免的难题之中，即如果二者发生冲突究竟应当以哪个标准为主？具体来说就是如果一个行为具有非常严重的危害性但刑法没有将其规定为犯罪，那么是否应当对其进行处罚？混合的犯罪概念无法很好地解决这个矛盾，因此其本身的意义便大打折扣。

(二) 形式的犯罪概念之提倡

笔者认为，应当从形式上来定义犯罪也即采用形式的犯罪概念。理由如下：

1. 采用形式的犯罪概念是由刑法学本身的特点所决定。刑法学与犯罪学所研究的犯罪不同，犯罪学所研究的对象主要是未经过刑法评价的事实意义上的犯罪行为，可以认为是一种裸的犯罪行为。其中一部分危害较为严重的行为经过立法者的确认由刑法规定为犯罪，这种犯罪是法律意义上的犯罪。而刑法学的主要研究对象就是这种法律意义上的犯罪。因此我们可以认为，实质的犯罪概念应当是由犯罪学进行探讨的，形式的犯罪概念才应当是由刑法学进行研究的。特别是近些年来，我国刑法理论界大力提倡的刑法教义学化，也就是以刑法规范为主要的研究对象，所以究竟什么是犯罪也应当以法律的规定为准，而不应当抛开刑法的规定去探究什么是犯罪，这既与刑法学本身的特征不符，也不可能得出有意义的结论。

2. 防范"恶法亦法"并非犯罪概念所能完成的任务。形式的犯罪概念与罪刑法定原则有着密切的联系，是罪刑法定原则的必然要求和具体体现。如前文所述，罪刑法定原则本身更加侧重对于司法的限制而非立法，其无力完成对立法者进行限制的任务。同样，犯罪概念也无法承担起限制立法者的重任，人们心中所认为的实质犯罪很大程度上受到立法者的影响，也即一种原本不被认为是犯罪的行为，经由立法者的确认变成了法律意义上的犯罪行为之后，人们也会逐渐认为其本来就应当被规定为犯罪，形式也就变成了实质，危险驾驶罪的设立就是最好的证明。当然，立法者的权力并非随心所欲，恰恰相反，立法权必须被限制，只是这种限制无法由犯罪的概念完成。

3. 采用形式的犯罪概念属于相对理想的选择。如果抽象地比较实质的犯罪概念和形式的犯罪概念，那么自然是实质的概念更为理想，因为它可以从本质上划清罪与非罪的界限，准确地揭示犯罪的实质内容，有助于我们从根本上认清犯罪，并更好地构建整个刑法体系。然而，这只是一种假设的情况，实际上并不可能实现，因为截至目前我们都无法准确地找到犯罪的实质，进而也不可能采用实质的犯罪概念。那么剩下的选择就是要么采用形式的犯罪概念，要么采用混合的犯罪概念。如前文所述，混合的犯罪概念只是一种折中的做法，并不能从根本上解决问题，还会同时具备两种概念形式的弊端，而且从本质上来看，一般所说的混合的犯罪概念其实还是形式的犯罪概念，只不过增加了社会危害性或法益侵害性等表述，但无论是采用何种代表犯罪本质特征的表述，也鲜见有学者主张将某种具备相当社会危害性或法益侵害性但不具备刑事违法性的行为认定为犯罪的，所以说其仍然属于一种形式的犯罪概念。所以，最终我们可以采用的就只有形式的犯罪概念。形式的犯罪概念虽然也存在一定的问题，但综合来看是我们目前所能够找到的最合适的解决方案，符合罪刑法定原则的形式要求，对于我国这样一个长期以来偏重实质思维的国家而言尤其具有意义。

综上，犯罪应当采用形式的概念，即犯罪是指由刑法规定的应当接受刑罚处罚的行为。

（三）形式的犯罪概念与犯罪分层的标准

笔者认为，鉴于犯罪应当采用形式的概念，那么犯罪分层的标准也应当

是以形式标准为主,实质标准为辅。理由如下:

第一,应当以现有刑法为基础构建犯罪分层制度。我们在谈及构建我国的犯罪分层制度时,必须首先明确我们构建该制度的前提是什么。我们是要构建一个全新的制度,还是要以现有制度为基础并对其进行一定的修正而得出一个可以与现行法律体系兼容的犯罪分层制度。如果是前者,我们当然可以采用实质标准,对所有的罪名从实质角度重新进行排序,从而建立起一个在犯罪危害性程度大小之上的犯罪分层制度。这样做得出的结果可能是最合理、最科学、最准确的,但却没有任何可行性。我们根本不可能推翻现有刑法体系,对犯罪进行重新排列并调整法定刑。唯一可行的思路是以现有刑罚为标准进行犯罪的分层,确定轻罪与重罪的刑罚标准,这就是以形式标准为主的体现。而以实质标准为辅主要体现在今后立法时,要首先考虑该罪是重罪还是轻罪,是重罪的就要辅之以重罪的刑罚,是轻罪的则要辅之以轻罪的刑罚。这样既可以对现有之罪进行调整,又可以给未有之罪确定标准。这也符合当下盛行的刑法教义学立场,即以现有刑法为我们研究的对象,站在解释者而非立法者的角度进行研究。

第二,实质标准自身的缺陷难以克服。实质标准最大的问题就在于不同性质的犯罪之间的轻重难以比较,虽然有的学者试图通过量化分析的方式,对不同的犯罪进行打分并总结出一定的规律,从而找出犯罪轻重的实质标准,但这样做所得出结论的可靠性是值得怀疑的。因为人们总是从自身的感受和主观出发去判断和认识犯罪的轻重,这样得出的结论自然带有很大的主观色彩,而且人与人之间的个体差异非常大,我们很难说应该以哪些人的感受为主。专业与非专业人群、高学历与低学历人群、高收入与低收入人群、城镇与农村人群、男性与女性之间关于犯罪轻重的判断都有着巨大的差异,尤其是当立法者与民众之间的观点产生冲突时,究竟应当以谁的观点为准?"也许不应该对一项开创性研究存在的缺憾过多苛责,这里只是说明,这种精细的研究也存在科学性、客观性上的缺憾。进而说明,对犯罪的客观罪量或犯罪的严重程度进行完全的、'自然的'排列,似乎只能是徒劳的。"[1]此外,有

---

[1] 叶希善:《犯罪分层研究——以刑事政策和刑事立法意义为视角》,中国人民公安大学出版社2008年版,第92页。

的学者认为采用实质标准可以克服采用形式标准而产生的"恶法亦法"的缺陷,其认为"正是这种潜在的、非明确的立法者单方评价,使形式标准潜存着另一种危险:恶法亦法。当然,这仅仅是一种危险。因为如果对犯罪的严重程度进行了充分的研究,最后取得相对一致的看法,并被立法者吸收的话,这种危险就趋于最小或不存在"[1]。笔者认为这一说法是不能成立的,因为如果立法者真的想要把严重程度较低的犯罪规定为重罪的话,那么无论是否进行了充分研究,立法者都可以这样做,这是立法者手中掌握的权力,与采用什么样的标准没有关系。

第三,可以充分发挥形式标准与实质标准各自的优势。如前文所述,形式标准的优势在于标准明确统一,不会产生歧义或模糊之处,不同的犯罪层次之间可以严丝合缝地对接,不留空白。实质标准的优势在于更加接近客观真实,更加符合罪刑相一致原则的要求。如果在对已有之罪进行划分时采用形式标准,对未有之罪进行划分时采用实质标准,则可以很好地发挥二者的优势,避免二者的劣势,有利于形成一个更加合理的犯罪层次。这样做也有利于克服形式标准的逻辑缺陷,也即在以刑罚轻重决定犯罪轻重时针对的是已有之罪,而在以犯罪轻重决定刑罚轻重时针对的是未有之罪,二者所针对的对象不同,也就不存在逻辑上的矛盾之处。

第二节 宣告刑还是法定刑

一、不同的观点

在确定了犯罪分层采用形式标准之后,还要确定形式标准所针对的对象是什么,即到底是用犯罪的宣告刑还是法定刑来进行分层?以故意杀人罪为例,故意杀人行为一般都会被判处死刑、无期徒刑、10年以上有期徒刑。但由于可能存在杀人未遂或情节轻微的情况,故意杀人罪也可能被判处10年以下有期徒刑。如果10年以上是重罪,那么被判处10年以下有期徒刑的故意

---

[1] 叶希善:《犯罪分层研究——以刑事政策和刑事立法意义为视角》,中国人民公安大学出版社2008年版,第84页。

杀人罪，此时是否还属于重罪？关于这一问题，学界有不同的观点：

支持以法定刑为标准的学者认为，"我国刑法中较重罪和较轻罪的划分，是指将刑法规定的全部犯罪划分为较重罪和较轻罪，而不是对同一犯罪的罪行进行划分。决定犯罪轻重的主要因素是对社会的危害性，而在立法上的标志就是犯罪的法定刑。法定刑重的表示犯罪性质重，法定刑轻的表示犯罪性质轻"[1]。还有的学者认为"重罪和轻罪的标准是刑法中对该犯罪法定刑的高低……法定刑是唯一标准"[2]。

支持以宣告刑为标准的学者认为"应当判处的刑罚为3年以上有期徒刑的犯罪可视为较重之罪，应当判处的刑罚为不满3年有期徒刑的犯罪可视为较轻之罪"[3]。还有的学者以法定刑与犯罪行为之间无法精确对应为由支持以宣告行为标准，"每个国家的每部《刑法》都为每一犯罪配置了高低不等的法定刑，也即标明了每个罪行轻重的法定刑读数。但由于这些读数从来没有说明过求解的方式和程序，因此，无从解释每一读数的由来和读数之间的差异。例如，为什么侵犯通信自由罪是1年以下有期徒刑或者拘役，而非2年以下有期徒刑或者管制？为什么违反国境卫生检疫罪的最高刑为3年有期徒刑，而暴力干涉婚姻自由罪为2年有期徒刑？前罪多出的1年重在哪里？后罪少了1年又轻在哪里？这些法定读数可能是准确的，也可能不准确。问题不在于读数的准确与否，而在于它们尚未经过任何论证。作为测量尺度的刑之于作为测量对象的罪，非但不像度量衡之于被测物品那样，精确性已不容置疑，甚至也不像价格之于价值，至少经过市场之手的拨弄和市场之争的考核。要形容的话，只能喻之为计划经济体制下撇开价值规律的产品定价"[4]。

二、笔者的观点

笔者认为，只能以法定刑为标准来进行犯罪的分层，原因如下：

第一，犯罪分层的目的要求我们只能以法定刑为标准。我们对犯罪进行分层的目的在于区别对待，在实体法上体现为刑罚轻重的不同，在程序法上

---

[1]《中国刑法词典》编委会编著：《中国刑法词典》，学林出版社1989年版，第410~411页。
[2] 李海东：《刑法原理入门（犯罪论基础）》，法律出版社1998年版，第23页。
[3] 周振想编著：《刑法学教程》，中国人民公安大学出版社1997年版，第271页。
[4] 郑伟：《重罪轻罪研究》，中国政法大学出版社1998年版，第32页。

体现为所适用的程序不同。而宣告刑是在通过合法程序审判之后得出的，不经审判就无法得知宣告刑是多少，也就无法得知应当适用什么样的程序。这时就出现一个悖论，即不通过合法程序的审判就无法得出宣告刑，而没有宣告刑就不知道应当通过什么样的程序进行审判。"要实现轻罪、重罪在管辖权、预审等方面的上述差异，显然在诉讼开始之前就必须十分清晰地明确某一罪行是轻罪还是重罪，而对此，宣告刑显然无法担此重任。"[1]

第二，符合"幅"的理论。"幅"的理论认为，与责任相适应的刑罚，具有一定的幅度，法官应当在此幅度范围内考虑预防犯罪的目的，最终决定刑罚。与幅的理论相反，"点"的理论认为与责任相适应的刑罚只能是正确确定的某个特定的刑罚（点），而不是幅度。目前"幅"的理论是德国的基本观点和通说，笔者支持本观点。因为任何一个犯罪行为都是独一无二的，即便都是故意杀人行为，他们之间也必然有着这样或那样的区别，而这样的区别也决定了犯罪行为所对应的刑罚之间有着这样和那样的不同。犯罪与刑罚之间的对应是抽象的，无法用肉眼或仪器测量到，所以我们根本无法实现犯罪行为与刑罚之间的精确对应，我们能做到的只是大体上的对应。轻罪与重罪本身也是一个刑罚的范畴即幅度，而不是一个点，宣告刑则可以理解为一个确定的刑罚点，此时只能是作为"幅"的法定刑与不同犯罪层次这一幅度之间的对应，而不是宣告刑这一"点"与不同犯罪层次这一幅度之间的对应。

第三，即便法定刑与犯罪行为之间无法精确对应，也不应成为否定法定刑标准的理由。有的学者对此批评作出了回应，"事实上，由于受当时主客观条件以及立法者自身能力所限，不可能在所有罪刑之间均毫无纰漏地彻底实现均衡。从这一角度而言，罪刑均衡只是人类不断追求的理想，绝对的罪刑均衡是不存在的。虽然刑事立法不可避免地会存在罪刑不均衡的现象，但是不能由此否认法定刑是罪行轻重的标准。因为立法者为罪行配置法定刑的目的就是为了使罪行的轻重有一个统一的评判标准"[2]。

郑丽萍教授对法定刑与宣告刑之争作出了精到的总结，她认为"中国学界之所以出现轻罪与重罪划分标准的法定刑、宣告刑之争，从根本上说，是

---

[1] 郑丽萍："轻罪重罪之法定界分"，载《中国法学》2013年第2期。
[2] 郑丽萍："轻罪重罪之法定界分"，载《中国法学》2013年第2期。

由于中国刑事立法尚未明确建立以轻罪、重罪明确划分为基础的一系列实体、程序方面的制度。因为所谓的轻罪、重罪，在中国目前尚属于学理而非规范范畴的问题，因此，出于不同层面的研究目的，有时也是出于学理研究而非立法般严谨的原因，难免在现实中出现对轻罪、重罪的划分有的以法定刑为标准，有的则以宣告刑为标准的问题。而未来中国如果意欲通过刑事立法明确划分轻罪、重罪，并且相应地在实体、程序方面规定不同制度，以法定刑作为划分轻罪与重罪的标准将更为可行和科学"[1]。

第三节　法定刑的具体标准

在确定了以法定刑为标准进行犯罪分层之后，随之而来的问题就是，这个标准具体应该是多少？其实这个问题不可一概而论，也没有统一的答案，因为根据分法的不同，作为标准的法定刑个数也不相同。如果采用二分法，即整个犯罪分为重罪和轻罪，那么只需确定一个法定刑作为标准即可；如果采用三分法，例如法国将整个犯罪分为重罪、轻罪和违警罪，那么就要确定两个法定刑作为标准；如果像美国那样采用多分法，那么则需要确定多个法定刑作为标准。所以在回答这个问题之前，先要确定要将犯罪分为几个层次。但是无论分为几个层次，其中必然包含轻罪和重罪，如果划分的更多，也无非是在轻罪和重罪的基础之上，进行更为细致的划分，所以首先应当找到轻罪与重罪的法定刑标准。

一、轻罪的标准

关于我国轻罪的标准的争论，主要集中在3年还是5年上。张明楷教授认为"从刑法的许多相关规定来看（参见《刑法》第7条、第72条），可以考虑将法定最低刑为3年以上有期徒刑的犯罪称为重罪，其他犯罪则为轻罪"[2]。周光权教授认为"中国可以考虑将3年有期徒刑作为区分轻罪和重罪的标准，这既考虑了目前我国刑法分则罪刑设置的总体情况，也考虑了刑

---

[1] 郑丽萍："轻罪重罪之法定界分"，载《中国法学》2013年第2期。
[2] 张明楷：《刑法学》，法律出版社2011年版，第94页。

法总则关于缓刑的规定"[1]。黄开诚认定"重罪与轻罪法定刑的分界线应当以有期徒刑3年为限，即凡法定刑为3年或3年以上有期徒刑的罪行都是重罪，反之便是轻罪。这一结论根植于我国刑事立法同犯罪作斗争的实践经验及实际情况"[2]。

郑丽萍教授认为，"在刑法451个罪名中，有346个罪名（包括前述246个最高刑为3年以下有期徒刑的罪名）之罪行规定有最高刑为5年以下有期徒刑的刑罚，占所有罪名的76.7%。这一比例与国内有的学者统计的德国刑法中轻罪行所占的比例大致相当。据有的学者统计，德国刑法中共规定了553种罪行，其中轻罪行为426种，占全部罪行的77%……在中国如果以5年有期徒刑作为轻罪与重罪的分界线，较为符合轻罪应占绝大多数这一应然性和世界性的规律"[3]。田兴洪教授认为，"我国的轻罪分为轻微犯罪和较轻犯罪，轻罪与重罪应以5年有期徒刑为分界线，轻微犯罪与较轻犯罪，应以3年有期徒刑为分界线"，因为"在我国司法统计中，主要以5年有期徒刑作为轻重刑的分界线"[4]。

笔者认为，我国轻罪的标准应当是3年，法定最高刑为3年及以下的属于轻罪。理由如下：

第一，符合法律规定和立法意图。我国《刑法》当中有多处规定的内容，表现出了3年应当是轻罪与重罪之间的分界点。例如《刑法》第7条第1款规定"中华人民共和国公民在中华人民共和国领域外犯本法规定之罪的，适用本法，但是按本法规定的最高刑为3年以下有期徒刑的，可以不予追究"。很明显，此处想要表达的含义是我国公民在域外犯重罪的应当适用我国刑法，犯轻罪的可以不适用，在此划分轻罪重罪的标准就是3年有期徒刑。再比如《刑法》第72条第1款规定"对于被判处拘役、3年以下有期徒刑的犯罪分子，同时符合下列条件的，可以宣告缓刑"。很明显，立法者在此想表达的含义是犯轻罪的犯罪分子同时符合有关条件的，可以宣告缓刑，在此也是将3年作为轻罪重罪的分界线。程序法当中也有类似的规定，例如我国《刑事诉

---

[1] 周光权："转型时期刑法立法的思路与方法"，载《中国社会科学》2016年第3期。
[2] 黄开诚："我国刑法中轻罪与重罪若干问题研究"，载《现代法学》2006年第2期。
[3] 郑丽萍："轻罪重罪之法定界分"，载《中国法学》2013年第2期。
[4] 田兴洪：《宽严相济语境下的轻罪刑事政策研究》，法律出版社2010年版，第49页。

讼法》第 216 条第 1 款规定，"适用简易程序审理案件，对可能判处 3 年有期徒刑以下刑罚的，可以组成合议庭进行审判，也可以由审判员一人独任审判；对可能判处的有期徒刑超过 3 年的，应当组成合议庭进行审判"。此处立法者想表达的含义很明显是对于轻罪可以由审判员一人独任审判，对于重罪应当组成合议庭进行审判。另外，最高人民法院关于适用《中华人民共和国刑事诉讼法》的解释中，就将轻微刑事案件的犯罪界定为故意轻伤害案件、重婚案件、遗弃案件、妨害通讯自由案件、非法侵宅案件、生产销售伪劣商品案件（严重危害国家利益的除外）、侵犯知识产权案件与刑法分则第四章（侵犯公民人身权利、民主权利犯罪）、第五章（侵犯财产犯罪）规定的，对被告人可能判处 3 年有期徒刑以下刑罚的其他轻微刑事案件。所以从实体法、程序法和相关司法解释的明文规定来看，立法者明显是将 3 年作为划分轻罪与重罪的标准的，虽然其中也涉及其他一些诸如 1 年、5 年等规定，但 3 年所占的比例相对较大，将其作为划分的标准更加合理。

第二，符合不同犯罪层次的比例要求。菲利曾经说过："就像动物中产卵率最大的往往都是体积较小的低等动物一样，在犯罪当中，轻罪（像小额盗窃、诈骗、流浪等）也往往占多数。"[1]如果一个国家的犯罪总数当中，重罪占到了大多数，一方面说明这个国家的整体刑罚过于严苛，另一方面将会丧失犯罪分层的意义，因为分层是为了节约司法资源，优化司法资源的配置，将从轻罪当中节约出的资源分配到重罪当中去，从而实现对重罪的有效预防和打击，也更有利于宽严相济刑事政策的实现。而如果重罪占的比例过高，将会导致这种资源分配的失衡和浪费。所以在犯罪总数当中，轻罪应当占到多数，重罪只能占到少数。如果以 3 年为标准划分轻罪与重罪，那么我国《刑法》中轻罪约占到全部犯罪的近 6 成；如果以 5 年为标准划分轻罪与重罪，轻罪约占全部犯罪的近 8 成。从比例上来看，以 3 年为标准进行划分所得出的比例比较适当，因为依据笔者的标准，3 年至 10 年这一档法定刑的犯罪属于中等程度的犯罪（中罪），不需要进行特别地区分和对待，依照现行的处遇方法和手段对待即可。这部分犯罪在整个犯罪总数当中也要占据一定的

---

[1] [意] 恩里科·菲利：《犯罪社会学》，郭建安译，中国人民公安大学出版社 2004 年版，第 114 页。

数量，因此轻罪所占的比例也不宜过大，轻罪、中罪和重罪基本上形成一个金字塔形的比例较为合适。

第三，不应强行追求与别国比例的协调。如前文所述，有的学者认为应当以5年为标准区分轻罪与重罪，理由是这样轻罪与重罪的比例与其他国家的比例大体一致。笔者认为这样的理由是不能成立的，因为每个国家的国情、司法传统、历史文化、治安状况、犯罪现状、犯罪总数和划分标准等均不相同，其他国家轻罪与重罪之间的比例对于我们国家而言并无太大参考价值，如果为了以实现这种比例为目标进而确定划分标准的话，无异于舍本逐末。我们还是应当立足于我国实际情况，从我国《刑法》规定与犯罪现状出发来确定划分的标准。

二、重罪的标准

在确定了轻罪的标准之后，自然要讨论的是重罪的标准。如果采用的是二分法，那么轻罪的标准自然也是重罪的标准。但由于笔者对犯罪所作的分层采用的是多分法，因此重罪的标准也要进行单独的界分。笔者认为，我国的重罪是指法定最低刑为10年以上有期徒刑、无期徒刑和死刑的犯罪，例如《刑法》规定故意杀人的，处死刑、无期徒刑或者10年以上有期徒刑，因此故意杀人罪就属于重罪。划分的理由如下：

第一，符合立法精神。提到重罪，人们往往会想起两个罪名：杀人和放火。这两个罪名在我国的传统文化当中毫无疑问代表着重罪，正所谓"月黑杀人夜，风高放火时"。所以立法者对这两个罪所制定的法定刑可以代表着其对重罪的处罚态度。故意杀人罪的法定刑是死刑、无期徒刑或者10年以上有期徒刑，而造成严重后果的放火罪的法定刑是10年以上有期徒刑、无期徒刑和死刑。我们可以看到这两个罪的最低刑均为10年以上有期徒刑。《刑法》当中还有其他地方也可以说明重罪应当以10年为标准。例如《刑法》第81条第2款规定，对累犯以及因故意杀人、强奸、抢劫、绑架、放火、爆炸、投放危险物质或者有组织的暴力性犯罪被判处10年以上有期徒刑、无期徒刑的犯罪分子，不得假释。再比如抢劫罪、强奸罪、拐卖妇女儿童罪等罪名的加重处罚情形的法定刑均是10年以上有期徒刑、无期徒刑和死刑。《刑事诉讼法》当中也有类似的体现，例如《刑事诉讼法》第 159 条规定，对犯罪嫌疑人可能判处 10 年有期徒刑以上刑罚，依照本法第 158 条规定延长期限届满，仍不能侦查终结的，经省、自治区、直辖市人民检察院批准或者决定，可以再延长 2 个月。由此可见，确定 10 年以上有期徒刑为重罪的标准，是符合立法原意和精神的。

第二，比例较为合适。前文提到，重罪在一国的犯罪总数当中所占比例应该是最低的，否则便会造成刑法的严苛并大量浪费司法资源。基于这一点考虑，重罪的标准不宜定得过低，否则便会使重罪在我国的犯罪总数当中所占比例过高，而如果以 10 年为限那么我国的重罪比例不到 1/10，这是比较合适的。

综上，笔者认为以 10 年有期徒刑作为重罪的标准是合适的。至此，笔者对我国刑法体系进行的犯罪分层的标准已经基本确定，即法定最高刑为 3 年以下的属于轻罪，法定最低刑为 10 年以上的属于重罪，二者之间的犯罪属于中等严重程度的犯罪。除了这三个层次之外，笔者认为，在我国的轻罪当中，还包含着一种特殊形式的犯罪层次——微罪，关于微罪的内容会在轻罪制度当中进行讨论。

三、多个法定刑幅度的分层标准

上述标准对于只有一个法定刑幅度的犯罪而言是非常明确且简单的，但事实是很少有犯罪只有一个法定刑幅度，要么具有一个加重的幅度，要么具有一个减轻的幅度，抑或是同时具有。例如，《刑法》第 232 条所规定的故意杀人罪，正常情况下要处以死刑、无期徒刑或者 10 年以上有期徒刑，但如果情节较轻的，可以处以 3 年以上 10 年以下有期徒刑。再比如，《刑法》第 263 条所规定的抢劫罪，一般情况下要处以 3 年以上 10 年以下有期徒刑，但如果有所列举的 8 种情况之一的，则可以处以 10 年以上有期徒刑、无期徒刑或者死刑。如果一个故意杀人行为情节较轻，应当处以 3 年以上 10 年以下的有期徒刑，那么这个故意杀人罪是否还属于重罪？如果一个抢劫行为致人死亡，应当处以 10 年以上有期徒刑、无期徒刑或者死刑，那么这个抢劫罪是属于中等严重程度的犯罪还是重罪？

关于这个问题，国外的刑法当中有两种不同的模式，代表国家分别为美国和德国：

（一）美国。美国《模范刑法典》当中关于盗窃罪等级的规定为："223.1条（2）（a）盗窃数额超过500美元的，或者盗窃物品为枪支、汽车、飞机、摩托车、摩托艇或者其他机动交通工具的，或者在收受被盗财产的情形，收受者对被盗物品进行买卖的，盗窃成立三级重罪。（b）前项规定以外的其他盗窃，成立轻罪。但行为人盗窃的财产并非取自人身或者在实施时没有使用威胁手段，没有违反信托上的义务，并且行为人以达到优越证据的程度证明盗窃数额少于50美元的，盗窃成立微罪。"从法条当中我们可以看到，盗窃罪根据情节和数额的不同，可能属于重罪、轻罪和微罪三种不同的犯罪层次。根据情节和数额，其属于哪一个层次，就对应的适用哪一个层次的相应程序和规则。这种模式的一个问题是，犯罪分层的一个主要目的就在于，对不同类型的犯罪适用不同的程序和规则进行审理，因此就要求在审理之前能够判断出某一犯罪行为属于哪一层次的犯罪。而美国的这种模式就要求我们在确定一个犯罪行为属于哪一层次之前，就对其进行预先的审查和判断，然后确定其应当适用哪种程序和规则。这就等于在正式审理之前先进行了一次审理，虽然这种判断并不复杂，但毕竟容易形成先入为主的印象，进而可能影响后续的公正审判。

（二）德国。《德国刑法典》当中轻罪与重罪的划分标准是1年有期徒刑，但如果某一犯罪行为"因总则部分的规定或者因情节特别严重或情节较轻而对刑罚范围的改变，对刑罚的划分不产生影响"[1]。也就是说，原本一个犯罪行为应当属于轻罪，但由于其情节特别严重，从而加重对其处罚，使其适用了重罪的法定刑，此时该犯罪行为仍然属于轻罪；反之，如果一个犯罪行为原本应当属于重罪，但由于其情节较轻，从而对其减轻处罚，使其适用了轻罪的法定刑，此时该犯罪行为仍属于重罪。简言之，对一个犯罪行为减轻或加重处罚，并不影响其性质。但"如果立法者用其他的最低刑罚威胁创造了一个变化了的或独立的构成要件，才会出现不同的结果（结果加重犯、减

---

[1] ［德］汉斯·海因里希·耶赛克、托马斯·魏根特：《德国刑法教科书》，徐久生译，中国法制出版社2017年版，第82页。

轻处罚的犯罪、特殊犯)。例如，伤害犯罪的加重构成要件是重罪，而受嘱托杀人则被视为减轻构成要件，是轻罪。窃后抢劫作为不同于普通盗窃罪的独立的构成要件，是重罪"[1]。也就是说，如果是犯罪构成要件的变化，导致适用了更轻或更重的法定刑时，犯罪的性质会发生变化。

笔者认为德国的模式更为合理。如果按照美国的模式，以加重或减轻之后的法定刑为标准对犯罪进行分层的话，某些故意杀人行为就可能不再是重罪，甚至以某些国家的标准就有可能属于轻罪，但是我们很难接受这种结果。但如果采用德国的模式，即使对故意杀人罪减轻处罚，适用3年以上10年以下的法定刑，其依然属于重罪，这样的结论更容易被人们所接受。再以抢劫罪为例，一般的抢劫行为应当适用3年以上10年以下这一档法定刑，也即以笔者的标准，抢劫罪属于中等程度的犯罪，但如果将抢劫致人死亡的情形也视为中等程度犯罪的话，这样的结论也很难被人接受。但由于抢劫致人死亡的构成要件相对于抢劫罪的构成要件发生了变化，即增加了一个致人死亡的要素，因此，抢劫致人死亡的犯罪性质就会发生变化，由中等程度的犯罪变为重罪，这样的处理相对更为合理。这也符合笔者所提出的以形式标准为主，以实质标准为辅的认定犯罪层次的标准。

所以笔者认为，在我国现有体系下认定犯罪层次时应当依据法定刑为标准进行划分，存在有多个法定刑幅度时应当以基本的法定刑幅度为标准进行划分，但如果是由于构成要件的变化导致法定刑幅度发生变化的则应当以变化后的幅度为标准进行划分。

---

[1] [德]汉斯·海因里希·耶赛克、托马斯·魏根特：《德国刑法教科书》，徐久生译，中国法制出版社2017年版，第83页。

第六章 犯罪分层的相关问题

犯罪分层是一项系统工程,绝不是仅仅依照一定的标准对犯罪进行轻重排序那么简单。想要真正发挥犯罪分层的优势和作用,就必须有一系列的制度建设和调整。可以说,这些制度建设和调整是犯罪分层制度建立的必要条件。

第一节 犯罪分层与前科消灭制度

笔者在本书当中设计的犯罪分层制度是以犯罪化为基本前提的,既然是犯罪化,就必然意味着要增设一些新的罪名以扩大犯罪圈。随着犯罪圈的扩大,将可能导致更多的人受到刑事处罚,虽然这是犯罪化不可避免的法律后果,但我们也应当尽量避免犯罪化所带来的消极影响,其中前科是最为严重的消极影响之一。如果社会中越来越多的人被贴上了犯罪人的标签,这必将对社会带来极为负面的影响,也将严重影响这些人复归社会的效果和正常的生活,因此我们必须构建起前科消灭制度,从而将犯罪圈扩大的不利影响降至最低程度。前科消灭制度可以说是犯罪分层制度的基础和保障,其重要性在与犯罪分层制度相关的各个制度当中是最重的。

一、前科制度概述

(一) 前科的历史

前科制度的历史非常悠久,古印度、古波斯、古希腊的法律中都有相关的规定,例如古印度的法律当中就有关于"对于判罪后一年之内又被告发的,罚款应该增加倍数"[1]的记载。

---

[1] 叶志宏等编:《外国著名法典及其评述》,中央广播电视大学出版社1987年版,第73页。

较为成熟的前科制度出现在法国《拿破仑刑法典》中，其规定"凡因犯下重罪经过判处刑罚又犯轻罪应受到惩治刑之处罚者，处以法定最高刑，该项刑罚加重至原判刑之两倍"[1]。德国的《加洛林纳法典》当中也曾经规定盗窃3次以上，应当判处其死刑。

我国在先秦时期就曾经出现了类似前科制度的规定，经过了秦汉时期的发展，直至隋唐，前科制度变得更加成熟。《唐律疏议·贼盗》当中记载："诸盗经断后，仍更行盗，前后三犯徒者，流二千里；三犯流者，绞。"这里很明显地体现出了对有前科者加重处罚的态度。《钦定大清刑律》当中规定"已受徒刑之执行，更犯徒刑以上之罪者，为再犯，加本刑一等，但有期徒刑执行完毕、无期徒刑或有期徒刑执行一部而免除后，逾5年而再犯者，不在加重之限"。新中国成立之后，几部刑法及其草案当中均有关于前科的规定，后来的单行刑法和附属刑法也有所体现。

(二) 前科的依据

一个人因犯罪被判处刑罚是公正的，这一点毫无疑问。那么在其服刑完毕之后，报应得以实现，犯罪人得到了其应有的惩罚，其被剥夺的权利也应恢复到圆满平等的状态。从法律的角度来说，他和其他未犯罪的人应当是平等的，但在其再次犯罪之后，他和其他之前没有犯过罪的人所受到的是完全不同的待遇，这样做的根据究竟是什么？这是前科制度存在必须要解决的理论问题。

我国学者提出了前科制度的理论依据应当是立足于后罪社会危害性之上的人身危险性，"前科制度立法设置的初衷和导致后罪从重处罚的理论根据，是犯罪人实施之后罪所反映出的社会危害性与犯罪人本人所具有的人身危险性的结合，但是二者却并不是处于平行的位置，而是以后罪的社会危害性作为基础的"[2]。笔者赞同这种观点，因为对于任何犯罪进行处罚的前提首先是这种行为具有社会危害性，无论其是否属于再犯、有无前科都是这样，这是其接受处罚的前提。但是对于有前科者的处罚毕竟与无前科者不同，仅仅立足于社会危害性是无法解释这一差别的，之所以要对具有前科者加重处罚，

---

[1] 苏彩霞：《累犯制度比较研究》，中国人民公安大学出版社2002年版，第22页。
[2] 于志刚："论前科效应的理论基础"，载《政法论坛》2002年第2期。

其根本原因还在于这类人具有更强的人身危险性。这样，其行为的社会危害性决定了要对其进行处罚，其自身更高的人身危险性决定了要对其加重处罚。

（三）前科的影响

可以说，前科制度的设计初衷就是为了给具有前科者造成消极影响。在我国，这种影响尤其巨大，它不光体现在刑事法律制度当中，还体现在生活的方方面面。可以说对人们的影响是全方位的，这也是我国的前科制度受到诟病的重要原因之一，有时这种伤害远比刑罚本身带给人们的伤害还要巨大。

1. 刑法当中的规定。累犯制度可以说是前科制度在刑法当中的具体体现，具有前科者不一定能够构成累犯，因为构成累犯还必须具备一定的条件，但能够构成累犯者，前提一定是具有前科。从这个角度，我们可以说累犯制度是一种特殊的前科制度。

我国的累犯制度分为两种，一种是一般累犯，是指被判处有期徒刑以上刑罚的犯罪分子，刑罚执行完毕或者赦免以后，在5年以内再犯应当判处有期徒刑以上刑罚之罪的，是累犯，应当从重处罚，但是过失犯罪和不满18周岁的人犯罪的除外。另一种是特殊累犯，是指危害国家安全犯罪、恐怖活动犯罪、黑社会性质组织犯罪的犯罪分子，在刑罚执行完毕或者赦免以后，在任何时候再犯上述任何一类罪的，都以累犯论处。从中我们可以明显看出从重处罚的态度。

有前科者也不一定构成累犯，对于这些不构成累犯的前科，有时会在量刑中予以考虑，例如我国《刑法》当中所规定的毒品再犯，"因走私、贩卖、运输、制造、非法持有毒品罪被判过刑，又犯本节规定之罪的，从重处罚"。

我国《刑法》第37条之一规定，"因利用职业便利实施犯罪，或者实施违背职业要求的特定义务的犯罪被判处刑罚的，人民法院可以根据犯罪情况和预防再犯罪的需要，禁止其自刑罚执行完毕之日或者假释之日起从事相关职业，期限为3年至5年"。这一条的规定也可以视为是前科带来的不利影响。

此外，我国《刑法》当中还明确规定了前科报告制度，《刑法》第100条规定"依法受过刑事处罚的人，在入伍、就业的时候，应当如实向有关单位报告自己曾受过刑事处罚，不得隐瞒。犯罪的时候不满18周岁被判处5年有期徒刑以下刑罚的人，免除前款规定的报告义务"。

2. 其他法律法规中的规定。

由于《刑法》当中的规定所针对的基本上都是再次犯罪之人，相对于其所面临的现实刑罚处罚而言，前科所带来的伤害显得并不那么紧迫和巨大，真正能够体现前科所带来的负面影响的，是规定在其他法律法规当中的内容。

《中华人民共和国法官法》第13条、《中华人民共和国检察官法》第13条、《中华人民共和国人民警察法》第26条当中都规定了曾经受过刑事处罚的人不得从事这些职业的内容。

《中华人民共和国会计法》第40条规定："因有提供虚假财务会计报告，做假账，隐匿或者故意销毁会计凭证、会计账簿、财务会计报告，贪污，挪用公款，职务侵占等与会计职务有关的违法行为被依法追究刑事责任的人员，不得再从事会计工作。"

《中华人民共和国律师法》当中第7条也规定，受过刑事处罚的人不予颁发律师执业证书，但过失犯罪的除外。

《公司法》第146条规定："有下列情形之一的，不得担任公司的董事、监事、高级管理人员：（一）无民事行为能力或者限制民事行为能力；（二）因贪污、贿赂、侵占财产、挪用财产或者破坏社会主义市场经济秩序，被判处刑罚，执行期满未逾5年，或者因犯罪被剥夺政治权利，执行期满未逾5年……"

《中华人民共和国证券法》第124条第2款规定："有《中华人民共和国公司法》第146条规定的情形或者下列情形之一的，不得担任证券公司的董事、监事、高级管理人员：（一）因违法行为或者违纪行为被解除职务的证券交易所、证券登记结算机构的负责人或者证券公司的董事、监事、高级管理人员，自被解除职务之日起未逾5年……"

《中华人民共和国执业医师法》第15条第1款规定："有下列情形之一的，不予注册：（一）不具有完全民事行为能力的；（二）因受刑事处罚，自刑罚执行完毕之日起至申请注册之日止不满2年的……"

《中华人民共和国教师法》第14条规定："受到剥夺政治权利或者故意犯罪受到有期徒刑以上刑事处罚的，不能取得教师资格；已经取得教师资格的，丧失教师资格。"

《中华人民共和国商业银行法》第 27 条规定："有下列情形之一的，不得担任商业银行的董事、高级管理人员：（一）因犯有贪污、贿赂、侵占财产、挪用财产罪或者破坏社会经济秩序罪，被判处刑罚，或者因犯罪被剥夺政治权利的……"

《全国人民代表大会常务委员会关于完善人民陪审员制度的决定》第 6 条规定："下列人员不得担任人民陪审员：（一）因犯罪受过刑事处罚的……"

《全国人民代表大会常务委员会关于司法鉴定管理问题的决定》第 4 条第 2 款规定，"因故意犯罪或者职务过失犯罪受过刑事处罚的，受过开除公职处分的，以及被撤销鉴定人登记的人员，不得从事司法鉴定业务"。

《中华人民共和国公证法》第 20 条规定，"有下列情形之一的，不得担任公证员：……（二）因故意犯罪或者职务过失犯罪受过刑事处罚的……"

《中华人民共和国拍卖法》第 15 条第 2 款规定："被开除公职或者吊销拍卖师资格证书未满 5 年的，或者因故意犯罪受过刑事处罚的，不得担任拍卖师"。

《中华人民共和国破产法》第 24 条第 3 款规定："有下列情形之一的，不得担任管理人：（一）因故意犯罪受过刑事处罚……"

《中华人民共和国种子法》第 75 条第 2 款规定："因生产经营假种子犯罪被判处有期徒刑以上刑罚的，种子企业或者其他单位的法定代表人、直接负责的主管人员的刑罚执行完毕之日起 5 年内不得担任种子企业的法定代表人、高级管理人员"。

《中华人民共和国安全生产法》第 91 条当中规定，生产经营单位的主要负责人受刑事处罚之后 5 年内，不得担任任何生产经营单位的主要负责人；对重大、特别重大生产安全事故负有责任的，终身不得担任本行业生产经营单位的主要负责人。

《中华人民共和国食品安全法》第 135 条第 2 款当中规定，"因食品安全犯罪被判处有期徒刑以上刑罚的，终身不得从事食品生产经营管理工作，也不得担任食品生产经营企业食品安全管理人员"。

上述并非我国关于前科制度的全部规定，但也已经涉及我们生活的方方面面，在更早一些的时候，受过刑事处罚的人甚至连兽医工作都不能从事。在我们这个看重传统和出身的国家，前科带给人们的伤害远比想象的要大得多。

3. 前科的株连效应

"前科株连效应是指犯罪人的犯罪记录导致其近亲属和其他家庭成员基于法律法规的规定而受到规范性的株连评价，进而导致特定的权利遭到限制、特定的资格遭到剥夺的情况。"[1]前科的株连效应可以说是该制度所产生的最负面、最消极的影响。如果说前科所带来的影响对于犯罪人本身而言，还属于咎由自取、罪有应得的话，那么这种株连效应就属于伤及无辜了。"例如，2008年4月浙江大学生兰某某公务员考试成绩名列第一，却因鲜有来往的舅舅曾经被判缓刑而被取消公务员录取资格，该消息瞬间在各大报纸网站转载；2009年6月河北省隆尧县一名高三女生因为父亲以前的上访记录而影响其不能报考中央司法警官学院；无独有偶，河北省廊坊市考生息某某面临着因为父母存在被拘留记录而无法报考军事院校的尴尬局面；更有甚者，浙江省宁波市某公办学校，要求家长必须提供包括'无犯罪记录证明'等在内的十个证明材料方能让子女入学。"[2]这些令人啼笑皆非的事情却真实地发生在我们身边，而且绝非个案。

这种株连效应突出表现在一些特殊行业中：

（1）人民警察。《公安机关录用人民警察政治考察工作办法》中第9条规定："考察对象的家庭成员具有下列情形之一的，其本人不得确定为拟录用人选：（一）因故意杀人、故意伤害致人重伤或者死亡、强奸、抢劫、贩卖毒品、放火、爆炸、投放危险物质罪等社会影响恶劣的严重犯罪，或者贪污贿赂数额巨大、具有严重情节，受到刑事处罚的；（二）有危害国家安全、荣誉和利益行为的；（三）组织、参加、支持暴力恐怖、民族分裂、宗教极端、邪教、黑社会性质的组织，或者参与相关活动的；（四）其他可能影响考察对象录用后依法公正履职的情形。"这是国家层面对于前科株连效应的规定，各地方也有类似的规定，相较于国家层面的规定而言更为严格。例如，《浙江省公安机关人民警察录用考察工作暂行办法》第11条规定："考察对象的家庭成员和主要社会关系成员应当拥护中国共产党领导，拥护社会主义制度，历史清楚。具有下列情形之一者，考察对象不宜录用为人民警察：（一）家庭成员

---

[1] 于志刚："前科株连效应的刑法学思考"，载《法学研究》2011年第1期。

[2] 于志刚："前科株连效应的刑法学思考"，载《法学研究》2011年第1期。

和主要社会关系成员中有曾被判处死刑或因危害国家安全罪被判刑，或者因故意犯罪被判处有期徒刑以上刑罚正在监所服刑、监外执行（含保外就医）的；（二）家庭成员和主要社会关系成员中有因严重政治错误或涉嫌危害国家安全罪正被政法机关侦查、控制，或者有邪教组织的骨干分子且顽固不化、继续坚持错误立场的；（三）家庭成员和主要社会关系成员中有证据证明在国（境）外从事颠覆我国政权活动的。"第17条规定："本办法所称家庭成员和主要社会关系成员是指本人的配偶、父母、子女、兄弟姐妹、祖父母、外祖父母。本条所称父母，是指生父母和共同生活的养父母、有抚养关系的继父母；子女，是指婚生子女、非婚生子女和共同生活的养子女、有抚养关系的继子女；兄弟姐妹，是指有共同生活经历的同父母的兄弟姐妹、同父异母或者同母异父的兄弟姐妹、养兄弟姐妹、有抚养关系的继兄弟姐妹。"从上述规定可见，地方的审查标准往往比国家的更为严格，且亲属的范围也更广，导致的前科株连效应也更大。

（2）征兵。我们国家历来强调从严治军，首要的一条就是要政治过硬。这就必然导致前科株连效应在征兵时影响的范围更大，审查得更为严格。《征兵政治审查工作规定》第8条规定"具有下列情形之一的公民，不得征集服现役：……（九）家庭主要成员、直接抚养人、主要社会关系成员或者对本人影响较大的其他亲属，有被刑事处罚、开除党籍、开除公职或者有严重违法问题尚未查清，本人有包庇、报复言行的……"第9条规定"对政治条件有特别要求的单位征集的新兵除执行本规定第7条、第8条的规定外，对具有以下情形之一的，也不得征集：……（八）家庭主要成员、直接抚养人、主要社会关系成员或者对本人影响较大的其他亲属被刑事处罚或者开除党籍、开除公职的；（九）家庭主要成员、直接抚养人、主要社会关系成员或者对本人影响较大的其他亲属因涉嫌违法犯罪正在被调查处理，或者正在被侦查、起诉或者审判的……"从上述规定的内容来看，征兵时前科株连效应的影响范围远大于警察招录，具有前科人员的范围，包括了家庭主要成员、直接抚养人、主要社会关系成员和对本人影响较大的其他亲属，这一范围几乎可以扩大解释为征兵对象的所有社会关系，其严格程度可见一斑。

（3）招生和招飞。前科株连效应在招生中的影响主要集中在军队院校、政法院校的招生过程中，例如《关于军队院校招收普通中学高中毕业生和军队接收普通高等学校毕业生政治条件的规定》第 10 条规定,"直系亲属、关系密切的旁系亲属或其他直接抚养者中,被判刑或受过组织处理,而本人不能正确对待的",禁止招录。在招收飞行员的过程当中前科株连效应也有所体现,《中国民航飞行员体检标准》规定直系亲属(三代内)有被关、管、杀或参加邪教组织者,不能报考。

在笔者看来,前科制度的存在尚有一些合理性,但前科株连效应的存在则完全是不合理的,其违反了现代社会最基本的公平公正原则,是封建和宗教思想当中株连思想的遗存。那么为什么前科株连效应仍然能够长久地存在呢?学者总结出了其存在的三个理由:"第一,为了维护某些行业的公信力和权威;第二,预防犯罪人的亲属利用自己的职权地位,帮助犯罪人再次实施犯罪;第三,防止犯罪人的近亲属受到犯罪人的影响,而利用自己的职权和地位去实施犯罪"[1]。其实,对一些特殊部门和岗位的录用人员进行背景审查,这在国际上也属于一种通行的做法,只要影响的范围和程度控制得当也并无不可。国外也有相关的规定,例如,"《澳大利亚联邦警察法》第 24 条规定,招募警察时,可以附加的条件包括'安全证明',实际上主要指的就是家庭背景等情况。如果无法取得这种'安全证明',就无法成为警察"[2]。但是很明显,我国的前科株连效应所影响的范围太广、程度太深,严重侵犯到了普通公民的权利,所以应当对于亲属的范围进行限制,此外还应对造成前科的犯罪类型进行区别,尽可能将这种效应的影响降到最低,并最终彻底取消这种株连效应。

二、前科消灭制度概述

(一)前科消灭的概念

前科制度的存在有其客观性和合理性,想要取消前科制度在短期内是很难做到的,从世界范围内来看,也没有哪个国家取消了前科制度,所以从更加务实的角度来看,重要的是如何将前科制度所带来的负面和消极影响降到最低。前科消灭制度就是一种比较好的方法与措施。

---

[1] 李健:《前科消灭制度研究》,吉林大学出版社 2016 年版,第 28 页。
[2] 李健:《前科消灭制度研究》,吉林大学出版社 2016 年版,第 28 页。

关于前科消灭的概念，学者之间还有一些争议。有的学者认为"前科消灭是指曾被审判机关宣判过有罪或者被判处刑罚的法律事实不再存在"[1]。有的学者指出前科消灭"是指曾被定罪或者判刑的人，在具备法定条件时，注销其犯罪记录的制度"[2]。还有的学者认为"所谓前科消灭制度，是指具有前科的人经过法定程序被宣告注销犯罪记录，恢复正常法律地位的一种制度"[3]。笔者认为最后一种定义较为可取。第一种定义认为，前科消灭之后被判处刑罚的法律事实不再存在，这与客观不符，事实不可能被消灭，被消灭的只能是法律的评价而非法律事实；第二种定义并未强调前科消灭之后的法律后果。

谈及前科消灭时有一个概念必然会被提及，那就是犯罪记录。在很长一段时间内，包括到现在为止，还有许多人混淆了犯罪记录与前科这两个并不相同的概念。"将前科与犯罪记录概念加以混用的典型表现是，对这两个概念不作区分，简单化地误认为二者是同一概念，甚至在研究前科制度时根本不提犯罪记录这一概念。"[4]所以有人认为前科消灭就是消灭犯罪记录，但犯罪记录是一种客观存在，是不可能被消灭，能够被消灭的只能是前科。"'犯罪记录'和'前科'之间的关系是一种特殊的前提与结果、评价与被评价的关系：犯罪记录客观地记载了行为人的犯罪事实及其承担的相应的法律后果，前科则是基于犯罪记录的存在而导致的规范性评价。但是，对于犯罪记录的评价，在结论上并不必然导致前科也不仅仅限于前科。"[5]概言之，犯罪记录是法律评价的客观对象，前科是法律评价的结果。

（二）前科消灭的后果

1. 犯罪记录在法律上的消除。犯罪记录作为一种对犯罪行为的记录，在

---

[1] 马克昌等主编：《刑法学全书》，上海科学技术文献出版社1993年版，第684页。

[2] 房清侠："前科消灭制度研究"，载《法学研究》2001年第4期。

[3] 于志刚："简论前科消灭的定义及其内涵"，载《云南大学学报（法学版）》2002年第4期。

[4] 于志刚："'犯罪记录'和'前科'混淆性认识的批判性思考"，载《法学研究》2010年第3期。

[5] 于志刚："'犯罪记录'和'前科'混淆性认识的批判性思考"，载《法学研究》2010年第3期。

客观上是不可能被消除的，但是通过技术手段的处理，完全可能被掩盖，从而达到犯罪记录在法律上的消失。各国关于犯罪记录消除的做法不尽相同，"日本法律规定的是'前科勾销'，即把有前科者的名字从犯罪人名册中删除。德国的立法直接规定了从犯罪登记簿中抹去有关记载事项。意大利叫作'注销司法档案的登记'。加拿大《犯罪记录法》及相关立法规定，行为人在经过一定期限并满足一定条件时，国家假释委员会可以封存其犯罪记录"[1]。

2. 复权。复权即恢复犯罪人之前被剥夺的权利。前科的消灭并不是目的而是手段，真正的目的在于恢复犯罪人相应的权利。如果仅仅是封存或消灭了犯罪记录而不对犯罪人的权利进行恢复的话，那么根本就谈不上前科消灭。由于各国对有前科之人剥夺的权利种类不同，恢复权利的种类也不尽相同，但基本原则是剥夺了什么权利就恢复什么权利。《瑞士联邦刑法典》规定，犯罪记录注销以后，犯罪人可以重新担任公职，恢复教养权利、监护权，撤销执业禁令（在不担心行为人继续滥用职权的情况下，法官可重新允许其从事职业、行业或商贸活动）。[2]

3. 前科报告义务免除。我国在《刑法》当中明确规定了犯罪人的前科报告义务，同时也规定了前科报告义务的免除。前科报告义务的历史比较久远，许多国家也有类似的做法。虽然这样做的目的是为了更好地保护社会，但明显不利于犯罪人复归社会，很有可能逼迫犯罪人重新走上犯罪道路。前科消灭制度当中必然包含了报告义务的免除，否则前科消灭的目的根本无法实现。德国就有明确的规定，"被判刑人有权在任何人面前，在法院，经宣誓的讯问时，称自己未受过处罚，有权不公开作为判决基础的事实真相。在本质上，刑罚污点被永远消除了"[3]。英国法律也有规定，"在前科消灭期间完成后，被定罪之人，甚至在回答询问时，也不必说明其先前的犯罪，除非接到他应说明过去犯罪的通知"[4]。

---

[1] 李健：《前科消灭制度研究》，吉林大学出版社2016年，第52页。
[2] 《瑞士联邦刑法典》，徐久生、庄敬华译，中国方正出版社2004年版，第29页。
[3] [德]汉斯·海因里希·耶赛克、托马斯·魏根特：《德国刑法教科书》，徐久生译，中国法制出版社2017年版，第1237~1238页。
[4] [英]戴维·M.沃克：《牛津法律大辞典》，北京社会与科技发展研究所译，光明日报出版社1988年版，第761页。

(三) 前科消灭的做法

我国在一些法律法规当中，有一些关于前科消灭制度的零散规定。例如，《中华人民共和国预防未成年人犯罪法》第48条规定："依法免予刑事处罚、判处非监禁刑罚、判处刑罚宣告缓刑、假释或者刑罚执行完毕的未成年人，在复学、升学、就业等方面与其他未成年人享有同等权利，任何单位和个人不得歧视。"《中华人民共和国未成年人保护法》第57条第3款规定："解除羁押、服刑期满的未成年人的复学、升学、就业不受歧视。"《刑事诉讼法》第286条规定："犯罪的时候不满18周岁，被判处5年有期徒刑以下刑罚的，应当对相关犯罪记录予以封存。犯罪记录被封存的，不得向任何单位和个人提供，但司法机关为办案需要或者有关单位根据国家规定进行查询的除外。依法进行查询的单位，应当对被封存的犯罪记录的情况予以保密。"

总的来说，我国前科消灭制度的规定非常零散笼统，而且大部分内容只针对未成年人。可以说，我国的前科消灭制度尚未建立，正处于摸索实践之中，这些实践也基本上都只是针对未成年人。有学者整理出了我国目前正在实践中的几种针对未成年人前科消灭制度的模式，共分为4种："(1) 颁发前科消灭证明。此种模式是指，一些地方围绕着未成年人犯罪记录的处置，通过向未成年犯罪人本人、未成年人接受单位发放'前科消灭证明'或者'前科消灭书面通知'的方法，公开宣布未成年人的前科已经消灭。(2) 轻罪记录归零。在具体做法上，主要是指在未成年人轻罪记录归零之后，在就学、一般就业时，可以声明自己没有犯罪记录。(3) 未成年人前科封存。前科记录封存，是指对于犯罪并依法判处3年以下有期徒刑、拘役、缓刑、管制、单处罚金或者免予刑事处罚的未成年人，在面临升学、复学及一般就业时，依照设定的条件和程序，将他们的犯罪记录予以封存保管不再记入档案的制度。(4) 未成年人刑事案件的污点限制公开。未成年人刑事污点限制公开制度是指，在对于涉案未成年人判决以后，判决书可以不进入人事档案，有条件地封存于司法机关内部，非经批准不得对外披露"[1]。

虽然我国在探索前科消灭制度方面取得了一些进展，但从目前的实践情

---

[1] 于志刚："前科消灭制度司法探索模式的批判性反思"，载《法学评论》2013年第3期。

况来看并不理想，要么只是对前科有限程度地消灭（例如未成年人刑事案件的污点限制公开），要么则是南辕北辙，不光没有消灭前科，反而起到了推波助澜的作用（例如颁发前科消灭证明），所以还需要进一步的研究和实践。其中的犯罪记录查询制度是目前为止较为彻底和可行的前科消灭制度，笔者赞同这种方法。"犯罪记录查询制度是前科消灭的制度体现，它的核心内容是，通过对于特定的犯罪在刑罚执行完毕之后设置一个合理的犯罪记录查询期间，来保证司法机关、行政机关、军队、用人单位能够在查询期限之内，通过这一平台获取行为人的有无犯罪记录的准确信息。在这一查询期间结束后，终止相关的犯罪记录查询，任何与之相关的查询都将得到行为人未曾犯过罪的查询结果，从而通过统一的拒绝查询制度来实现前科消灭的初衷和目标。"[1]当然，构建这样一个查询系统并非易事，需要国家多个权力部门的强力推进和支持才可能办到，但至少这一制度是可行的，完全可以起到前科消灭的作用，是一种比较适合我国的前科消灭方法。

三、前科消灭与犯罪分层

如前文所述，前科制度存在着许多问题，带来了许多负面的社会效果，但其依然顽强地存在着，这就说明其还有一定的合理性。人们总是希望将自己身边的危险分子标记出来，可以说前科制度正是满足了人们的这一心理需求。从这个角度而言，前科制度仍将长期存在下去。既然现阶段人们依然需要前科制度，那么前科消灭制度的存在就要受到一定程度的限制，不可能也不应该将所有犯罪的前科消灭，而是应当有选择、有范围地进行。这个范围是要与现阶段人们的接受水平和本国实际国情相结合的，如果强行消灭现阶段人们尚无法接受和强烈反对的犯罪前科，不光无法起到好的社会效果，反而可能激起人们对前科消灭制度的极大抵触和强烈反弹。美国的《梅根法案》就是最好的证明：1994年7月，新泽西州一名叫梅根的女孩，在其邻居家玩耍时被奸杀，令人们震惊的是，这名邻居曾两次因猥亵儿童入狱，但大家对此竟一无所知。事后梅根的父母一直坚持呼吁政府应当通过法律，强制要求性犯罪者出狱之后进行登记，并告知社区的居民。数月后，新泽西州通过了

---

[1] 于志刚："前科消灭制度司法探索模式的批判性反思"，载《法学评论》2013年第3期。

该法律，人们称之为《梅根法案》。后来克林顿政府也在联邦层面通过类似的法案。目前，美国绝大多数州都有自己的《梅根法案》。

梅根以自己年幼的生命向人们证明了前科制度存在为数不多的合理性，我们当然希望类似的悲剧越少越好，所以我们在对前科进行消灭时，要有一定的选择和限制。笔者的思路是，通过与犯罪分层制度的结合来进行限制，具体的做法是：原则上，能够进行前科消灭的犯罪的范畴仅限于中等程度以下的犯罪，而重罪的前科不能消灭，需要终身保留。其中，对于微罪可以考虑自始没有犯罪记录；对于轻罪可以考虑设置与自身刑期等长的考验期，考验期满之后前科消灭；对于中等程度的犯罪，可以考虑设置比自身刑期更长的考验期，考验期满之后前科消灭；重罪的前科终身不得消灭。除了上述原则的规定之外，还可以进行一些例外的规定，也即对于一些虽然不属于重罪，但有必要保留其前科的犯罪不予消灭，例如，性犯罪、危害国家安全犯罪、恐怖主义犯罪等。

这样，即便我们通过犯罪分层制度扩大了犯罪圈，也可以通过前科消灭制度将犯罪圈扩大给人们带来的影响降至最低程度，既实现了刑法的机能和目的，也对人权进行了保障。所以说，前科消灭制度是犯罪分层制度得以实现的一个基本前提。

第二节 犯罪分层与犯罪未完成形态的处罚范围

一、我国犯罪未完成形态的处罚范围

我国《刑法》当中规定了犯罪未完成形态有三种：犯罪预备、犯罪未遂和犯罪中止，并明确了其概念和处罚方式。《刑法》第22条规定，"为了犯罪，准备工具、制造条件的，是犯罪预备。对于预备犯，可以比照既遂犯从轻、减轻处罚或者免除处罚"。第23条规定，"已经着手实行犯罪，由于犯罪分子意志以外的原因而未得逞的，是犯罪未遂。对于未遂犯，可以比照既遂犯从轻或者减轻处罚"。第24条规定，"在犯罪过程中，自动放弃犯罪或者自动有效地防止犯罪结果发生的，是犯罪中止。对于中止犯，没有造成损害的，应当免除处罚；造成损害的，应当减轻处罚"。

由于是规定在我国刑法的总则之中，依据我国刑法理论，总则当中的规定除分则之中有例外规定之外，原则上都要适用于分则。依据这一原则，分则当中所有的罪名都属于犯罪未完成形态的处罚范围。这样的规定，也许我们都已经习以为常，司法实践当中也一直是按照法律规定处理的，但并不代表这样的规定没有问题，相反，类似于我国这样对几乎所有的犯罪都处罚未完成形态的立法例，在世界范围内并不多见。具体来说，我们国家对于犯罪未完成形态的普罚制规定存在以下问题：

1. 处罚范围过大。虽然我们国家这种在总则当中进行原则性规定的方式，有着简单明确、易于操作的优点，但缺点也是显而易见的，它使得犯罪未完成形态的处罚范围大大增加。只要是犯罪，无论轻重一律处罚未完成形态，这就使得一些没有必要处罚的行为也被纳入犯罪圈之中。比如诈骗公私财物，数额较大的，处 3 年以下有期徒刑、拘役或者管制，并处或者单处罚金。依据我国《刑法》的规定，对于诈骗行为的预备行为也是要处罚的，也就是说理论上一个人为了诈骗他人财物而开始编造设计谎言的行为也应当处罚。很明显，这样的行为对于法益尚未构成任何实质上的危险，处罚这样的行为没有任何的意义，只会白白浪费司法资源，使得人们担心动辄得咎，造成国民行为的萎缩。苏联学者提出，"任何预备行为都要负刑事责任，立法者是把犯罪预备行为看作是对社会有害的、创造了实施犯罪条件的行为，但是这并不意味着立法者认为对一切实施犯罪的预备行为都必须无例外地给予刑事惩罚。对情节轻微的行为应不以犯罪论处"[1]。

2. 与立法趋势不符。《刑法修正案（九）》当中体现出了将预备行为实行化的趋势，例如《刑法修正案（九）》新增加的准备实施恐怖活动罪，"有下列情形之一的，处 5 年以下有期徒刑、拘役、管制或者剥夺政治权利，并处罚金；情节严重的，处 5 年以上有期徒刑，并处罚金或者没收财产：（一）为实施恐怖活动准备凶器、危险物品或者其他工具的；（二）组织恐怖活动培训或者积极参加恐怖活动培训的；（三）为实施恐怖活动与境外恐怖活动组织或者人员联络的；（四）为实施恐怖活动进行策划或者其他准备的。"

---

[1] [苏] Н. А. 别利亚耶夫、М. И. 科瓦廖夫编：《苏维埃刑法总论》，马改秀、张广贤译，群众出版社 1987 年版，第 205~206 页。

还增加了非法利用信息网络罪,"利用信息网络实施下列行为之一,情节严重的,处3年以下有期徒刑或者拘役,并处或者单处罚金:(一)设立用于实施诈骗、传授犯罪方法、制作或者销售违禁物品、管制物品等违法犯罪活动的网站、通讯群组的;(二)发布有关制作或者销售毒品、枪支、淫秽物品等违禁物品、管制物品或者其他违法犯罪信息的;(三)为实施诈骗等违法犯罪活动发布信息的"。从这两个新增加的罪名我们可以看出这样一种趋势,即对于一些社会影响和危害性大的犯罪的预备行为,通过立法使其入罪化,对这些犯罪提前进行打击,使法益的保护前置。"设立非法利用信息网络罪,目的是为了解决网络犯罪中带有预备性质的行为如何处理的问题,将刑法规制的环节前移,以适应惩治犯罪的需要。可见,非法利用信息网络罪的实质是对网络犯罪预备行为独立入罪,实现预备行为实行化。"[1]恐怖主义犯罪相对于网络犯罪而言社会危害性更大,其犯罪预备行为本身往往就具有很大的社会危险,对其提前进行打击有其现实的需要和合理性。立法当中出现的将某些严重犯罪的预备行为单独作为独立的犯罪进行打击的趋势表明,我国倾向于对个别危害性较大的犯罪的预备行为进行处罚,这明显与我国《刑法》当中预备行为普罚制的规定相矛盾,从当下的具体情况来看,预备行为的个别化处罚是符合实际的,而普罚制的规定并无意义。

3. 与司法实践不符。虽然根据法律的规定,对于犯罪预备应当处罚,但是在实践当中,处罚犯罪预备的情况比较少见,这就使得处罚犯罪预备的法律规定形同虚设。在实践当中很少处罚犯罪预备的原因之一是"离既遂的发生越远,犯罪行为在思想意志活动的越早的阶段中断,此等关系也就越难证明之;也就越不能谈及行为的客观危险性"[2]。也就是说,对于犯罪预备行为想要达到司法审判的证明标准比较困难,因此很难真正追究其刑事责任。例如,某人为了杀害他人在磨刀,这显然是故意杀人罪的预备行为。如果其正在磨刀时被公安机关抓获,在实践中是无法追究其犯罪预备的刑事责任的,因为其磨刀的真正目的只有其自身知道,没有其他相关证据能够证明这是一个犯罪预备行为,所以对于类似这样的犯罪预备行为,在实践当中根本无法

---

[1] 喻海松:"网络犯罪的立法扩张与司法适用",载《法律适用》2016年第9期。
[2] [德]弗兰茨·冯·李斯特:《德国刑法教科书》,徐久生译,法律出版社2000年版,第337页。

处罚。另外一方面，如果要对所有的犯罪未完成形态进行追究的话，就需要大量的警力、物力、财力的投入，这在现实当中是无法做到的。当前我国的警力严重不足，这是一个公认的现状，为了填补这巨大的空缺，不得已而招聘了许多没有编制的辅警。同时，有限的警力所要管理的范围又非常的广，大到杀人放火，小到夫妻吵架，既要让人民群众满意，又要打击刑事犯罪。在这种情况下，如果还要求人民警察对于很难证明的犯罪预备行为进行打击的话，明显只能是一句空话。

二、关于犯罪未完成形态的处罚模式——以预备犯为例

我国与世界其他国家和地区在犯罪未完成形态的处罚范围上，差别最大之处体现在对预备犯的处罚方面，所以我们以预备犯为例进行讨论。从世界范围内来看，对预备犯的处罚不外乎三种模式。

模式一：普罚制，即原则上对所有犯罪的预备行为都要进行处罚。我们国家是这种模式的典型代表。除了我国之外，还有一些诸如俄罗斯、越南、朝鲜、阿尔巴尼亚等前社会主义国家或社会主义国家采取这种模式，大多是受苏联的影响，"如1924年《苏联和各加盟共和国刑事立法基本原则》与1926年《苏俄刑法典》都规定，无论是犯罪的预备行为还是未遂行为都要负担刑事责任。1958年《苏联和各加盟共和国刑事立法纲要》规定，在任何情况下预备犯罪均应受到惩罚"[1]。处罚犯罪预备是主观主义刑法的体现，"根据主观主义刑法理论，犯罪预备行为如果能够征表行为人的危险性格，反映出行为人的犯罪意图，而且这种危险性格和犯罪意图与犯罪既遂所征表、反映的性格、意图没有任何的差别，那么，预备行为原则上就应当受到处罚"[2]。

模式二：不罚制，即对所有犯罪的预备行为都不进行处罚。采用这种模式的立法例"主要有1810年《法国刑法典》、1940年《巴西联邦共和国刑法典》、1954年《格陵兰刑法典》、1968年《意大利刑法典》以及1973年《罗马尼亚社会主义共和国刑法典》等"[3]。对犯罪预备行为不予处罚的基本原

---

[1] [苏]А.А.皮昂特科夫斯基等编：《苏联刑法科学史》，曹子丹等译，法律出版社1984年版，第91~94页。
[2] 王志祥、郭健："论犯罪预备行为的处罚范围"，载《政治与法律》2005年第2期。
[3] 王志祥、郭健："论犯罪预备行为的处罚范围"，载《政治与法律》2005年第2期。

因一般来说有两种,一是由于在实践当中预备行为的犯罪目的难以证明,另外还是由于犯罪预备行为毕竟对法益的危害性很小。

模式三:例外制,即以不处罚为原则,以处罚为例外。这是世界上大多数国家所采取的立法例。如日本现行刑法对预备犯在总则中未作任何规定,在分则中对内乱、外患、私战、对建筑物放火、伪造通货、杀人、以要求赎金为目的的拐取以及强盗等八种严重犯罪规定了处罚预备犯。此外,德法等国也采用这样的模式。

上述三种模式当中,前两种模式均过于极端,没有考虑到特殊情况。普罚制的缺点前文已经说过,在此不再赘述。不罚制虽然能够克服普罚制的缺点,但其自身也会造成新的问题。尤其是在现代风险社会,对于一些严重犯罪的预备行为如果不进行处罚,将会导致对法益的保护缺位,造成更为严重的后果,这同样是我们不愿看到的。第三种模式最为可取,应当为我们国家吸收采纳,其既不会使处罚的范围扩大,也可以集中司法资源重点打击严重犯罪,是最优的模式。

三、基于犯罪分层的犯罪未完成形态处罚范围

上述的三种模式虽然是关于预备犯的处罚模式,但也可以推而广之,适用于所有的未完成形态,但由于三种不同的未完成形态的法益侵害性不同,自身特点不同,所以并不能完全搞一刀切式的划分,还是应当坚持具体问题具体分析的态度,针对不同的犯罪类型来确定未完成形态的处罚范围。笔者认为,应当将犯罪分层制度与犯罪未完成形态的处罚范围结合起来讨论,这样才会使得我们的讨论更有针对性。

依据笔者的设计,我国的犯罪分为四层:微罪(法定刑最高刑为拘役)、轻罪(法定刑最高刑为3年有期徒刑)、中罪(法定刑为3年以上10年以下有期徒刑)和重罪(法定最低刑为10年有期徒刑)。这四个层次关于犯罪未完成形态的处罚范围应当是不同的:微罪不处罚任何犯罪未完成形态;轻罪只处罚犯罪未遂;中罪处罚犯罪未遂和犯罪中止(实行阶段);重罪处罚所有的犯罪未完成形态。理由如下:

1. 微罪不处罚任何犯罪未完成形态。理由很简单,因为其本身就已经是

很轻微的犯罪了，其犯罪未完成形态所造成的社会危害性则更为轻微。我国《刑法》当中也有规定，情节显著轻微危害不大的，不认为是犯罪。基于这样的规定，微罪的犯罪未完成形态，就没有理由作为犯罪处理。我国《刑法》当中3个典型的微罪：危险驾驶罪，使用虚假身份证件、盗用身份证件罪和代替考试罪，其中危险驾驶罪我们一般认为属于行为犯或抽象的危险犯，刑法理论认为本来就没有未遂和犯罪中止的空间，自然不用追究其刑事责任，而其犯罪预备行为由于社会危害性过低，认定困难较大，也不应当追究其刑事责任。从生活常识的角度出发，我们也无法接受对这类行为追究其犯罪预备的刑事责任，对一个喝醉酒准备开车的人追究其危险驾驶罪的犯罪预备刑事责任，在一般人看来是不可思议的。虽然目前我国《刑法》当中典型的微罪只有这3个，但从总体的立法趋势来看，未来这种类型的犯罪会越来越多，因此确定对微罪不处罚任何犯罪未完成形态的原则是有现实意义的。

2. 轻罪只处罚犯罪未遂，不处罚犯罪中止和犯罪预备。基于上述的逻辑，由于轻罪的社会危害性要高于微罪，所以其犯罪未完成形态对法益产生的侵害性也要高于微罪，所以对其犯罪未完成形态不可能完全不予处理，至少应当处理其中法益侵害性最大的一种形态。犯罪预备，由于未进入到实行阶段，因此法益侵害性最低，不应当予以处罚；犯罪中止中虽然有部分已经进入到实行阶段，但由于其属于主动放弃犯罪，又没有产生既遂的结果，法益侵害性也较低，没有必要对其进行处罚；而犯罪未遂已经进入到了实行阶段，只是由于行为人意志以外的原因而未能实现犯罪既遂的结果，体现了较强的人身危险性，其实行行为也对法益产生了较强的侵害性，因此应当进行处罚。

3. 中罪只处罚犯罪中止和犯罪未遂，不处罚犯罪预备。中罪的严重程度要高于轻罪，因此应当处罚的犯罪未完成形态范围也要宽于轻罪，所以应当对犯罪中止进行处罚。但在处罚时应当侧重对于造成损害的犯罪中止进行处罚，如果没有造成损害，笔者认为没有认定为犯罪的必要性，可以作为无罪处理。

4. 重罪处罚所有的未完成形态。重罪的社会危害性最高，哪怕是其未完成形态，对法益的侵害性也达到了一定的程度，因此有必要对其进行处罚，这也符合我国现在的刑事司法实践现状。目前我国司法机关所追究的犯罪未完成形态，一般也都集中于重罪，如果再从法律制度层面对这一做法加以确认，也将有助于司法机关集中力量打击严重犯罪。"严重犯罪的未遂之所以可罚，是因为在该场合，直接开始实施犯罪行为，一方面可能动摇公众的法律安全感；另一方面，从一般预防的理由看，即使是中等程度的犯罪，也有必要对其未遂行为以刑罚相威慑，这类犯罪的危险性颇大。"[1]

第三节 犯罪分层与程序

犯罪分层带来的轻微犯罪扩张必然会导致刑事案件数量激增，对现行刑事司法体系带来较大冲击，因此必须建立与之相适应的刑事诉讼程序。

一、我国的各类刑事快捷程序

（一）刑事简易程序

我国《刑事诉讼法》第214条，规定了适用简易程序的基本条件，"基层人民法院管辖的案件，符合下列条件的，可以适用简易程序审判：（一）案件事实清楚、证据充分的；（二）被告人承认自己所犯罪行，对指控的犯罪事实没有异议的；（三）被告人对适用简易程序没有异议的。人民检察院在提起公诉的时候，可以建议人民法院适用简易程序"。

我国的简易程序当中也体现出了犯罪分层的思想，对轻罪、重罪有着不同的规定，《刑事诉讼法》第216条第1款规定"适用简易程序审理案件，对可能判处3年有期徒刑以下刑罚的，可以组成合议庭进行审判，也可以由审判员一人独任审判；对可能判处的有期徒刑超过3年的，应当组成合议庭进行审判。"很明显，这里是以3年为标准对犯罪进行划分，这也是笔者建议以3年作为我国轻罪标准的理由之一。简易程序的简易体现在方方面面，其不受刑事诉讼法当中关于送达期限、讯问被告人、询问证人、鉴定人、出示证据、法庭辩论程序的一般规定限制，但是被告人的最后陈述权必须保证。简易程序的审限明显短于一般程序：人民法院应当在受理后20日以内审结；对可能判处的有期徒刑超过3年的，可以延长至一个半月。

---

[1] [德] 汉斯·海因里希·耶赛克、托马斯·魏根特：《德国刑法教科书》，徐久生译，中国法制出版社2007年版，第700~701页。

(二) 刑事速裁程序

2014年8月最高人民法院、最高人民检察院、公安部和司法部在部分地区开展刑事案件速裁程序的试点工作。根据《关于在部分地区开展刑事案件速裁程序试点工作的办法》，可以适用速裁程序的范围包括危险驾驶、交通肇事、盗窃、诈骗、抢夺、伤害、寻衅滋事、非法拘禁、毒品犯罪、行贿犯罪、在公共场所实施的扰乱公共秩序犯罪情节较轻、依法可能判处1年以下有期徒刑、拘役、管制的案件，或者依法单处罚金的案件，如果案件事实清楚、证据充分的；犯罪嫌疑人、被告人承认自己所犯罪行，对指控的犯罪事实没有异议的；当事人对适用法律没有争议，犯罪嫌疑人、被告人同意人民检察院提出的量刑建议的；犯罪嫌疑人、被告人同意适用速裁程序的，可以适用速裁程序。2016年9月，最高人民法院和最高人民检察院在试点的基础之上提请全国人大常委会授权在原来试点地区开展刑事案件认罪认罚从宽制度试点。2018年10月26日第十三届全国人大常委会通过《关于修改〈中华人民共和国刑事诉讼法〉的决定》，将速裁程序纳入了《刑事诉讼法》中，成为法定的审判程序。

《刑事诉讼法》第222条规定，基层人民法院管辖的可能判处3年有期徒刑以下刑罚的案件，案件事实清楚，证据确实、充分，被告人认罪认罚并同意适用速裁程序的，可以适用速裁程序，由审判员一人独任审判。人民检察院在提起公诉的时候，可以建议人民法院适用速裁程序。《刑事诉讼法》第224条规定，人民法院适用速裁程序审理案件，送达期限不受《刑事诉讼法》规定的限制，一般不进行法庭调查、法庭辩论，但在判决宣告前应当听取辩护人的意见和被告人的最后陈述意见，最后应当当庭宣判。《刑事诉讼法》第225条规定，速裁程序一般10日内审结，对可能判处的有期徒刑超过1年的，可以延长至15日。实践中，速裁程序最快从案发到判决仅48小时即可完成。

二、与犯罪分层制度相关的诉讼程序构建

虽然我国在不同的法律和规范性文件当中分别规定了一些相对简易的程序，但是一方面这些程序在运行过程当中都有这样或那样的问题，另一方面，

仅仅依靠现有的这些程序规定，还不足以完全应对未来我国可能出现的因犯罪圈扩大带来的案件压力。

以刑事速裁程序为例，在试点工作开展以来的确取得了不少的经验和成果，但问题也比较明显，主要包括（1）刑事案件速裁程序适用率偏低；（2）刑事案件速裁程序转为简易或者普通程序的法律文书缺乏统一规范；（3）审查报告难以简化；（4）刑事案件速裁程序与案管系统的相关规定不协调。[1]

对此，笔者认为应当将犯罪分层制度与刑事快捷处理的程序构建结合起来，依据不同的犯罪层次适用不同的刑事快捷程序，这样可以使得每一种快捷程序的适用对象清楚明确，也更有利于对每一种犯罪层次制定更有针对性的快捷程序，以便更加有效地进行刑事诉讼，提高诉讼效率。例如，对于未来可能出现的大量微罪，我们可以制定比速裁程序更为快捷的程序，通过警察直接向微罪法庭进行移送，检察院可不派员参与。有学者提出"特别是对于微罪，除现有的简易程序和速裁程序外，还可考虑引入国外的刑事处罚令程序，以有效提升司法效率"[2]。这些都是可供参考的建议。

第四节 犯罪分层与立法模式

一、刑法立法模式概论

从世界范围来看，刑法的立法模式基本上不外乎这几种：刑法典、单行刑法、附属刑法和判例。单行刑法是指在刑法典以外颁布的规定某一类（种）犯罪的法律；附属刑法一般是指规定在行政法、经济法等法律中的刑法规范的总称，并非指行政法或经济法本身，而是刑法规范的总和。多数大陆法系国家采用的是混合型的立法模式，整个刑事法律体系由刑法典与附属刑法和单行刑法组成；英美法系国家由于其不成文法的历史传统则更多地采用了刑法判例加附属刑法的立法模式。主流国家的立法模式中基本都存在着附属刑法，而且一般社会管理较为完善的国家（尤其是英美法系国家），附属刑法的

---

[1] 参见林强："刑事案件速裁程序的运行与制度完善"，载《人民检察》2017年第10期。
[2] 刘仁文、敦宁："建议将治安拘留纳入刑法体系"，载《人民法院报》2019年7月18日，第6版。

数量就越多。还有一些国家如日本，还将某些特定类型的犯罪规定为单行刑法，如《关于防止配偶的暴力及保护被害人的法律》《儿童虐待防止法》等。

在1997年《刑法》实施之前，我国曾经有过为数不少的单行刑法和附属刑法，但是在"要制定一部统一的、比较完备的刑法典；将刑法实施17年来由全国人大常委会作出的有关刑法的修改补充规定和决定研究修改编入刑法；将一些民事、经济、行政法律中'依照''比照'刑法有关条文追究刑事责任的规定改为刑法的具体条款"[1]的立法思想的指导下，在1997年《刑法》之后，我国停止了单行刑法与附属刑法的制定，将其内容基本上并入了1997年《刑法》之中，目前依然生效的只有《关于惩治骗购外汇、逃汇和非法买卖外汇犯罪的决定》一部单行刑法，其余的都已经退出了历史舞台。对于目前有些法律中"构成犯罪的，依法追究刑事责任"的规定，由于没有规定罪刑内容，一般认为不属于附属刑法，充其量属于一种提示性规定。

应当说，在制定1997年《刑法》的历史社会条件下，一部大而全的刑法典有其合理性，主要是因为之前我们的立法水平比较低，单行刑法与附属刑法制定的过多、过散，水平参差不齐，造成了一定的冲突与适用上的困难，而且长久以来我国的法律文化也一直倾向于制定一部大而全的刑法典，所以在当时这样做是合适的。但是社会总是在不断的发展之中，近20年翻天覆地的发展已经大大超出了当时立法者的想象，特别是互联网的产生颠覆了传统的生产生活方式，随着社会结构的变化，也产生了一系列新的社会矛盾，新型的犯罪层出不穷，有些在以前社会危害性不那么严重的犯罪重新"焕发了生机"，这些犯罪的身上都具有新时代深深的烙印，用传统刑法典中寥寥几条的概括性规定已经无法有效地进行规制。传统刑法典在新的社会条件下已经显现出了无奈，如果此时我们还一味地坚守大而全的、统一的刑法典的立法模式的话，未来对犯罪的打击会越来越捉襟见肘。有的学者便概括出了这种模式的主要缺点："1. 将本应由行政刑法、经济刑法规定的行政犯罪、经济犯罪纳入刑法典中，要么因为频繁修改，导致刑法典丧失稳定性，要么为了维护刑法典的稳定性，而不能及时规制行政犯罪、经济犯罪；2. 将大量行政

---

[1] 王汉斌：《关于〈中华人民共和国刑法（修订草案）〉的说明——1997年3月6日在第八届全国人民代表大会第五次会议上》，载《中华人民共和国全国人民代表大会常务委员会公报》1997年第2期。

犯罪、经济犯罪规定在刑法典中，有损法律之间的协调统一性；3. 将大量的行政犯罪、经济犯罪规定在刑法典中，增加了空白罪状，影响了刑法的适用。4. 随着社会生活的复杂化，犯罪类型会越来越多，一部刑法典事实上不可能囊括所有犯罪"[1]。

二、犯罪分层的立法模式

在已经建立起犯罪分层制度的国家中，立法的模式无非两种，一种是在刑法典中对犯罪分层的相关内容做统一的规定，多数国家采用的是这种模式；另一种是将某一层次的犯罪单独拿出来制定单行刑法，例如日本的《轻犯罪法》。前一种模式的优点在于，在同一部刑法当中对不同层次的犯罪进行规定，使得不同层次之间的衔接更为紧密，整个刑法体系更加完整和协调；后一种模式的优点在于，可以不囿于篇幅限制，对相关制度做详尽、集中的规定，便于操作，易于查询。

笔者认为，我国完全可以将两种立法模式综合运用。具体来说就是对微罪以单行刑法的形式进行规定，将我国刑法当中现有的微罪抽离出来与未来增设的微罪统一规定在微罪法中，既规定实体内容，也规定程序内容。对于其他层次的犯罪以现行刑法为基础，只在总则部分作统一规定即可，无需单独立法。当微罪法与现行刑法的规定发生矛盾或冲突时，应当适用特殊法优于一般法的规定，以微罪法为准。理由如下：

1. 对现行刑法的冲击最小。依据笔者的划分标准，现行刑法当中典型的微罪只有3个，虽然目前的数量较少，但未来这一层次的犯罪数量必然会增加，也完全应当增加。而轻罪在我国现行刑法当中所占的比例较高，数量较大，如果将其抽出作为单行刑法进行规定，则会导致现行刑法的篇幅大幅缩水，造成巨大的冲击，也会对我国现行的整个刑事司法体系造成巨大的影响，虽然"轻罪的处罚范围应当要广得多，轻犯罪法的条文总数、罪名总数远超刑法典是完全正常的"[2]，但这样做的可行性较低，至少在现阶段难以实现，所以从务实的角度来说，对微罪以单行刑法的形式进行规定，对现行刑法冲

---

[1] 张明楷："刑事立法的发展方向"，载《中国法学》2006年第4期。
[2] 周光权："转型时期刑法立法的思路与方法"，载《中国社会科学》2016年第3期。

击最小，最具有可行性。

2. 其他层次的犯罪不需要单独立法。前文提到，由于轻罪所占比例较大，将其以单行刑法方式独立出来，对现行刑事司法体系冲击过大，所以不需要单独立法。另一方面，中等程度的犯罪本就无需特殊对待，只要按现行规定处理即可，也无需单独立法。此外，对重罪而言，现行刑法和刑事诉讼法当中已经对其进行了特殊的规定，从管辖级别上、审判程序上、审理期限上等都与其他类型的犯罪有所区别，最多只需要在现有规定基础之上进行微调即可，也无需进行单独立法。因此，需要通过单行刑法方式进行单独立法的，只有微罪一种。

3. 适应未来我国的立法趋势。近些年的刑事立法已经体现出了不同以往的特征。"原本朝着古典主义目标挺进的刑法观后来有所调整——通过多个修正案，刑法成为广泛地参与社会治理的'功能性工具'，刑法主观主义的某些特征开始展现：立法上致力于经验判断和甄别、处罚危险个体，而非客观主义的保守思考；从重视法益实害转向法益危险，在增设新罪时放弃了原则上规定结果犯和侵害保护个人法益的立法模式；立法者雄心勃勃，立法趋于活跃化，在废除劳动教养之后，将大量之前被认定为行政违法的行为犯罪化。"[1]从种种表现来看，未来我国总体的立法趋势是犯罪化和轻刑化，大量轻微罪名将会出现。从目前已有的罪名来看，延续现有的微罪立法趋势的可能性极大，因此将微罪独立立法，符合未来我国的总体刑事立法趋势。

综上所述，我国未来犯罪分层制度的立法模式应当是：以单行刑法的方式对微罪进行规定，其余的犯罪层次在现行刑法基础之上进行规定。

---

[1] 周光权："转型时期刑法立法的思路与方法"，载《中国社会科学》2016年第3期。

第七章 犯罪分层的具体设计

笔者所设计的犯罪分层体系包含四部分，微罪、轻罪、中罪和重罪。最为重要的是微罪制度，这也是我国未来应当着力构建的。其他的犯罪层次在我国现行刑法规定的基础之上进行调整即可。

第一节 微罪制度

笔者所指的微罪是指法定最高刑为拘役的犯罪，目前我国刑法中符合这一标准的只有3个罪名：危险驾驶罪，使用虚假身份证件、盗用身份证件罪和代替考试罪。虽然目前的数量很少，但可以预见在未来这类犯罪将会是增长最为迅速的一类，也是最能代表犯罪分层制度的一类，因此有必要对微罪制度进行深入的研究，这也是笔者所设计的犯罪分层制度中最为重要、最为特殊的一个层次。

一、微罪概念辨析

目前国内学者在使用轻罪与微罪的概念时一般不做区分，二者基本处于通用的状态。由于轻罪和微罪并非法定概念，如果不经过界定则无法从理论上进行交流与讨论。

有学者认为微罪是指"常见的微罪主要包括告诉才处理的刑事案件和被害人有证据证明的轻微刑事案件"[1]。有学者认为微罪包含了告诉才处理的犯罪案件、法定刑在3年以下有期徒刑的故意犯罪案件、后果不是特别严重的过失犯罪案件[2]。有的学者认为"微罪是指如危险驾驶罪这样刑法典中所

---

[1] 潘丽娜："刑法微罪出罪及其机制研究"，华东政法大学2008年硕士学位论文。
[2] 钱叶六："应对微罪之非刑罚处罚方法探究"，载《南京财经大学学报》2009年第6期。

规定的最高刑为拘役的罪名；同时，微罪还应当包括那些已经由治安违法行为吸纳到刑法典后的犯罪行为，且多数情况下被判处拘役以下刑罚的轻微犯罪行为，典型的如数额较低的扒窃行为；此外，对于在犯罪门槛之下的治安违法行为，即'但书行为'，我们也将其定位为实质意义上的微罪，或者说是应当被逐步'微罪化'的犯罪"。[1] 储槐植教授明确提出了建立微罪概念的倡议，他认为"3年以下有期徒刑称轻罪，拘役比轻罪更轻，称作'微罪'应是理所当然。微罪就是可处拘役或以下之刑的罪"[2]。

在前文已经论述过关于犯罪分层的标准问题，笔者始终坚持从现行法律制度出发，坚持以形式的标准对犯罪进行分层，因此笔者支持储槐植教授的观点，认为现阶段我国的微罪就是指法定最高刑为拘役的犯罪。

二、微罪制度的前置性问题

建立微罪制度前必须首先确立其在我国现行法律体系中的地位，这样才能够更好地进行制度设计。而如果想要找准微罪制度的体系定位，则必然涉及刑法与行政法之间的关系问题。下面我们分别从宏观、中观和微观三个不同层面的概念进行分析。

（一）行政权与司法权的关系

依据三权分立理论，每个国家的权力大体上都可以分为立法权、司法权与行政权。虽然我们国家不是三权分立的国家，但也可以大体上作这样的划分。在我国，立法权属于人民代表大会及其常委会，司法权主要归属于人民法院和人民检察院，而行政权则归属于人民政府。从理论上来看，这样的划分是很清晰的，大家各司其职、各行其道，既互相分工配合又互相监督制约，然而在实践当中，这几种权力的边界并不像理论上划分的那样清晰，经常出现相互交叉渗透的现象，每一种权力一旦有机会就都想扩张自己管辖的范围，这也是由权力的扩张性所决定的。在我国以立法为中心的大环境下，行政权与司法权都没有足够的力量与立法权抗衡，因此主要的矛盾就集中在了行政

---

[1] 姜瀛："劳教废止后'微罪'刑事政策前瞻"，载《学术交流》2015年第11期。
[2] 储槐植："解构轻刑罪案，推出'微罪'概念"，载《检察日报》2011年10月13日，第3版。

权与司法权的关系上。

行政权的主要目的是为了行政和社会管理,其追求的主要价值是效率;司法权的主要目的是为了判断和裁决,其追求的主要价值是公正,可以说二者是截然不同的,有的学者对二者存在的主要区别进行了总结:"(1) 行政权在运行时具有主动性,而司法权则具有被动性。(2) 行政权在它面临的各种社会矛盾面前,其态度具有鲜明的倾向性,而司法权则具有中立性。(3) 行政权更注重权力结果的实质性,但司法权更注重权力过程的形式性。(4) 行政权在发展与变化的社会情势中具有应变性,司法权则具有稳定性。(5) 行政权具有可转授性,司法权具有专属性。(6) 行政权主体职业的行政性,司法权主体职业的法律性。(7) 行政权效力的先定性,司法权效力的终极性。(8) 行政权运行方式的主导性,司法权运行方式的交涉性。(9) 行政权的机构系统内存在官僚层级性,司法权的机构系统内则是审级分工性。(10) 行政权的价值取向具有效率优先性,司法权的价值取向具有公平优先性"[1]。

这种不同集中反映在警察权与审判权的区别上。警察权属于行政权的一种,而审判权则属于司法权。警察在行使权力时往往都具有一定的主动性,会主动查处违法和犯罪行为,一旦有所懈怠甚至可能会被追究渎职的责任,而审判权则奉行不告不理的理念,不会主动去对违法和犯罪行为作出回应。警察在面对社会矛盾时往往是站在矛盾的对立面,对其进行管理和处罚,而法官往往是作为居中裁判者的形象出现的,不带倾向性。警察在行使权利时的程序性要求也远没有法官审理案件时的要求严格,因为行政权本身追求的是效率,这就必然会牺牲一部分程序上的保障。警察权相对于审判权的稳定性表现出较强的变化性,根据具体时代和社会环境的不同,权力范围的大小也有着明显的区别,基本上社会环境越是动荡,治安环境越差的社会,警察的权力也就越大,而社会环境越好,法治文明程度越高的社会,警察的权力也就越小。另外,为了维护社会秩序的整体稳定和高效运转,警察所作出的处理必须首先被认定为合法有效的,即便其存在问题也必须先被执行,其后通过其他程序进行救济,而审判权则必须完整的经过所有的程序,待被审判

---

[1] 孙笑侠:"司法权的本质是判断权——司法权与行政权的十大区别",载《法学》1998年第8期。

者穷尽其所有救济手段后所形成的判决才能被视为是最终有效的，在此之前该判决处于一个效力待定的状态，不能作为执行的依据。警察权作为行政权的一种，在运行时也必须接受更高层级权力的领导和指挥，因为如果随意允许下级对上级的命令提出质疑的话，整个行政体系的运转将会被搁置，执行力下降导致政令不通。但对法官而言要求的是独立审判，不接受其他任何组织或个人的指挥和领导，"为使法官绝对服从法律，法律将法官从所有国家权力影响中解脱出来"[1]。

（二）行政法与刑法的关系

行政法与刑法的关系，其实就是行政权与司法权在部门法当中的具体体现。如前文所述，行政权与司法权二者至少在形式上的界限是清楚的，所以整体而言，行政法与刑法之间的界限也是清晰的，二者虽然都属于公法当中的实体法，但所调整的对象和关系并不相同。行政法针对的对象是行政行为，刑法所针对的对象则是犯罪行为。但由于违法与犯罪行为之间界限的模糊性，也导致了行政法与刑法之间界限的模糊性。这个问题在行政刑法的概念提出之后，变得更加复杂。

20世纪初，德国学者高尔德·施密特（Goldschmidt）提出了行政刑法的概念，在此之后关于行政刑法的属性问题就成为争论的焦点。施密特"主张行政刑法属于行政法。这是以他从实质上区分行政犯与刑事犯的行政刑法理论为基础的。他认为，法的目的在于保护人的意志支配范围，其手段是法规；行政的目的在于增进公共福利，其增进的手段是行政活动；违反法的行为就是刑事犯，违反行政活动的行为就是行政犯；刑事犯包含形式的要素——侵害法规（违法性）与实质的要素——侵害法益，而行政犯在本质上只是一种具有形式的要素、违反行政意思的行为……侵害公共福利，并不意味着像刑事犯那样发生了某种有害的结果，而是指懈怠向行政的目标促进，没有发生预期的好的结果。将法与行政对立起来的结果，导致了刑事犯与行政犯的实质区别，进一步导致行政刑法属于行政法的结论"[2]。

---

[1]〔德〕拉德布鲁赫：《法学导论》，米健、朱林译，中国大百科全书出版社1997年版，第100页。

[2] 张明楷："行政刑法辨析"，载《中国社会科学》1995年第3期。

持反对意见的学者认为,"在国家活动被赋予法秩序的所有领域(包含行政领域),所使用的手段是同一的,即遵守法规的行动,故法与行政在手段上并不是对立的;法益与公共福利是一致的,因为福利是国家及国民的利益,是法所保护的利益,也是一种法益。例如,关于内乱罪的刑法规定也具有增进公共福利的目的,反之,要求将有咬人癖性的狗套上口笼的行政命令也是保护法益的,故法与行政在目的上不是对立的"[1]。

我国关于行政刑法的性质也有不同的观点。张明楷教授认为,行政刑法属于刑法的范畴,因为分散在行政法律规范当中的刑法规范也属于刑法的一部分(当时我国还存在附属刑法——笔者注),另外,对于行政犯罪行为,处罚时所适用的是刑事诉讼程序而不是行政诉讼程序,处罚机关是法院也不是行政机关。[2]卢建平教授早期曾经认为行政刑法不属于刑法而是行政法,原因是"首先,行政刑法调整的是在国家行政管理活动过程中因违反行政管理法规的行为而引起的各种社会关系,它所针对的主要是那些较为严重的行政违法行为,即行政法意义上的'犯罪行为',而不是刑法意义上的犯罪行为。其次,行政刑法的法律渊源一般都是行政法律规范,或分散在行政法律体系的各个分支部门,或集中体现为'行政刑法典'。再次,行政刑法所规定的制裁(也即所谓的行政刑罚)是行政机关在其法定职权范围内作出的行政处罚与行政处分,这与刑法所规定的刑罚是有本质区别的。最后,行政刑法的执司机构为行政机关而非司法机关;其宗旨是为国家行政权力的行使提供强有力的法律保障,保证国家行政管理活动的正常进行,实现国家行政管理的职能和目标"[3]。但是后来卢建平教授放弃了这一观点,"笔者愿意纠正年前曾与张明楷教授就行政刑法性质进行讨论时所持的观点,即放弃本人曾经主张的行政刑法'行政法属性说',而接受'刑法属性说'的立场"[4]。这种转变显然也与时代的变迁有关,同时,我国严格区分违法与犯罪行为也决定了行政刑法在我国的属性只能是刑法。

---

[1] 张明楷:"行政刑法辨析",载《中国社会科学》1995年第3期。
[2] 张明楷:"行政刑法辨析",载《中国社会科学》1995年第3期。
[3] 卢建平:"论行政刑法的性质",载《浙江大学学报(社会科学版)》1993年第3期。
[4] 卢建平:"法国违警罪制度对我国劳教制度改革的借鉴意义",载《清华法学》2013年第3期。

关于行政刑法性质的争论体现出了刑法与行政法边界的模糊性，这个问题至今也未能从理论上很好地进行回答。正如德国学者克斯特林所说："这是一个令法学家陷入绝望的问题。"[1]要想更好地厘清二者的关系，我们还要再分析一组概念的关系。

(三) 犯罪行为与违法行为的关系

从逻辑上来说，犯罪行为一定属于违法行为，但违法行为却不一定属于犯罪行为。那么，一个行政违法行为有没有可能同时属于犯罪行为？如果没有，那么犯罪行为与行政违法行为的本质区别在于什么？如果有，那么犯罪行为与行政违法行为如何进行区分？关于这二者的关系，主要存在以下三种学说[2]：

1. 质的区别说。该学说认为，犯罪行为与行政违法行为在本质上是不同的，存在质的区别，是两种完全不同性质的行为。至于这种质的差异在何处还有不同的观点：

(1) 罗马法的观点。犯罪行为具有类似原罪那样与生俱来的恶性，这种恶无需其他任何法律规范进行规定。而行政违法行为的恶来自于法律的禁止，如果没有法律的禁止，这种行为谈不上是恶还是善。然而这种罗马法的观点带有很强的宗教色彩，所谓的与生俱来的恶很难界定。另外，一种被法律禁止的行为也很难说其本身不是恶的。

(2) 法律所保护的客体。这种观点认为，犯罪行为对法益造成了实质的损害或危险，而行政违法行为并未造成这样的损害或危险，其可罚性更多地来源于对规范的违反。但对于规范的违反本身，其实也会对法益造成损害或危险。

(3) 法益破坏的种类与方式。这种观点认为，犯罪行为是一种对法益造成直接危险的行为，而行政违法行为只对法益造成抽象的危险。

(4) 文化规范理论的视角。德国刑法学者麦耶（Mayer），从文化的角度，

---

[1] 冯江菊："行政违法与犯罪的界限——兼谈行政权与司法权的纠葛"，载《行政法学研究》2009年第1期。

[2] 参见冯江菊："行政违法与犯罪的界限——兼谈行政权与司法权的纠葛"，载《行政法学研究》2009年第1期。

对二者区别进行阐述,他认为行政违法行为仅仅违反的是法律规范,而犯罪行为违反的还有文化规范。但文化规范的内容很难界定。

(5) 社会伦理的价值判断。这种观点认为,犯罪行为与行政违法行为之间的区别,类似于法定犯与行政犯之间的区别,犯罪行为在伦理道德上是值得非难的,而行政违法行为只能对其进行法律上的非难。

2. 量的区别说。与质的区别说正好相反,量的区别说认为犯罪行为与行政违法行为之间并无质的不同,而只具有量的不同。当行政违法行为的危害性达到一定程度时,量变转为质变,行政违法行为就转化为了犯罪行为。因此,试图从质的方面区分二者是不可行的。

3. 质量综合区别说。这种观点认为,犯罪行为在质的方面具有较强的恶性,在量的方面则具有较高的社会危害性;行政违法行为在质的方面恶性较弱,在量的方面则具有较低的社会危害性。区分二者,必须从质与量两个方面着手,不可偏废。

笔者认为,质量综合区别说较为可取。在我国《刑法》与行政法所规制的行为有一些是重合的,在《刑法》就表现为行政犯的设立。行政犯的客观行为与行政法当中所规制的行政违法行为是基本相同的,只是当这种行政违法行为的严重程度达到一定标准时,或者由于行政法本身无力进行处罚,或者由于行政法的处罚过轻,这时就需要作为最终保障的刑法对其进行制裁。这一类犯罪行为与行政违法行为之间并无质的区别,只有量的不同。当量积累到一定程度时就发生转化,由行政违法行为转变为犯罪行为。例如,《中华人民共和国税收征收管理法》(以下简称《税收征收管理法》)第63条第1款规定,纳税人伪造、变造、隐匿、擅自销毁账簿、记账凭证,或者在账簿上多列支出或者不列、少列收入,或者经税务机关通知申报而拒不申报或者进行虚假的纳税申报,不缴或者少缴应纳税款的,是偷税。对纳税人偷税的,由税务机关追缴其不缴或者少缴的税款、滞纳金,并处不缴或者少缴的税款50%以上5倍以下的罚款。而《刑法》第201条第1款规定纳税人采取欺骗、隐瞒手段进行虚假纳税申报或者不申报,逃避缴纳税款数额较大并且占应纳税额10%以上的,处3年以下有期徒刑或者拘役,并处罚金。由此可见,同样的偷税漏税行为,如果尚未达到一定的严重程度时其仍属于行政违法行为,由行政法规进行处理,但如果其达到一定的严重程度时,则由《刑法》进行制裁,构成逃税罪。所以我们说，逃税罪的客观行为与《税收征收管理法》当中的偷税漏税行为并无本质上的区别，只是客观严重程度不同。

有一些行为是刑法中独有的，体现了犯罪行为与行政违法行为之间质的不同。这些行为之所以只规定在刑法中而没有规定在行政法中主要是由这类行为的性质决定的，一般在刑法当中体现为严重的自然犯。例如，杀人、放火、强奸等。这类行为一旦出现，要么构成犯罪，要么由于情节显著轻微不认为是犯罪，总之不可能被认定为行政违法行为，因为其性质与行政管理等无关，其带有前文所提到的与生俱来的恶。

所以，从上述的角度来看，有一些行为被规定为犯罪是由其自身的行为性质所决定的，还有一些行为本身属于行政违法行为，但由于其严重程度较高，超出了行政法所能够处罚的限度，因而被规定为犯罪。在我国现行刑法对犯罪行为既定性又定量的条件下，区分犯罪行为与行政违法行为也必须从质与量两个方面进行，采用其中任何一种方法和标准，都无法准确地将二者区分开。

三、微罪制度的体系定位

原本我国的制裁体系结构是"刑罚—劳动教养—治安处罚"的三元处罚结构。其中刑罚只能对构成犯罪的行为适用，劳动教养针对的对象主要是那些实施了形式上的犯罪行为但严重程度尚不构成犯罪的人，治安处罚主要适用于那些违反了《中华人民共和国治安管理处罚法》（下称《治安管理处罚法》）的人。从形式上看，这三种制度是按照轻重程度进行的排列，依次针对的是社会危害性不同的行为进行处罚，似乎这种体制已经比较好地解决了我国刑事治安制裁体系的建构问题，但其实内部充满了矛盾与不协调之处，最终导致了劳动教养制度的废除与这种制裁体系的崩溃。其主要原因在于：

1.《刑法》与《治安管理处罚法》的处罚范围重合且条件不清。"2006年10月，位于深圳市N区的'温碧'发廊的老板李某（女），开始实施容留妇女卖淫的行为，16天后被抓获。该区人民法院根据刑法第359条的规定，以容留卖淫罪判处被告李某有期徒刑5年。被告不服，提出上诉，深圳市中级人民法院做出维持原判的裁定。同年12月，位于深圳市L区的另一家发廊的老板姜某（女），实施容留卖淫行为，18天后被抓获。该区公安局根据治安管理处罚法第67条的规定，对姜某处以15日拘留、5000元罚款的行政处罚。"[1]问题就出在两部法律关于容留卖淫的规定上：《刑法》第359条引诱、容留、介绍他人卖淫的，处5年以下有期徒刑、拘役或者管制，并处罚金；情节严重的，处5年以上有期徒刑，并处罚金。《治安管理处罚法》第67条规定引诱、容留、介绍他人卖淫的，处10日以上15日以下拘留，可以并处5000元以下罚款；情节较轻的，处五日以下拘留或者500元以下罚款。两部法律关于引诱、介绍、容留卖淫行为的规定完全一样，只有处罚的后果不同，这就给如何适用法律带来了巨大的困难。这样的重复或基本重复的规定在两部法当中还有许多，造成了巨大的混乱，也赋予了公安机关过大的权力，对一些原本应当属于刑事案件的犯罪行为进行治安处罚了事。

2. 劳动教养制度的存在本身缺乏合理性。我国《中华人民共和国立法法》（以下简称《立法法》）第8条规定"下列事项只能制定法律：……（四）犯罪和刑罚；（五）对公民政治权利的剥夺、限制人身自由的强制措施和处罚……"依据上述规定，限制、剥夺公民人身自由的强制措施和处罚必须由法律来规定，而劳动教养最高可剥夺公民人身自由长达4年之久，大大超过了作为主刑的管制和拘役，甚至超过了一些轻罪的刑罚。对于这样一项制度其存在的法律依据只是一些办法和决定，这明显违反了我国《立法法》的规定。同时在程序上也存在非常大的漏洞，公安机关自己即可决定对违法公民进行处罚，使违法人员无法得到来自其他部门和人员的救济。

3. 处罚的轻重层次没有很好的衔接。原本对"刑罚—劳动教养—治安处罚"这样的制裁制度设计的初衷是为了使整个违法犯罪制裁体系的结构更为合理，由三个轻重不同的层次构成，实现轻重行为的处罚全覆盖，避免出现法律空白地带和漏洞，但在处罚期限长短的设计上出现了明显的不协调。《刑法》当中所规定的自由刑中最轻的是拘役，而拘役的下限是1个月，那么与《刑法》相衔接的法律当中对自由的剥夺的上限应当与1个月相衔接。然而，劳动教养制度在被废除之前，其期限为1年~3年，最长的可以延长为4年，

---

[1] 刘仁文："治安拘留和劳动教养纳入刑法的思考"，载《国家检察官学院学报》2010年第1期。

显然不可能与《刑法》相衔接，而且其大量侵占了《刑法》的空间。如果用《治安管理处罚法》与《刑法》相衔接的话，那么行政拘留的上限为应该为1个月，这样才可能与刑法相衔接，但目前我国《治安管理处罚法》当中规定的行政拘留的上限为15日，显然与拘役的下限1个月还有一定的差距，这样就等于在法律规定上存在了空白。如果生活中没有危害性应当判处15日以上30日以下的行为，那么这个空白并无多大影响，但事实上一定存在这样的行为，因此无论对这种行为处以拘役还是行政拘留都不合适。而劳动教养制度不仅将这个空隙填满了，而且大大超过了边界，带来了更多的问题。

正是由于劳动教养制度的种种弊端，在无数学者长期的呼吁之下，终于在2013年11月12日，中共十八届三中全会发布了《中共中央关于全面深化改革若干重大问题的决定》，其中第34条提出，废止劳动教养制度，完善对违法犯罪行为的惩治和矫正法律，健全社区矫正制度。并最终于2013年12月28日闭幕的全国人大常委会上，通过了《关于废止有关劳动教养法律规定的决定》，这意味着已实施50多年的劳教制度被依法废止。

在劳动教养制度被废除后，我国的违法犯罪行为制裁体系变成了二元的"刑罚—治安处罚"体系。如前文所述，刑罚与治安处罚之间还有一个15日的空白地带，因此，用微罪制度来填补这个空白是比较合适的。但如果仅仅用微罪制度来发挥这样的作用显然是大材小用，其完全可以而且应当发挥更大的作用，承担更多的功能，包含更多的内容。

四、微罪的内涵

（一）行政拘留的犯罪化

在劳动教养制度被废除之后，除了刑罚之外，能够较长时间剥夺人身自由的就只有行政拘留了。行政拘留制度改革也许没有劳动教养制度的改革那样紧迫和强烈，因为与劳动教养动辄以年为单位剥夺公民自由相比，最多剥夺公民自由20天的行政拘留实在是小巫见大巫了。而且，由于行政拘留的性质属于行政处罚，不会对后续的生活带来如刑事处罚那么大的影响，因此即便出现一定的错误，所造成的影响也并不十分巨大，所以，行政拘留就变成了被人遗忘的角落了。

然而，并不是说较短的自由就不是自由。"死刑的实质在于一次性地剥夺生命，而生命其实是可以分解为无数个单元的。如果一个人生命中的某些部分可以不经正当合法程序就被限制或剥夺了，也就等于说他在这段时间里不自由。因此，在我国未来的法治之路上，我们要像重视生命权一样重视自由。"[1]经验告诉我们，但凡某项规则允许一定的例外存在，那么这个例外就会越来越大，至少会有越来越扩大的趋势。如果我们以种种的理由漠视行政权蚕食普通公民的人身自由，那么行政权就一定会有种种的理由去扩大这种权力。例如从《中华人民共和国治安处罚条例》转化为《治安管理处罚法》之后，处罚的权限范围与力度就得到了一定程度的扩张，在处罚的种类、处罚的裁量空间、处罚的幅度、处罚的范围和当场处罚权和收缴权等方面都得到了扩张。[2]所以我们必须事先从理论上划清行政权与司法权的界限，换言之，究竟行政权能否剥夺公民的人身自由？答案是否定的，只有司法权才可以剥夺公民的人身自由。

司法权是一个国家权力体系当中非常重要的一种权力，它虽然不像立法权和行政权那样具有主动性，但恰恰是其被动性的属性，使其在人权保障方面具有了不可替代的价值。司法权是指"依照法律以及依法律的运用和法律的原则建立起来的方法决定'案件'和'争议'的权力"[3]。司法权的核心行使机关一般认为是法院，在我们国家检察机关也可以行使一部分的司法权，但传统上警察绝对是被排除在司法权行使之外的。司法权当中一项非常重要的权能就是依据判决合法剥夺公民的人身自由和财产权利。其中"监禁权属于法院不可让渡与行政机关的权力，这就是监禁权专属原则，该原则是司法权独占性的必然要求"[4]。当然，有时迫于现实的压力，司法权独占性原则也并非完全牢不可破，"现在的行政机关有权判定特定案件中有无违法现象，有权依照程序处理违法者，有权允许某些人享受一般人所不能享受的特权；

---

〔1〕 卢建平："法国违警罪制度对我国劳教制度改革的借鉴意义"，载《清华法学》2013年第3期。

〔2〕 参见冀祥德、张文秀："治安管理处罚权的扩张与规制———治安法立法之视角"，载《山东警察学院学报》2006年第1期。

〔3〕 张建伟："司法权的独占性与劳动教养制度的存废"，载《河南省政法管理干部学院学报》2002年第3期。

〔4〕 张建伟："监禁权专属原则与劳动教养的制度困境"，载《法学研究》2008年第3期。

甚至有权罚款,决定金钱债务的判决。正式的行政程序更是法庭内的双方诉讼程序的仿制品,具有司法化的特点"[1]。但是,正如博登海默所说的那样:"人们赋予自由的那种价值为这样一个事实所证实,即监禁在任何地方都是作为一种刑事制裁手段加以使用的"[2]。

在世界许多国家,监禁公民的权力只能由司法机关独占。《荷兰王国宪法》第113条之(三)规定:"剥夺自由的判决只能由司法机关作出。"《德意志联邦共和国基本法》第104条(剥夺自由时的法律保障)第(二)项规定:"只有法官才能对准许或继续剥夺自由作出裁决。如果不依据法官命令作出剥夺自由时,应该立即获得司法裁决。警察不得擅自在扣押后第二天终了时继续扣押任何人。"第(三)项还规定:"任何人因违法嫌疑而被暂时拘留,必须在扣押后第二天内受法官审查;法官告知拘留的理由,对他进行查问并给予机会提出反对的理由。法官应当立即列举逮捕理由,发出逮捕令或命令解除拘留。"而在美国,通过"王温案"才使得不经审判任何人不能被剥夺人身自由的原则深入人心。"根据王温案的判例,作为处罚的监禁必须在刑事审判之后才能实施。王温一案的争议点是有部联邦法律规定,可以拘留非法居住于美国的中国人,不用司法审判,就可以关押他1年,强迫其做苦工。有个非美国籍的中国人被逮捕并押送到一个联邦委员会委员处,通过审讯该委员发现他是非法居住于美国的外国人,判他60天的监禁,强迫其做苦工。该法以及根据此法而采用的程序被宣告无效。虽然国会可以禁止外国人入境或直接驱逐外国人出境,但是如国会认为对这些外国人应当加以做苦工的不名誉处罚,以推行此政策,我们认为这种立法必须规定通过司法审判确定被告的罪行,否则无效。"[3]

世界性的有关人权的各项文件中也确定了监禁权的司法独占原则。《公民权利和政治权力国际公约》第9条的前3款规定:"一、人人有权享有人身自

---

[1] 张建伟:"司法权的独占性与劳动教养制度的存废",载《河南省政法管理干部学院学报》2002年第3期。

[2] [美] E. 博登海默:《法理学:法律哲学与法律方法》,邓正来译,中国政法大学出版社2004年版,第109页。

[3] 张建伟:"司法权的独占性与劳动教养制度的存废",载《河南省政法管理干部学院学报》2002年第3期。

由和安全。任何人不得加以任意逮捕或拘禁。除非依照法律所确定的根据和程序，任何人不得被剥夺自由。二、任何被逮捕的人，在被逮捕时应被告知逮捕他的理由，并应被迅速告知对他提出的任何指控。三、任何因刑事指控被逮捕或拘禁的人，应被迅速带见审判官或其他经法律授权行使司法权力的官员，并有权在合理的时间内受审判或被释放。"其中提到必须经法律程序方可逮捕或拘禁，虽然没有说是司法程序还是行政程序，但根据后文的表述来看，应当是依据刑事指控进行的逮捕和拘禁，不应当包含行政违法行为，所以这一条可以看作是对监禁权司法独占原则的规定。此外，在《保护人权与基本自由公约》中也有相关的规定，第5条规定"1. 人人享有自由和人身安全的权利。不得剥夺任何人的自由，除非依照法律规定在下列情况下：（1）由具有管辖权的法院作出有罪判决对某人予以合法拘留；……（3）如果有理由足以怀疑某人实施了犯罪行为或者如果合理地认为有必要防止某人犯罪或者是在某人犯罪后防止其脱逃，为了将其送交有关的法律当局而对其实施的合法的逮捕或者拘留；……3. 依照本条第1款第3项的规定而被逮捕或者拘留的任何人，应当立即送交法官或者是其他经法律授权行使司法权的官员，并应当在合理的时间内进行审理或者在审理前予以释放。"这其中更加明确地规定了，只有法院才可以给予某人合法拘留，即便是为了防止某人逃跑而实施的拘留，也应当立即送交法官或经法律授权的行使司法权的官员。

具体到我们国家的行政拘留制度，其在实体和程序方面分别存在着下列缺陷：

1. 实体方面。《治安管理处罚法》中第2条明确规定，"扰乱公共秩序，妨害公共安全，侵犯人身权利、财产权利，妨害社会管理，具有社会危害性，依照《中华人民共和国刑法》的规定构成犯罪的，依法追究刑事责任；尚不够刑事处罚的，由公安机关依照本法给予治安管理处罚"。因此，被治安处罚的行为一定是在社会危害性和严重程度方面低于犯罪行为的，那么根据罪刑相一致原则，对其科处的行政处罚也要相应地轻于刑罚。刑罚当中最轻的主刑是管制，刑期为3个月以上2年以下，行政拘留为1日以上15日以下。如果单从刑期上来看管制要重于行政拘留，但管制属于非监禁刑，而行政拘留属于监禁刑。法谚曰:"最小的身体刑也重于任意的金钱刑。"[1]依据这样的逻辑,金钱刑属于非监禁刑,我们也可以说"再轻的监禁刑也重于非监禁刑",所以行政拘留显然是要重于管制的。这样就可能出现违法行为受到的制裁反而要重于犯罪行为的情况,这很明显是不公正的,也将导致刑法与治安管理处罚法之间的衔接出现障碍。如果想要消除这种障碍,使二者实现无缝衔接的话,要么修改刑法,将拘役的下限改为 15 日,从而与行政拘留的上限相衔接;要么修改治安管理处罚法,将行政拘留的上限修改为 30 日。如果修改刑法,则仍然无法改变行政拘留超越管制的现状,如果修改治安管理处罚法,则会加剧行政拘留对刑法的侵占,而且对后一种情况出现的担心绝非空穴来风。在全国人大法律委员会《关于〈中华人民共和国治安管理处罚法〉(草案)修改情况的汇报》(2005 年 6 月 26 日)中指出:"草案第 12 条规定,对两种以上违反治安管理行为的行政拘留处罚合并执行的,最长不超过 30 日。有些常委委员和部门提出,按照刑法规定,对犯罪分子判处拘役的最低刑期为 1 个月。违反治安管理行为不构成犯罪,限制人身自由的时间应当低于《刑法》规定的最低刑期。法律委员会经同内务司法委员会和国务院法制办、公安部研究,建议将这一条规定的'最长不超过 30 日'修改为'最长不超过 20 日'。"[2]也就是说,在曾经的《治安管理处罚法(草案)》当中,是打算将合并执行的行政拘留期限制定为 30 日的。由此可见,对于行政拘留期限扩张的担忧绝非杞人忧天。

2. 程序方面。有学者概括的行政拘留在程序上的 3 个缺陷:"适用上的随意性、监督上的内部性、救济上的单一性。"[3]与刑事诉讼程序当中公安机关、检察院和法院的分工配合、监督制约不同,行政拘留的程序完全由公安机关单方主导,最终决定也只由公安机关单方作出,在整个程序中没有其他部门和机关能够进行监督制约,只能等待事后才可能进行救济,加之《治安管理处罚法》当中对于适用行政拘留的条件表述较为模糊,这就使行政拘留的适用有了很大的随意性。此外,《治安管理处罚法》第 114 条规定,"公安机关及其人民警察办理治安案件,应当自觉接受社会和公民的监督。公安机

---

[1] 张明楷:《刑法格言的展开》,法律出版社 2003 年版,第 278 页。
[2] 陈泽宪主编:《行政处罚与羁押制度改革研究》,中国政法大学出版社 2016 年版,第 58 页。
[3] 陈泽宪主编:《行政处罚与羁押制度改革研究》,中国政法大学出版社 2016 年版,第 58 页。

关及其人民警察办理治安案件，不严格执法或者有违法违纪行为的，任何单位和个人都有权向公安机关或者人民检察院、行政监察机关检举、控告；收到检举、控告的机关，应当依据职责及时处理。"社会和公民的监督自然是不具有操作性的，来自检察院和行政监察机关的监督虽然比较有力，但由于没有明确的程序性规定以及监督的滞后性，不可能及时实现。公安机关自身的监督则更加虚弱，基本等于没有监督。同时，一旦行政拘留的决定真的出现问题，救济方面也比较乏力。《治安管理处罚法》第107条规定，"被处罚人不服行政拘留处罚决定，申请行政复议、提起行政诉讼的，可以向公安机关提出暂缓执行行政拘留的申请。"无论是行政复议还是行政诉讼，都只是可能导致行政拘留的暂缓，在实践中这种情况发生的可能性并不大，所以这些也基本上都属于事后的救济，在行政拘留的决定过程中进行救济的余地很小。

也正是由于行政拘留具有上述一些问题，因此应当对其进行改造。单纯地取消是不可行的，最为合适的办法是将其司法化：

第一，将原本应当行政拘留的行为，全部纳入微罪范畴。由于这些行为在《刑法》当中大部分都有对应的罪名，可以直接按照《刑法》当中的对应罪名进行处罚并适用微罪的规定即可。

第二，修改拘役的刑期，从现在的1个月以上6个月以下调整为1日以上6个月以下，这样就可以完全包容行政拘留。

第三，在现有法院的框架内成立治安法庭或微罪法庭，专门用来审理微罪案件，审理微罪案件应适用专门的快捷程序。对于由公安机关所移送的治安案件的审理过程，除非有特殊情况，一般无需检察院介入，嫌疑人可以聘请律师，或在法庭配备值班律师。

第四，为了便于使公安机关能够更加迅速对违法案件进行处理，可以赋予公安机关对违法者先行处以拘禁的权力，但所处的期限不得超过1日~2日，其后必须马上将案件移送治安法庭或微罪法庭进行审理，并由法院做出最终裁决。

第五，对于法院判决不服者，可以上诉；如果认为这个过程当中公安机关和法院有不当行为的，也可以申请检察院进行监督。

在这个过程当中能够简化的程序都应当进行简化，以达到原本行政拘留所追求的效率目标。同时由于司法程序的保障，也可以使公正的目标更好实现。此外，辅之以前文所分析的前科消灭制度，可以将犯罪圈扩大所带来的消极影响降至最低。这样做也使得刑法和治安管理处罚法在处罚的对象上没有重复之处，真正做到分工明确又相互配合。

(二) 劳动教养的犯罪化

劳动教养制度从法律上已经被终结，但我们不能认为废除了法律也就没有了犯罪，只不过是处罚违法行为的制度消灭了，但客观的行为依然存在。由于我国《刑法》规定的入罪门槛较高，的确存在一些虽未达到犯罪门槛，但其危害性已经明显超过普通违法行为的准犯罪行为。对这些行为用刑罚处罚显得过重，用普通的行政处罚又显得过轻，不足以进行威慑，所以用劳动教养制度来规制这些行为。但由于上述种种的缺陷，劳动教养制度在我国已不复存在，那么如何处罚之前那些应当被科以劳动教养的行为就成了亟待解决的问题。

这个问题的出现和我国独特的"定性又定量"的立法模式有关。我国的这种模式的显著特征是在立法时不仅规定哪些性质的行为属于犯罪行为，还规定这样的行为达到什么样的程度时才构成犯罪，这在我国《刑法》当中表现为关于数额和情节的规定。某些行为本身的性质虽然属于犯罪，但由于其未达到关于数额或情节严重的规定，因此不构成犯罪，而这类行为在以前一般都由劳动教养制度进行处罚。在劳动教养制度被取消之后，这类行为的处罚目前处于空白状态。从世界范围来看，采取我国这种"立法定性又定量"模式的国家并不多，多数国家都是立法定性、司法定量，通过立法确定哪些行为属于犯罪行为，通过司法来确定这些符合法律规定的行为是否构成犯罪。相对于我国的模式而言，采取这种模式的国家的法官自由裁量权要大得多。通过这种模式可以很好地区分违法行为与犯罪行为，一方面，凡是刑法当中规定的行为，无论数额大小或情节轻重，通通属于犯罪行为，至于其最终是否被认定为犯罪则交由法官判断；另一方面，只要不是刑法当中规定的行为，则通通属于违法行为，不会受到刑事制裁。

我国可以参考这种模式对刑法进行改造，但这种改造对我国现行刑法体系及其理论的影响较大，较为可行的方法就是将这类行为纳入微罪当中进行处罚，也即在微罪当中对于原本属于劳动教养的行为进行规定，立法只负责定性而无需定量，其最终是否构成犯罪则由法官根据具体情况进行裁量。在劳动教养制度废除之前，下列行为会被处以劳动教养："（1）危害国家安全情节显著轻微，尚不够刑事处罚的；（2）结伙杀人、抢劫、强奸、放火、绑架、爆炸或者拐卖妇女、儿童的犯罪团伙中，尚不够刑事处罚的；（3）有强制猥亵、侮辱妇女，猥亵儿童，聚众淫乱，引诱未成年人聚众淫乱，非法拘禁，盗窃，诈骗，伪造、倒卖发票，倒卖车票、船票，伪造有价票证，倒卖伪造的有价票证，抢夺，聚众哄抢，敲诈勒索，招摇撞骗，伪造、变造、买卖国家机关公文、证件、印章，以及窝藏、转移、收购、销售赃物的违法犯罪行为，被依法判处刑罚执行期满后5年内又实施前述行为之一，或者被公安机关依法予以罚款、行政拘留、收容教养、劳动教养执行期满后3年内又实施前述行为之一，尚不够刑事处罚的；（4）制造恐怖气氛、造成公众心理恐慌、危害公共安全，组织、利用会道门、邪教组织、利用迷信破坏国家法律实施，聚众斗殴、寻衅滋事、煽动闹事、强买强卖、欺行霸市，或者称霸一方、为非作恶、欺压群众、恶习较深、扰乱社会治安秩序，尚不够刑事处罚的；（5）无理取闹，扰乱生产秩序、工作秩序、教学科研秩序或者生活秩序，且拒绝、阻碍国家机关工作人员依法执行职务，未使用暴力、威胁方法的；（6）教唆他人违法犯罪，尚不够刑事处罚的；（7）介绍、容留他人卖淫、嫖娼，引诱他人卖淫，赌博或者为赌博提供条件，制作、复制、出售、出租或者传播淫秽物品，情节较重，尚不够刑事处罚的；（8）因卖淫、嫖娼被公安机关依法予以警告、罚款或者行政拘留后又卖淫、嫖娼的；（9）吸食、注射毒品成瘾，经过强制戒除后又吸食、注射毒品的；（10）有法律规定的其他应当劳动教养情形的"。其中绝大部分行为都有相对应的罪名，因此纳入微罪之后可以直接适用相对应的罪名进行处罚，只需注明这是一个微罪即可。对于其中的卖淫、嫖娼、吸毒等可能予以行政拘留的行为，则可以参考前文所述的做法进行分流。

通过这种"定性不定量"的立法方式，将原本应当给予劳动教养的行为纳入微罪之中，通过刑事司法程序来决定这种行为是否构成犯罪并给予处罚。这样，犯罪行为与违法行为之间的界限就变得清晰了，刑法与行政法之间的界限也就被划分清楚了，衔接上既没有重叠也没有空白，整个法律体系也更为协调顺畅。

（三）其他犯罪

除了上述两类行为会被纳入微罪中，现行刑法当中法定最高刑为拘役的犯罪也将被纳入微罪之中，除此之外，基于实际的需要，我们还应当增设一系列的微罪罪名，这样才能够真正地织密刑事法网，实现"严而不厉"的立法目标。我国有的学者提出了所应当增设的罪名建议，张明楷教授认为"刑法还应当增设旧中国刑法典与国外刑法典几乎普遍规定了的传统犯罪，如暴行罪、胁迫罪、泄露他人秘密罪、侵夺不动产罪、公然猥亵罪、非法发行彩票罪、伪造私文书罪、使用伪造、变造的文书罪、盗掘坟墓罪、毁坏尸体罪等，以维护刑法的稳定性与正义性"[1]。周光权教授认为"如应考虑增加强制罪、暴行罪、胁迫罪、泄露私人秘密罪、公然猥亵罪、背信罪、侵夺不动产罪、伪造私文书罪等，还可以考虑借鉴《德国刑法典》第323条c的规定增设见危不救罪，将社会成员在危急情况下对他人的救助义务用法律方式确定下来"[2]。

具体应当增设哪些罪名还有很大的讨论空间，笔者在后文就几个本人认为应当增加的罪名进行了讨论，希望可以抛砖引玉，引起更多人对于微罪罪名的重视与研究。

五、微罪的处罚

前文已经介绍过，微罪的法定刑是拘役、管制和罚金，其中罚金可以并处也可以单处。审理微罪案件时，法官应当拥有相对于审理微罪之外的犯罪更大的自由裁量权，在具体决定刑罚的适用时，应当优先考虑适用单处罚金和管制等非监禁刑。由于微罪对于法益的侵害性相对较小，在适用刑罚时，应当更多地考虑行为人的人身危险性和再犯风险，人身危险性和再犯风险较小的，可以更多地考虑宣告无罪，因为即便最终认定为无罪，但适用刑事司法程序本身就已经意味着某种惩罚。另外，原则上对于实施了微罪行为的人在审判之前不予羁押，以避免出现实际宣判刑罚短于之前羁押期限的情况。

---

[1] 张明楷："刑事立法的发展方向"，载《中国法学》2006年第4期。
[2] 周光权："转型时期刑法立法的思路与方法"，载《中国社会科学》2016年第3期。

除此之外，原则上对于微罪案件一律不处罚未完成形态，前文已有论述，在此不再赘述。

在此还有一个问题值得讨论，即微罪的共犯人处罚范围究竟应该是什么？这个问题的思路与前文所讨论的未完成形态的处罚范围是一致的，也就是说不同的犯罪层次所处罚的共犯人范围是否一致？如果不一致那么各层次应该处罚的范围是什么？关于这个问题国外的犯罪分层制度当中已经有了相关的规定。例如在法国，对于违警罪的共犯人原则上是不处罚的，而对于轻罪和重罪的共犯人原则上要给予一定的处罚。意大利也有类似这样的规定。这样做的道理其实也很容易理解，在共同犯罪人当中危害性最大的当属正犯，相对于正犯而言共犯所造成的社会危害性和人身危险性都要更低，因此处罚的必要性也就更低，所以我们完全可以借助犯罪分层制度，将部分轻微犯罪的共犯人无罪化，这样既可以抵消犯罪圈扩大之后所造成的消极影响，同时可以节约一定的司法资源以便更有力地打击重罪及其共犯人。笔者的初步设想是微罪原则上不处罚共犯人；轻罪原则上只处罚教唆犯，因为在共犯人当中教唆犯的危害性显然要大于帮助犯，因此有必要对其进行打击；中罪和重罪则要处罚所有的共犯人。

综上所述，微罪的主要特征是：

1. 法定刑：主刑为拘役和管制，可单处罚金。
2. 未完成形态的处罚范围：不处罚任何未完成形态。
3. 管辖法院：一律由基层法院的治安（微罪）法庭管辖。
4. 诉讼程序：一律适用快捷刑事程序，独任审判，检察员可不参与。
5. 共犯处罚范围：微罪的共犯人一律不处罚。
6. 量刑：更多地考虑适用管制或罚金等非监禁刑，以一般预防为主。
7. 前科：不留前科。

第二节 其他犯罪层次

笔者设计的犯罪分层体系当中，微罪位于整个体系的最底层也最为重要，在其之上的还有轻罪、中罪和重罪。这些层次的犯罪在我国现有的刑法体系中均已有所规定，因此只需要进行一定的调整即可，而无需像微罪那样进行整体构建。

一、轻罪

由于本书的特殊分层安排，笔者所指的轻罪与其他学者所设计的轻罪制度并不相同，大体相当于其他学者所设计的轻罪制度中除去微罪的部分。轻罪的主要特征有：

1. 法定刑：法定最高刑为 3 年以下有期徒刑，但不包含微罪。
2. 未完成形态的处罚范围：只处罚犯罪未遂，不处罚犯罪预备与犯罪中止。
3. 管辖法院：一律由基层法院管辖。
4. 诉讼程序：轻罪一般都适用简易程序，如果犯罪嫌疑人认罪认罚的，可以适用刑事速裁程序。
5. 共犯处罚范围：原则上只处罚教唆犯。
6. 量刑：更多地考虑适用缓刑，以特殊预防为主。
7. 前科：规定较短的考验期，期满则前科消灭。

二、中罪

笔者不认同那种非轻即重的二元分层方法，也即一个国家的犯罪不能除了轻罪就是重罪，没有中间的过渡层次。本来"轻"与"重"都只是一个相对的概念，因此必须有一个相对的参照层次，这个层次就是中等程度的犯罪，简称中罪。另外，如果某一个犯罪层次的法定刑幅度过大，也会丧失犯罪分层的意义，因为犯罪分层本来就是为了对犯罪进行更为精细的划分，所以有必要在轻罪与重罪之间划分出一个中罪层次来。在我国这个层次是指法定最高刑为 10 年以下有期徒刑的犯罪，其基本特征是：

1. 法定刑：法定刑为 3 年以上 10 年以下有期徒刑。
2. 未完成形态的处罚范围：只处罚犯罪未遂与实行阶段的犯罪中止，不处罚犯罪预备与预备阶段的犯罪中止。
3. 管辖法院：一律由基层法院管辖。
4. 诉讼程序：一般都适用普通程序，如果犯罪嫌疑人认罪认罚的，可以适用相关的程序。

5. 共犯处罚范围：原则上处罚所有的共犯人。
6. 量刑：兼顾预防与报应。
7. 前科：规定较长的考验期，期满则前科消灭。

三、重罪

重罪在国外的犯罪分层当中具有特殊的地位和意义，因为其所适用的程序与其他层次的犯罪有着明显的差异，这也是重罪存在的主要意义之一。例如，在美国对重罪的审判往往要通过陪审团进行，而在法国对重罪的审判必须经过预审程序，而且要由重罪法庭进行审理。

然而在我国，犯罪分层的重要性主要体现在轻微犯罪方面，对重罪而言并没有太多特殊之处，因为我国既没有陪审团制度，也没有预审程序，更没有重罪法庭，重罪的特殊性除了在管辖级别上有所体现之外，并无不同。但我国对于重罪当中的死刑案件在程序上则较为特殊，除了审判级别更高、审判期限更长、审判标准更为严格之外，还有专门的死刑复核程序。也就是说，在我国的重罪当中，其实还可以再细分为两个层次，一个是法定刑不包含死刑的，一个是法定刑包含死刑的。我国有的学者提出了利用犯罪分层来控制死刑的设想："在犯罪分层中，单独设立'最严重犯罪'的犯罪层次，并明确这一层次的犯罪只能是蓄意而且结果为危害生命的暴力犯罪；然后在刑法总则中规定死刑只限于'最严重犯罪'（限制性条件），在分则中根据总则中'最严重犯罪'的含义限制可以设立死刑的罪名。从而在立法与司法两个方面实现对死刑的最大限度控制"[1]。关于什么样的犯罪才属于"最严重犯罪"，其也给出了一定的标准："在总则中明确规定死刑只用于'蓄意而且结果为危害生命的暴力犯罪'，除此以外的其他犯罪都不能规定死刑法定刑，更不能适用死刑。这个规定包括三个方面因素：1. 必须是蓄意犯罪。蓄意，指有预谋、有针对性地对特定人生命加以危害。这种蓄意可以表现为在实施其他犯罪过程中蓄意对他人生命的剥夺，如抢劫中杀人、绑架后杀人、放火杀人，等等。且这种故意不包括间接故意，也不包括激情杀人的情况。2. 必须是暴力犯罪。

---

[1] 叶希善："通过犯罪分层制度控制死刑"，载《中国人民公安大学学报（社会科学版）》2007年第1期。

暴力犯罪是所有犯罪类型中最血腥、最使人类心灵堕落的犯罪，因此在任何现代文明社会里都是最令人反感、最引起人类恐惧的犯罪。3. 结果为危害生命。在一个社会秩序稳定的国家里，个人利益应该优位于国家利益和社会利益；在一个文明而人道的社会里，个人生命应该优位与财产、名誉等利益。因此生命是所有利益中最重要的利益，危害生命的犯罪也当然是最严重的犯罪。这三个元素是有机结合的：形式上的暴力、主观上的蓄意、结果上的生命利益必须同时具备，才能是'最严重的犯罪'"[1]。笔者认同应当将死刑的范围限制在蓄意暴力危害他人生命的犯罪当中，这样就可以将死刑的适用限制在一个较小的范围之内，也符合人们的朴素正义观念。但实现这样的目的似乎并不需要通过犯罪分层就可以实现，因为我国刑法已经规定了死刑只适用于罪行极为严重的犯罪分子，其实只要明确何为罪行极为严重即可实现这样的目的。

笔者认为未来我国重罪的主要特征有：

1. 法定刑：10 年以上有期徒刑、无期徒刑和死刑。

2. 未完成形态的处罚范围：处罚所有未完成形态。

3. 管辖法院：可能判处无期徒刑和死刑的由中级人民法院管辖，其余的由基层法院管辖。

4. 诉讼程序：一般都适用普通程序，认罪认罚的适用相关规定。

5. 共犯处罚范围：处罚所有的共犯人。

6. 量刑：以报应为主，兼顾预防。

7. 前科：不得消灭，终生保留。

---

[1] 叶希善："通过犯罪分层制度控制死刑"，载《中国人民公安大学学报（社会科学版）》2007 年第 1 期。

第八章 建议增设的微罪研究

微罪的行为规制效果想要得到更好的发挥，就必须增加一定的罪名。从我国目前的情况来看，真正的微罪罪名只有三个，因此增加相应的罪名是首先应当考虑的。

第一节 背信罪

背信罪作为一种传统犯罪，在18世纪即见于一些大陆法系国家的刑法典中，英美法系国家亦有关于规制背信行为的刑法条文。我国历史上也曾出现过处罚背信行为的法条。例如，在1911年的《大清新刑律》和1912年的《暂行新刑律》当中均有关于背信罪的规定。此后，民国时期的多部刑法典，也均包含了背信罪的内容。新中国成立后，我国的法学理论传统从以德日为代表的大陆法系转向了苏联，加上社会主义改造和计划经济的建设，便没有了背信罪生存的土壤和空间，因此，至今我国再没有背信罪的相关规定。然而，随着我国社会主义市场经济的建立与日益完善，特别是在《中华人民共和国民法典》颁行的大背景下，民商事活动的日益频繁。大量背信行为的出现将会逐渐地侵蚀社会信用，引发人与人之间的不信任，严重妨害经济、社会的进一步发展。另一方面，虽然我国刑法规定了一些特殊的背信罪名，但不能涵盖所有严重危害公民财产、信用的背信行为，而民法、行政法的规制力度又不足以惩戒这些行为，由此造成相当一部分的背信行为不能得到有效的规制，给社会造成了一定的危害。因此笔者认为，有必要将背信行为作为一种微罪纳入我国刑法的范畴。

一、背信罪概述

背信罪，"亦称背任罪或违背任务罪，是指依法律、公务机关命令或法律行为为他人处理事务的人,为谋求自己或第三者的利益,或以损害他人的利益为目的,而违背其任务,致使他人财产遭受损失的行为"[1]。

关于背信罪,世界上许多国家和地区都在立法中进行了规定,具体如下:

我国澳门特别行政区《刑法典》第 217 条(背信罪)规定:"一、基于法律或法律上之行为,受托负起处分、管理或监察他人财产利益之任务之人,意图使该等利益有重大之财产损失,且在严重违反其所负之义务下,造成该等利益有重大之财产损失者,处最高 3 年徒刑或科罚金。二、犯罪未遂,处罚之。"[2]

《德国刑法典》第 266 条(背信)规定:"行为人滥用其依据法律、官方委托或法律行为所取得的处分他人财产或使他人负有义务的权限,或者违反其依据法律、官方委托、法律行为及因信托关系而负有的管理他人财产利益的义务,致委托人财产的利益遭受损害的,处 5 年以下自由刑或罚金刑。"[3]

《瑞士联邦刑法典》第 8 条(不忠实的经营)规定:"(1)依据法律、官方委托或法律事务,被委托管理他人的财产,或对此等财产管理进行监督,因其违背义务造成或放任他人对财产造成损害的,处监禁刑。作为业务领导者在无委托的情况下为上述行为的,处相同之刑罚。行为人以使自己或他人获得非法之财产利益为目的的,可处 5 年以下重惩役。(2)以使自己或他人非法获利为目的,依据法律、官方委托或法律事务给予的授权而为某人之代表,滥用代表权,使得被代表人受到财产损失的,处 5 年以下重惩役或监禁刑。(3)不忠实地为财产管理,造成亲属或家庭成员遭受财产损失的,告诉乃论。"[4]

《奥地利联邦共和国刑法典》(2002 年修订)第 153 条(背信)规定:"(1)根据法律、官方委托或法律行为,有权处分他人财产,或对他人负有义务,有意识地滥用其权利,使他人对财产遭受损失的,处 6 个月以下自由刑,或 360 单位以下日额金的罚金刑。(2)行为造成 2 千欧元以上损失的,处 3

---

[1] 张明楷:《外国刑法纲要》,清华大学出版社 2007 年版,第 621 页。
[2] 中国政法大学澳门研究中心、澳门政府法律翻译办公室编:《澳门刑法典澳门刑事诉讼法典》,澳门政府法律翻译办公室译,法律出版社 1997 年版,第 82 页。
[3] 《德国刑法典》,徐久生译,北京大学出版社 2019 年版,第 191 页。
[4] 《瑞士联邦刑法典》,徐久生、庄敬华译,中国方正出版社 2004 年版,第 52 页。

年以下自由刑；行为造成 4 万欧元以上损失的，处 1 年以上 10 年以下自由刑。"[1]

《日本刑法典》第 247 条（背任）规定："为他人处理事务的人，以谋求自己或者第三者的利益或者损害委托人的利益为目的，实施违背其任务的行为，给委托人造成财产上的损害的，处 5 年以下惩役或者 50 万元以下罚金。"第 250 条（未遂罪）规定："本章犯罪的未遂，应当处罚。"[2]

《加拿大刑事法典》第 336 条违反信托罪规定："作为他人的托管人对某物使用或收益，或者为公共或慈善目的，意图欺诈或违背信托侵占未经委人允许使用的物品及其部分，构成可诉罪，处 14 年以下监禁。"[3]

《美国模范刑法典》第 224·13 条规定："对于当作受托者而被信托之财物或政府或金融机关之财物，明知其方法系违法并使该财物之所有人或信托财物之受益人遭受损失或损害之重大危险，而使用或处分之者，即系犯罪……受托者包括被信托人、监护人、遗嘱执行人、破产管理人及为受托人之法人或其他组织执行受托人业务之人在内。"[4]

《韩国刑法典》第 355 条（侵占、背信）规定："（一）保管他人财物者，侵占其财物或者拒不返还的，处五年以下劳役或者 200 万元以下罚金。（二）处理他人事务者，以违背其任务的行为，取得财产上之利益或者使第三人取得，致使本人受害的，处罚同前项。"第 356 条（业务上的侵占与背信）规定："违背业务上的任务而犯前条之罪的，处 10 年以下劳役或者 200 万元以下罚金。"第 359 条（未遂犯）规定："第 355 条至第 357 条的未遂犯，亦予处罚。"[5]

2003 年修订的《俄罗斯联邦刑法典》第 165 条（以欺骗或滥用信任的手段造成财产损失），"以欺骗或滥用信任的手段使财产所有人或其他占有人受到财产损失，但无侵占财产罪要件的，处数额为 8 万卢布以下或被判刑人 2 个月以下的工资或其他收入的罚金；或处 120 小时以上 180 小时以下的强制

---

[1]《奥地利联邦共和国刑法典》，徐久生译，中国方正出版社 2002 年版，第 62 页。
[2]《日本刑法典》，张明楷译，法律出版社 2006 年版，第 91 页。
[3]《加拿大刑事法典》，卞建林等译，中国政法大学出版社 1999 年版，第 212 页。
[4] 萧榕主编：《世界著名法典选编·刑法卷》，中国民主法制出版社 1998 年版，第 71 页。
[5]《韩国刑法典及单行刑法》，[韩] 金永哲译，中国人民大学出版社 1996 年版，第 56 页。

性社会公益劳动；或处 1 年以下的劳动改造；或处 4 个月以下的拘役；或处 6 年以下的剥夺自由。"[1]

从上述国家立法的情况来看，背信罪基本属于较为严重的犯罪，所规定的法定刑多数在 3 年以上，处罚较轻的是俄罗斯，主要以拘役和强制劳动为主，但也可能被判处 6 年以下的有期徒刑。背信罪的设置与各国经济发展的状况有关，因为背信行为主要发生在市场经济制度的国家当中，是违反信任与契约的犯罪，对俄罗斯这种由计划经济转为市场经济时间并不长的国家来说，背信罪可能并非打击的重点。

二、增设背信罪的必要性

关于我国是否有必要增设背信罪，理论上存在着赞成与反对两种立场。持赞成意见的学者认为，首先，背信行为具有严重的社会危害性，侵蚀社会信用良性发展的空间，应当运用刑罚予以惩戒；其次，目前关于背信行为的罪名只适用于特殊领域或特殊主体，难以涵盖所有严重的背信行为，在民法、行政法规制不力的情况下，导致许多背信行为游离在法律规制之外；最后，我国的一些行政刑法中存在着关于特别背信行为的规定，但由于现行刑法不存在与之对应的罪名，导致这些规定成为一纸空文。[2]持反对意见的学者认为我国目前没必要设立背信罪，理由在于，其一，我国虽然没有设立普通背信罪，但设立了一些特殊背信罪，只不过尚未使用"背信"的概念而已；其二，我国现行刑法所规定的特殊背信罪能够涵盖德日刑法所规定的绝大部分普通背信行为，无法纳入规制范围的只是小部分的背信行为；其三，由于背信罪中存在着内涵不清、外延较广的构成要件要素，且涵盖的范围较广，有沦为口袋罪的风险。[3]

笔者认为，虽然反对意见确实存在着一定的道理，但这不足以成为我国否认背信罪的理由。考虑到我国现行《刑法》规制背信行为不力的现状及社会主义市场经济健康发展的需要，我国仍有增设背信罪的必要，理由如下：

---

[1]《俄罗斯联邦刑法典》，黄道秀译，中国法制出版社 2004 年版，第 84 页。
[2] 参见李飞艳："中外刑法上的背信犯罪研究"，载《山西警官高等专科学校学报》2003 年第 4 期。
[3] 参见刘明祥：《财产罪比较研究》，中国政法大学出版社 2001 年版，第 409~411 页。

第一，背信罪的适用范围更广。如前所述，虽然不能认为我国在规制背信行为的立法方面处于一片空白，但目前存在的规制背信行为的法条只能惩戒特殊领域或特殊主体的背信行为，仍有大量的严重背信行为不能得到有效的规制，危害公民财产安全与社会主义市场经济的健康发展，且使得社会信用状况进一步恶化，带来许多衍生危害。如果说因为之前我国市场经济发展水平较低，尚无需增设背信罪来打击背信犯罪，那么现今我国经济和社会的发展水平已经决定我国有必要增设背信罪，这既符合我国经济发展的需要，也是严密法网的必然要求。

第二，背信行为具有较强的刑事可罚性。无论是根据何种理论，背信行为都破坏了信任关系与诚实义务，严重侵害了公民的合法财产，造成社会信用状况恶化，而市场经济一定是建立在信用基础之上的，没有良好的信用基础和人与人之间的信任，我国的市场经济难以得到充分的发展。此外，在许多场合，由于委托人将价值相当高的财物或财产利益交予受托人处理，一旦受托人实施背信行为，所造成的损失不低于抢劫、盗窃、诈骗等这些常见的财产犯罪，所以从惩罚与预防的角度来说，也有必要增设此罪。

第三，背信罪在理论上存在的一些争论不能成为我国不增设背信罪的理由。事实上，如前所述，许多国家或地区并没有因为存在一些理论上的争论便放弃设立背信罪，反而通过归纳理论上有力的观点与总结判例经验来解释背信罪的构成要件要素，划定合理的刑事打击范围。此外，背信罪的设立也使得这些国家或地区能有效应对实践中形形色色的背信案件，及时惩戒行为人。如日本的"伊藤万"事件、西门子前高管莱恩哈特·西卡泽克背信案以及我国台湾地区郭廷才贪污背信案等。[1]不赞同增设背信罪的另一个理由是我国执法、司法人员水平有限，如果设立背信罪，很容易导致该罪沦为口袋罪的严重后果。对此，笔者认为我国可以借鉴德国的做法。德国自设立背信罪以来，争议从未停歇，尤其针对其是否违背宪法的明确性要求而有着旷日持久的争论，但德国人没有"因噎废食"，认为有违宪的风险就彻底废除背信罪，而是从刑法教义学的角度严格从每个构成要件进行限制性解释，避免其

---

[1] 参见黄鑫:"从'老鼠仓'事件谈增设背信罪之必要"，载《中国刑事法杂志》2009年第2期。

成为口袋罪。[1]

三、立法建议

有学者曾设计过具体的背信罪规定："为他人处理事务的人，意图为自己或者第三人牟取利益或者以加害委托人为目的，实施违背其任务的行为，造成委托人财产上损害的，处 7 年以下有期徒刑或者拘役，可以并处或者单处罚金；造成委托人财产上特别重大损害的，处 7 年以上有期徒刑，并处罚金"[2]。笔者认为这样的法定刑显然过重，与我国的实际情况不符。虽然世界上其他国家对背信罪所设定的法定刑普遍较高，绝大多数都在 3 年以上有期徒刑，但这并不代表我国也要如此。因为其他国家有较长的市场经济发展历史，有深厚的契约精神和相应的文化传统，也有非常完善的信用制度，在这种情况之下，对于背信行为从重处罚是可以理解和接受的。然而我国的情况恰恰相反，虽然我国建设社会主义市场经济也有近 40 年的历史，但相对于其他国家仍然属于刚刚起步，契约精神不足，也没有与之相匹配的文化传统和信用制度建设。目前社会上现有的背信行为，绝大部分也是作为民事案件处理，如果突然将这种行为作为一种严重犯罪进行打击的话，可能国民很难接受，从可行性的角度考虑，结合笔者前文所作的犯罪分层设计，将其作为微罪从而纳入微罪制度当中是最为可行的办法，这样既有利于刑罚发挥其威慑功能，也有助于发挥刑法的规范和引导作用，更好的规范市场经济秩序和交易行为。

另一方面，我国已经存在着诸如非法经营同类营业罪，徇私舞弊低价折股、出售国有资产罪，背信损害上市公司利益罪，背信运用受托财产罪等特殊的背信类罪名，这类罪名的基准法定刑一般都是 3 年以下有期徒刑或拘役，因此将背信罪作为一个背信类犯罪的一般罪名并配备相对特殊罪名更轻的法定刑也符合特殊罪名与一般罪名之间的关系原理，不会出现罪刑失衡的情况。特殊罪名规制严重的背信行为，背信罪规制一般的背信行为，从而使得刑法能够更好地应对这类行为。

---

[1] 参见谢焱："背信罪的法益研究"，载《政治与法律》2016 年第 1 期。
[2] 张明楷："关于增设背信罪的探讨"，载《中国法学》1997 年第 1 期。

笔者认为，可以将背信罪规定如下：依照法律、合同或命令为他人处理事务者，意图为自己或第三人牟取利益或以加害他人为目的，滥用其权限或者实施违背任务、诚信的行为，使他人财产上遭受重大损失的，处拘役或管制，单处或并处罚金。

第二节　暴行罪

一、暴行罪概述

随着社会的不断发展，暴行伤害现象屡见不鲜，但在我国的《刑法》中却并没有关于暴行罪的相关规定。传统刑法中的伤害不仅要求"伤害行为"，还要求较为严重的"伤害结果"作为故意伤害罪的定罪标准，而暴行违法行为因为没有造成严重的伤害结果而无法对其定罪量刑，这不利于保护公民的人身权利，甚至纵容了暴行违法行为。暴行罪在许多大陆法系国家和英美法系国家都有相关的规定，而我国在关于暴行的刑法规定上有一定的缺失，因此我们应当借鉴他国的经验，把暴行纳入微罪范畴。

1. 日本。《日本刑法典》第 208 条对暴行罪进行了相关的规定："实施暴行而没有伤害他人的，处 2 年以下惩役、30 万元以下罚金或者拘留或者科料。"[1]

日本的暴行罪当中所规定的暴行违法行为是指行为人所实施的有形的物理性暴力行为，包括殴打、捆绑等在我们日常生活中常见的伤害行为，也包括用电刺激、光刺激、噪声刺激等对人体进行的伤害行为。然而语言侮辱、心理恐吓等行为则不被认为是暴行罪的行为方式。成立本罪不要求造成伤害后果，如果造成了伤害后果则会被认定为第 204 条的伤害罪。

我国《刑法》可以借鉴之处在于，增设暴行罪于刑法典之中，并将其规定为行为犯，这样故意伤害罪就相当于暴行罪的结果犯，两罪之间的关系类似于危险驾驶罪和交通肇事罪之间的关系。

2. 美国。美国的刑法将伤害罪规定为三种，分别是试图伤害、殴打和重

---

[1]《日本刑法典》，张明楷译，法律出版社 2006 年版，第 76 页。

伤三种行为。其中，试图伤害和殴打都属于轻罪，重伤属于重罪。试图伤害和殴打行为的区别在于是否真正实行了物理行为，试图伤害主要是指心理上的准备、试图的思想，而殴打则是具体付诸了行动，有实际的物理力作用于被害人的身体上。殴打和重伤的区分点在于是否造成了严重的危害结果，前者是有殴打的行为而未造成严重的危害后果，后者则是给被害人造成了严重的人身损害或精神损害，造成了较为严重的危害结果。[1]

据此比较分析，我们所说的暴行罪应当对应美国的殴打行为，即有殴打的行为但未造成严重伤害结果的行为。

3. 英国。在英国刑法中有两个常见的罪名分别是普通威胁罪（assault）和殴打罪（battery），其在英国刑法的伤害罪中占据重要地位。但这两个罪名的含义是不同的，"有时'威胁'一词在制定法中表示'威胁与殴打'，而在另外一些场合这两个词都被使用。这是制定法用语中的混乱之处"[2]。普通威胁罪不要求身体的实质接触，只要求行为人的行为给被害人造成了心理上的恐慌即可，犯罪的主观方面可以是故意也可以是轻率，而殴打罪则要求行为人与被害人之间有实质的身体接触，有具体的殴打动作作用于被害人身体之上，但并不要求造成严重的伤害结果，即只要有殴打行为即可入罪。行为人既可以使用自己的行为力使受害人受伤也可以借助工具、他人之力使被害人遭受伤害，其入罪范围较宽。

4. 其他国家。《瑞士联邦刑法典》第126条规定："（1）殴打他人未造成身体或健康损害的，处拘役或罚金刑。此犯罪告诉乃论。"[3]

《意大利刑法典》第581条第1款规定："殴打他人的，如果造成身体的或者精神的病患，经被害人告诉，处以6个月以下拘役或者309欧元以下罚金。"[4]由此可见，意大利刑法中也将暴行罪规定为亲告罪，并规定其刑罚为拘役或罚金。

---

[1] 参见赵秉志主编：《英美刑法学》，科学出版社2010年版，第303页。
[2] [英] J.C. 史密斯、B. 霍根：《英国刑法》，李贵方等译，法律出版社2001年版，第448页。
[3] 《瑞典刑法典》，徐久生、庄敬华译，中国方正出版社2004年版，第45页。
[4] 《最新意大利刑法典》，黄风译注，法律出版社2007年版，第196页。

二、增设暴行罪的必要性

目前我国《刑法》存在的结构性问题是犯罪圈较小，入罪门槛较高，刑罚较为严厉，也即通常所说的"厉而不严"。此现象造成的结果就是在日常生活中许多违法行为不能得到有效的规制，比如一些暴力行为未造成严重的伤害结果，不能认定为故意伤害罪。而国外的刑法是一种"严而不厉"的结构，入罪门槛低，许多行为都被规定为犯罪，注重从细节上控制违法行为的发生。我国这种刑法结构相较于国外而言有利有弊。有利的方面在于被贴上犯罪标签的人较少，更加节省司法资源。但弊端在于，会有很多违法行为无法得到有效的规制和惩戒，可能会使违法行为逐渐发展成犯罪行为。因此我国有必要增设暴行罪。

第一，增设暴行罪有利于更好地保障人权。在我国《刑法》中规定，犯罪情节显著轻微的不认为是犯罪，所以在司法实务中，经常以被害人遭受到严重损害与否作为情节轻微或严重的评判标准。被害人的身体或心理受到严重危害则认为是情节严重或恶劣，未给被害人造成严重的危害结果则认为是情节显著轻微，行为人的行为即不被认为是犯罪。这种以结果倒推行为的方法显然是不合理的，而应当以行为人的具体行为本身的情节作为客观的判断标准来进行评价，特别是对于暴力犯罪这种典型的自然犯来说，有没有造成严重的危害后果并不影响行为的性质，一个暴力行为即便没有造成严重的后果其依然属于暴力行为，具有刑事的可罚性。布莱克斯通就认为"法律未对暴力划分等级，因此严禁哪怕是最轻微、最微不足道的暴力侵害。每个人的人身都是神圣不可侵犯的，任何人无权以最微弱的方式触及他人"[1]。只有当轻微的暴力行为被禁止之后，才有可能更好地杜绝严重暴力行为的发生。只有这样才能够更好地规制暴力行为，从而达到更好地保障人权的目的。

第二，增设暴行罪有利于适应新时期的生活方式。当前，我国已经从一个落后的农业国转化为初步工业化的国家，城市和城市人口已经在我国占据多数。"打人不入刑越来越不适合城市生活。城市生活里彼此是陌生的，如果不把这种情况作为犯罪，它会少一个门槛，一个防止其他重罪的门槛。因为

---

[1] [英] J.C.史密斯、B.霍根：《英国刑法》，李贵方等译，法律出版社2001年版，第447页。

一般的拉扯、打人可能是更重犯罪的表现和预演。"[1]我国的主要矛盾也由过去的人民日益增长的物质文化需要同落后的社会生产之间的矛盾转化为了人民日益增长的美好生活需要和不平衡不充分的发展之间的矛盾。同样，我们的《刑法》也不能仅仅满足于保障人民免受严重暴力行为的侵害，而应当顺应人民群众对于更加美好生活的要求，保障人民免受任何形式的暴力行为的侵害。暴行罪的设置就可以很好的实现这一目标。

第三，增设暴行罪顺应我国《刑法》从"厉而不严"向"严而不厉"的转化。我国传统的刑法结构是"厉而不严"，犯罪圈虽然较小但起刑点较高，从现在社会发展的情况来看，这种刑法结构已经明显不能适应时代的发展需求。现代社会人们之间的严重冲突虽然仍然存在，但更多的是较为轻微的违法犯罪行为。同时由于科技和生产方式的进步，也带来了许多新的风险和问题，这些风险和问题并不十分严重但却十分频繁的发生，严重地影响着人们的安全感和社会秩序，经常出现在我们身边的暴力行为便是其中之一。对于这些问题仅仅通过行政法规进行约束和惩罚显然已经不够。在新的形势面前《刑法》必须有所作为，改变原有的结构，扩大犯罪圈，实施犯罪分层是一个较为理想的应对办法，而增设暴行罪则是其中的应有之义。

三、立法建议

笔者认为可以在《刑法》第234条故意伤害罪后再增加一款来规定暴行罪，并规定较轻的法定刑，纳入微罪的范畴，适用所有微罪的规则，具体规定为：以殴打或其他暴力行为侵害他人，情节严重的，处拘役或管制，单处或并处罚金。

---

[1] 曲新久："中国人为啥历来不把打人当回事"，载 http://inews.ifeng.com/mip/48497915/news.shtml，最后访问时间：2020年8月21日。

第三节 强迫罪

一、强迫罪概述

在中文的表述中,"强迫"可以细分为两层含义:一是强制,一是胁迫。"强制"指的是用某种强迫的力量或行动对付阻力或惯性,以压迫、驱动、达到或影响使别人服从自己的意志。"胁迫"通常认为就是威胁强迫。"强迫"则表述得较为口语化,通常指施加压力使对方服从或迫使对方屈服于压力。

在《治安管理处罚法》中,第 40 条规定"组织、胁迫、诱骗不满 16 周岁的人或者残疾人进行恐怖、残忍表演",第 41 条规定"胁迫、诱骗或者利用他人乞讨的",都属于以强迫威胁的手段使得对方实施本没有义务实施的行为,这里的表述符合"胁迫"的定义。第 42 条规定"以写恐吓信或者以其他方法威胁他人人身安全"的行为也属于侵犯人身权利、财产权利的行为,此处的"威胁"可以理解为"强迫对方容忍或接受某种非义务的行为"。《刑法》中涉及"胁迫""强制""强迫"的语义使用则比较确定,基本集中于强制猥亵罪、抢劫罪、强迫交易罪、强迫职工劳动罪等具体的罪名中。

纵观各个国家及地区的立法例与司法实践,尤其是大陆法系的刑事立法经验,关于强迫类犯罪的立法模式主要有两种,一种是将"强制罪"与"胁迫罪"分列为两种罪名,另一种是将二者规定于同一条文中。

1. 强制罪

强制罪在日本又称为"强要罪"。《德国刑法典》是典型的将"强制罪"与"胁迫罪"分别规定的国家。《德国刑法典》第 240 条规定了强制罪:"非法使用暴力或以恶行相威胁,强制他人为一定行为、容忍或不为一定行为的,处 3 年以下自由刑或罚金刑。"[1] 日本的规定相比而言更细致具体,《日本刑法典》第 223 条规定了"强要罪",即"以加害生命、身体、自由、名誉或者财产相通告进行胁迫,或者使用暴行,使他人实施并无义务实施的事项,或者妨害他人行使权利的,处 3 年以下惩役。以加害亲属的生命、身体、自

---

[1]《德国刑法典》,徐久生译,北京大学出版社 2019 年版,第 172 页。

由、名誉或者财产相通告进行胁迫,使他人实施并无义务实施的事项,或者妨害他人行使权利的,与前项同。前两项犯罪的未遂,应当处罚"[1]。由此可见,两国虽对条文有不同表述,但亦有一定共性,即都将强迫性行为概括为以暴力、胁迫方法强迫他人作为或不作为,并将其归于侵犯个人自由与安宁的犯罪类型中。只是相比较而言,《日本刑法典》将侵犯意志自由的犯罪行为以"强要罪"这一概括罪名归纳,但是并未如《德国刑法典》那样将"意志决定自由"与"身体决定自由"加以特别区分。"关于强制的结果,德国、意大利、瑞士等国刑法规定有三种情况:(1)使他人实施没有义务实施的行为。如强迫他人借财物给自己,强迫他人在较长时间内将物品顶在头上等。(2)强迫他人容忍某种行为。例如,行为人合法借走他人财物后,过了归还期没有归还,却以暴力、胁迫方法强迫他人容忍自己延期归还。(3)强迫他人不实施有权利实施的行为,或者说妨碍他人行使权利的行为。例如,以暴力、胁迫方法妨碍他人从事正当的娱乐活动。"[2]

2. 胁迫罪

大陆法系比较强调"胁迫罪"侵害的法益单纯是"意思决定自由",因此往往区别于"强制罪"而予以单独规定。如《德国刑法典》第241条规定胁迫罪"以对被害人本人或与其亲近者犯重罪相威胁的,处1年以下自由刑或罚金刑。违背良知、谎称即将对被害人本人或与其亲近者犯重罪的,处与第1款相同之刑罚"。[3]《日本刑法典》第222条规定:"以加害生命、身体、自由、名誉或者财产相通告威胁他人的,处2年以下惩役或者30万元以下罚金。以加害亲属的生命、身体、自由、名誉或者财产相通告胁迫他人的,与前项同。"[4]二者相比而言,德国强调这种胁迫的严重性,须达到"以犯重罪相威胁",并且将"违背良知"也作为其中一项考察因素,也说明行为人的胁迫行为需要达到一定"众所周知"的严重性。日本对于胁迫罪的规定反而更为简洁明确,只强调了这种"加害告知"足以被对方所接受即可。胁迫与暴力有相似之处,但并不相同。一般来说胁迫有三种不同的种类,第一种是

---

[1]《日本刑法典》,张明楷译,法律出版社2006年版,第82页。
[2] 张明楷:《外国刑法纲要》,法律出版社2020年版,第437页。
[3]《德国刑法典》,徐久生译,北京大学出版社2019年版,第172页。
[4]《日本刑法典》,张明楷译,法律出版社2006年版,第82页。

最广义的胁迫,指一切以恶害相通告的情况。第二种是狭义的胁迫,是指加害的内容限于特定种类的情况。第三种是最狭义的胁迫,是指不仅引起了对方的恐惧心理,而且达到了足以压制对方反抗的程度。[1]

而在英国刑法中,还有胁迫罪与加重胁迫罪的细分。英国刑法中的胁迫罪,是指"故意地或者放任地引起被害人感受到立即的、非法的针对其人身的暴力的行为。本罪在客观方面表现为行为人实施了使被害人感受到紧迫的、非法的、针对其人身的暴力行为"[2]。加重胁迫罪,是指具有下列情形之一的胁迫罪:"第一是基于抗拒合法逮捕的胁迫罪;第二是针对执行职务的警察的胁迫罪;第三是引起实际身体伤害的胁迫罪。该罪客观方面表现为对他人进行胁迫,并引起了他人实际的身体伤害的行为。具体包括两个方面的内容:第一是对他人进行胁迫,这是犯罪客观方面的前提。第二是对他人的胁迫引起了他人身体上的实际伤害。实际上的伤害,是指一切损害被害人人身健康的伤痛。伤痛不需要是严重的和永久的,但如果造成的伤害是微不足道和瞬息而过的,那么,不能构成本罪"[3]。

二、增设强迫类犯罪的必要性

本章之前已经提到,无论是强制罪还是胁迫罪,其保护的法益都是"意志决定自由",而我国现有的刑事司法体系不足以规制现实生活中所有的强制与胁迫行为,对于许多侵害"意志决定自由"的行为听之任之,这显然是刑事法律体系的漏洞。尤其是其中具有严重危害性的行为,由于无法可依而得以逃脱刑罚手段的调整,这显然也不符合我国刑法结构调整的"严而不厉"的基本方向。因此,应当考虑将强迫类行为纳入刑法的范畴进行处罚。

1. 有利于保障公民自由。自由作为仅次于生命、身体的个人重要法益,是各国受宪法所保护的一项基本人权。在文明的社会环境下,对于那些侵犯私人自由的行为应当作出严厉的否定性评价。而且越是强调尊重个人、保障人权、以人为本的社会,刑法也会越重视对于其公民个人自由的保护。我国

---

[1] 参见张明楷:《外国刑法纲要》,法律出版社2020年版,第434~435页。
[2] 赵秉志主编:《英美刑法学》,中国人民大学出版社2004年版,第284页。
[3] 赵秉志主编:《英美刑法学》,中国人民大学出版社2004年版,第285页。

刑法当中比较重视对公民人身自由的保护，规定了绑架罪、非法拘禁罪和拐卖妇女儿童罪等侵犯公民人身自由的犯罪，但却没有规定侵害公民意志自由的犯罪，这就导致我国刑法在保障公民意志自由方面存在着结构性的缺陷，使得对公民自由的保护不完整，这需要通过增设相应的罪名才能将这一短板补上，以便更加全面地保护公民的自由权利，实现自由保护的全覆盖。

2. 有利于完善不法行为的处罚结构。在取消了劳动教养制度之后，我国目前的违法制裁体系为"治安处罚-刑罚"的二元制裁体系，原来由劳动教养制度处罚的行为，现在只能由治安处罚代替。然而这种处罚力度显而易见是不足的。相对于刑罚的处罚而言，治安处罚对于违法犯罪人的震慑力度是不够的，导致了不法行为的成本过低。虽然刑法当中对于一些特殊的强迫行为有所规定，但这些罪名都是保护公民人身自由的犯罪，并且往往要求达到一定的严重程度和情节，否则不认为是犯罪，这显然不利于保护我国公民的意志自由。而对公民意志自由为数不多的保护也基本都局限于治安处罚中，力度又明显不足，因此在刑法中增设保护公民意志自由的微罪是较为合适的。

3. 有利于司法实践中疑难案件的处理。在我国目前的刑法体系下，如果强迫他人从事某种犯罪行为，尚可依据共同犯罪的理论进行处理，但如果是强迫他人从事某种合法行为处理起来便于法无据，甚至作为一般违法行为进行规制都比较困难。虽然被强迫者从事的是合法行为，但一方面违反了其本人的意愿，另一方面也可能会对社会造成其他危害，例如强迫他人撤诉的。如果规定了强迫类的犯罪，那么这些问题都将迎刃而解。

三、立法建议

虽然世界上有些国家的确是将胁迫罪与强制罪分开进行立法，但我国由于没有精细区分犯罪行为的传统，所以可以考虑将这两种行为规定在一个罪名中，笔者称之为"强迫罪"。这样做既避免了理论上对于二者的过度区分，也避免了实践当中关于犯罪行为定性的混乱。构成本罪不需要造成严重的结果，但也要求达到一定的严重程度，因此本罪应当属于行为犯。另外，对于强迫行为不需要作过于具体的规定，因此，笔者认为强迫罪的具体规定为：以威胁、强制等手段，迫使他人实施或不实施某种行为，情节严重的，处拘役或管制，单处或并处罚金。

第四节　妨害业务罪

一、妨害业务罪概述

近些年，我国开始有一些学者提出应当增设妨害业务罪，主要原因在于我国出现了一些传统罪名和理论无法应对的案件。张明楷教授将这类案件概括为三种类型：第一种类型表现为利用威力妨害业务，实践中通常表现为使用暴力阻碍正常生产经营的行为；第二种类型表现为使用诡计妨害业务，实践中通常表现为网络上的恶意注册或恶意干扰生产经营活动的行为；第三种类型表现为利用电子计算机妨害业务，实践中通常表现为恶意刷单的行为。[1]这些行为按照我国目前的刑法规定的确难以规制。第一类行为由于阻碍的对象不是公务行为因此无法认定为妨害公务罪，如果没有出现轻伤以上的后果，又不属于严重扰乱公共秩序的行为，则现行刑法的确难以处罚。第二类行为没有任何暴力因素，纯粹使用诡计来干扰他人的经营活动，在行为人主观上没有非法占有的目的时也很难规制。第三类行为当中由于涉及的计算机系统并非国家事务、国防建设、尖端科学技术领域的计算机信息系统，加之并没有破坏信息系统的行为，因此无法以计算机类的犯罪处罚。

这类行为在日本被规定为妨害业务类犯罪，《日本刑法典》第233条后半段（诡计妨害业务罪）规定，散布虚伪的传言或者使用诡计，妨害他人业务的，处3年以下的惩役或者50万日元以下的罚金。第234条（威力妨害业务罪）规定，使用威力妨害他人的业务的，依照前条规定处理。另外，在日本《刑法部分改正法》中规定了损坏电子计算机等妨害业务罪，如果损坏供他人业务上使用的电子计算机或者供其使用的电磁记录，或者向供他人使用的电子计算机中输入虚假信息或者不正当指令，或者以其他方法使电子计算机不能按照使用目的运行或者违反使用目的运行，因而妨害了他人业务的，处5年以下惩役或者100万日元以下罚金。除此之外，日本的《轻犯罪法》第31条规

---

[1]　参见张明楷："妨害业务行为的刑法规制"，载《法学杂志》2014年第7期。

定，妨碍他人进行工作业务，或对之进行恶作剧者，处拘役或罚款。

韩国也有类似规定，《韩国刑法》第313条规定："散布虚假事实或者以其他欺骗方法，妨害他人信用的，处5年以下劳役或者100万元以下罚金。"第314条规定："以前条的方法或者暴力，妨害他人业务的，处5年以下劳役或者100万元以下罚金。"

依据日本和韩国的法律规定，前文所述的几种类型的案件都属于妨害业务类的犯罪，处理上没有任何的障碍。事实上，日本的妨害业务罪规制的范围并不仅限于私人的业务行为，即便是妨害公务的行为也有可能构成妨害业务罪。关于公务是否属于妨碍业务罪的保护对象在日本刑法学界一直存有争议，目前来看持肯定说的占据主流[1]，判例也支持这种观点[2]。但这种妨害不能是暴力或暴力胁迫，否则便构成了《日本刑法典》第95条所规定的妨害公务执行罪，因此要求针对公务行为的妨害仅限诡计欺诈行为。

二、增设妨害业务罪的必要性

1. 符合时代的发展。传统意义上国家和社会的正常运转主要依靠的是公权力的推动和保障，因此世界各国都比较重视对公权力的刑法保护，尤其是通过刑法对侵害公务的行为进行打击，体现为刑法中形形色色的各类直接或间接保护公务行为的罪名，例如妨害公务罪，招摇撞骗罪，伪造、变造、买卖国家机关公文、证件、印章罪等。然后，随着时代的发展，传统的治理模式已经发生了改变，以公权力为主导的社会治理模式日益向以私权力为主导的治理模式转变。我们今天的生活越来越多地受到各类企业、团体甚至是个人业务行为的影响，这些正当的业务行为的重要性也日益凸显，可以说已经重要到了值得用刑法进行保护的地步。在疫情期间，我们都切身感受到了这种非公务的业务行为的重要性。疫情期间，我们正常的生活补给很大程度上

---

〔1〕 参见西田典之：《刑法各论》，王昭武、刘明祥译，法律出版社2013年版，第86~88页。山口厚：《刑法各论》，王昭武译，中国人民大学出版社2011年版，第180~187页。

〔2〕 参见名古屋高等裁判所金泽支部平成30年（う）第43号判决。本案是被告人与当时的妻子共谋，在派出所工作的警察面前，故意丢下装有伪装成兴奋剂的白色结晶粉末的带拉链的塑料袋，使警察误以为其是持有违法药物的犯人企图逃跑，并追踪被告人。根据指令，福井县警察共有28人从事了与本案相关的工作。判决认为，被告人的上述行为使用了诡计，妨害了别人的工作。

依赖于各大物流和快递公司，青少年的日常教育有赖各类线上平台，就连防疫工作本身也需要大量志愿者和社区工作者的参与，这些行为都无法纳入传统的刑法保护中，但其重要程度并不亚于公务行为，完全值得通过刑法进行保护。

2. 符合我国刑法的传统。我国刑法虽然传统上比较重视对公务的保护，但也并非不保护普通的业务活动，许多涉及公务类的犯罪都有对应的非公务类犯罪。例如，贪污罪与职务侵占罪，受贿罪与非国家工作人员受贿罪，挪用公款罪与挪用资金罪，伪造、变造、买卖国家机关公文、证件、印章罪和伪造公司、企业、事业单位、人民团体印章罪等。因此，设置一个与妨害公务罪对应的妨害业务罪并不违背我国刑法的传统做法，也与国际上的通行做法一致。

3. 有利于解决司法难题。前文所属的三种类型的案例，在司法实践当中都被认为具有刑事可罚性，但在罪名的选择上遇到了难以解决的困难，此时就不得不通过类推解释来入罪。例如，对于恶意刷单的行为，有些地方是以破坏生产经营罪来认定的，然而破坏生产经营罪的客观方面是"毁坏机器设备、残害耕畜或者以其他方法破坏生产经营"，根据刑法当中同类解释的原理，"其他方法"应当是与"毁坏""残害"类似的行为而不可能泛指一切行为，再结合罪名当中的"破坏"来理解，破坏生产经营罪的客观行为应当是采用有形的物理力进行破坏的行为，显然不能包括诡计和欺骗。"如果对破坏生产经营罪的行为手段和行为对象不进行限制，就会导致刑法解释方法上坚守的同类解释规则等底线瓦解，从而带来解释结论上的不确定性。"[1]这种解释论上的不确定极容易走向类推解释，"值得重申的是，增设妨害业务罪的理由明显存在于对类推的警惕"[2]。

三、立法建议

周光权教授提出了具体的立法建议，在破坏生产经营罪之后增加一条，使之成为《刑法》第 276 条之二："使用威力阻碍他人开展业务，或者利用计

---

[1] 周光权："刑法软性解释的限制与增设妨害业务罪"，载《中外法学》2019 年第 4 期。
[2] 周光权："刑法软性解释的限制与增设妨害业务罪"，载《中外法学》2019 年第 4 期。

算机信息系统妨害他人开展业务的,处 3 年以下有期徒刑、拘役或者管制;情节严重的,处 3 年以上 7 年以下有期徒刑"〔1〕。笔者认为这样将妨害业务的行为仅限于威力和使用计算机信息系统的做法会导致本罪处罚面过小,不利于法益的保护。同时法定刑最高为 7 年,高于妨害公务罪,这也与我国《刑法》的传统不符,因此笔者建议,妨害业务罪应当属于微罪,以区别妨害公务罪。可以考虑在妨害公务罪之后增加一条,成为《刑法》第 277 条之一:使用暴力、威胁、欺诈或其他方法妨害他人业务的,处拘役或管制,单处或并处罚金。

---

〔1〕 周光权:"刑法软性解释的限制与增设妨害业务罪",载《中外法学》2019 年第 4 期。

结　论
Conclusion

　　犯罪分层是一种我国可以吸收借鉴的刑事立法模式，其从诞生到现在已经有了数百年的历史。事实证明，犯罪分层在打击严重犯罪、控制轻微犯罪方面有着不可替代的作用。

　　从目前的情况来看，我国未来在相当长的一段时期内刑事立法方面一定会走犯罪化的道路，而犯罪化的重点将集中在轻微的法定犯方面，增设严重的自然犯的可能性极低。对于未来可能出现的轻微犯罪如果不加区分，而一概视作"犯罪"的话，则必然会造成前科泛滥、司法资源紧张等严重的问题，所以我们应当对犯罪进行区分。在过去一旦有人犯罪，我们只会笼统地说某人犯了罪，而不太关心其犯了什么样的罪。事实上，罪与罪之间的差别是非常大的，我们对于不同犯罪之间的态度和谴责程度也是非常不同的，传统上对于犯罪不作区分的做法也不利于刑法发挥其积极作用，甚至会在某种程度上造成对部分轻微犯罪人的"滥杀无辜"。如果我们对犯罪进行了分层，则会出现另外一种情形：当我们在提及某人犯了罪时会详细说明他犯的是重罪还是轻罪抑或是微罪，这样就体现出了我们对不同犯罪人的不同态度。

　　不同并不仅仅体现在态度上，还体现在完全不同的法律效果上：

　　微罪的主要特征是（1）法定刑：主刑为拘役和管制，可单处罚金。（2）未完成形态的处罚范围：不处罚任何未完成形态。（3）管辖法院：一律由基层法院的治安（微罪）法庭管辖。（4）诉讼程序：一律适用快捷刑事程序，独任审判，检察员可不参与。（5）共犯处罚范围：微罪的共犯人一律不处罚。（6）量刑：更多地考虑适用管制或罚金等非监禁刑，以一般预防为主。（7）前科：不留前科。

　　轻罪的主要特征有（1）法定刑：法定最高刑为3年以下有期徒刑，但不包含微罪。（2）未完成形态的处罚范围：只处罚犯罪未遂，不处罚犯罪预备与犯罪中止。（3）管辖法院：一律由基层法院管辖。（4）诉讼程序：轻罪一般都适用简易程序,如果犯罪嫌疑人认罪认罚的,可以适用刑事速裁程序。(5) 共犯处罚范围:原则上只处罚教唆犯。(6) 量刑:更多地考虑适用缓刑,以特殊预防为主。(7) 前科:规定较短的考验期,期满则前科消灭。

中罪的主要特征是 (1) 法定刑:法定刑为 3 年以上 10 年以下。(2) 未完成形态的处罚范围:只处罚犯罪未遂与实行阶段的犯罪中止,不处罚犯罪预备与预备阶段的犯罪中止。(3) 管辖法院:一律由基层法院管辖。(4) 诉讼程序:一般都适用普通程序,如果犯罪嫌疑人认罪认罚的,可以适用相关的程序。(5) 共犯处罚范围:原则上处罚所有的共犯人。(6) 量刑:兼顾预防与报应。(7) 前科:规定较长的考验期,期满则前科消灭。

重罪的主要特征有 (1) 法定刑:10 年以上有期徒刑、无期徒刑和死刑。(2) 未完成形态的处罚范围:处罚所有未完成形态。(3) 管辖法院:可能判处无期徒刑和死刑的由中级人民法院管辖,其余的由基层法院管辖。(4) 诉讼程序:一般都适用普通程序,认罪认罚的适用相关规定。(5) 共犯处罚范围:处罚所有的共犯人。(6) 量刑:以报应为主,兼顾预防。(7) 前科:不得消灭,终生保留。

能否对犯罪和刑罚进行精细地划分体现着一个国家刑事立法水平的高低。我国传统上的刑事立法一直比较粗犷,一方面是传统所致,另一方面也是由于之前我国的刑事立法水平较低。随着近 20 年刑法理论的不断发展,我国的刑事立法水平也提升到了一个更高的程度,完全有能力也应当对我国的刑法进行更为细致地规定,而犯罪分层制度的构建将会是这种能力的具体体现。

参考文献
Reference

一、著作类

1. 贾学胜:《非犯罪化研究》,法律出版社2011年版。
2. [法]卡斯东·斯特法尼等著:《法国刑法总论精义》,罗结珍译,中国政法大学出版社1998年版。
3. [美]美国法学会:《美国模范刑法典及其评注》,刘仁文等译,法律出版社2005年版。
4. [俄]H. ф. 库兹涅佐娃、И. M. 佳日科娃主编:《俄罗斯刑法教程(总论)上卷·犯罪论》,黄道秀译,中国法制出版社2002年版。
5. 叶希善:《犯罪分层研究——以刑事政策和刑事立法意义为视角》,中国人民公安大学出版社2008年版。
6. 王兆鹏:《美国刑事诉讼法》,北京大学出版社2014年版。
7. [英]麦高伟、杰弗里·威尔逊主编:《英国刑事司法程序》,姚永吉等译,法律出版社2003年版。
8. 《法国刑事诉讼法典》,罗结珍译,中国法制出版社2006年版。
9. 《德国刑事诉讼法典》,宗玉琨译注,知识产权出版社2013年版。
10. 张栋:《美国死刑程序研究》,中国人民公安大学出版社2007年版。
11. [德]恩格斯:"家庭、私有制和国家的起源",载谭培文等主编:《马克思主义经典著作选编与导读》,人民出版社2005年版。
12. [德]康德:《法的形而上学原理——权利的科学》,沈叔平译,林荣远校,商务印书馆1991年版。
13. [英]吉米·边沁:《立法理论——刑法典原理》,孙力等译,中国人民公安大学出版社1993年版。
14. 赵廷光:《量刑公正实证研究》,武汉大学出版社2005年版。
15. [美]齐林:《犯罪学及刑罚学(二)》,查良鉴译,台湾商务印书馆1977年版。
16. [德]汉斯·约阿希姆·施奈德:《犯罪学》,吴鑫涛、马君玉译,中国人民公安大学出版社1990年版。

17. ［意］加罗法洛：《犯罪学》，耿伟、王新译，中国大百科全书出版社1996年版。
18. ［意］恩里科·菲利：《实证派犯罪学》，郭建安译，中国政法大学出版社2004年版。
19. ［德］冯·李斯特：《论犯罪、刑罚与刑事政策》，徐久生译，北京大学出版社2016年版。
20. 李川：《刑罚目的理论的反思与重构》，法律出版社2010年版。
21. 陈兴良：《刑法的启蒙》，法律出版社1998年版。
22. 米传勇：《加罗法洛的自然犯与法定犯理论研究》，法律出版社2017年版。
23. 何秉松主编：《刑法教科书》（上卷），中国法制出版社2003年版。
24. ［法］孟德斯鸠：《论法的精神》（上册），张雁深译，商务印书馆1961年版。
25. ［德］乌尔里希·贝克：《风险社会》，何博闻译，译林出版社2003年版。
26. 张明楷：《责任刑与预防刑》，北京大学出版社2015年版。
27. 高铭暄：《新中国刑法学研究综述》，河南人民出版社1986年版。
28. ［德］黑格尔：《法哲学原理：或自然法和国家学纲要》，范扬、张企泰译，商务印书馆1961年版。
29. ［德］安塞尔姆·里特尔·冯·费尔巴哈：《德国刑法教科书》，徐久生译，中国方正出版社2010年版。
30. ［意］杜里奥·帕多瓦尼：《意大利刑法学原理（注评版）》，陈忠林译，中国人民大学出版社2004年版。
31. 宁汉林、魏克家：《中国刑法简史》，中国检察出版社1999年版。
32. 彭凤莲：《中国传统刑事政策思想》，中国人民大学出版社2017年版。
33. 赵秉志主编：《刑法新探索》，群众出版社1993年版。
34. 《中国刑法词典》编委会编著：《中国刑法词典》，学林出版社1989年版。
35. 李海东：《刑法原理入门（犯罪论基础）》，法律出版社1997年版。
36. 周振想：《刑法学教程》，中国人民公安大学出版社1997年版。
37. 郑伟：《重罪轻罪研究》，中国政法大学出版社1998年版。
38. 田兴洪：《宽严相济语境下的轻罪刑事政策研究》，法律出版社2010年版。
39. ［意］恩里科·菲利：《犯罪社会学》，郭建安译，中国人民大学出版社2004年版。
40. 叶志宏等编：《外国著名法典及其评述》，中央广播电视大学出版社1987年版。
41. 苏彩霞：《累犯制度比较研究》，中国人民公安大学出版社2002年版。
42. ［意］龙勃罗梭：《犯罪人论》，黄风译，中国法制出版社2000年版。
43. 李健：《前科消灭制度研究》，吉林大学出版社2016年版。
44. 马克昌等主编：《刑法学全书》，上海科学技术文献出版社1993年版。

45. ［英］戴维·M. 沃克:《牛津法律大辞典》,北京社会与科技发展研究所译,光明日报出版社 1998 年版。

46. 赵秉志主编:《英美刑法学》,中国人民大学出版社 2004 年版。

47. ［日］西田典之:《日本刑法各论》,刘明祥、王昭武译,武汉大学出版社 2005 年版。

48. ［苏］别利亚耶夫等主编:《苏维埃刑法总论》,马改秀等译,群众出版社 1987 年版。

49. ［苏］A. A. 皮昂特科夫斯基等编:《苏联刑法科学史》,曹子丹等译,法律出版社 1984 年版。

50. ［德］拉德布鲁赫:《法学导论》,米健、朱林译,中国大百科全书出版社 1997 年版。

51. 张明楷:《刑法格言的展开》,法律出版社 2003 年版。

52. 中国政法大学澳门研究中心、澳门政府法律翻译办公室编:《澳门刑法典澳门刑事诉讼法典》,澳门政府法律翻译办公室译,法律出版社 1997 年版。

53. 张知本、林纪东:《最新六法全书》,大中国图书公司 1990 年版。

54. 《奥地利联邦共和国刑法典》,徐久生译,中国方正出版社 2002 年版。

55. 《日本刑法典》,张明楷译,法律出版社 2006 年版。

56. 《加拿大刑事法典》,卞建林等译,中国政法大学出版社 1999 年版。

57. 萧榕主编:《世界著名法典选编·刑法卷》,中国民主法制出版社 1998 年版。

58. 《韩国刑法典及单行刑法》,［韩］金永哲译,中国人民大学出版社 1996 年版。

59. 《俄罗斯联邦刑法典》,黄道秀译,中国法制出版社 2004 年版。

60. 刘明祥:《财产罪比较研究》,中国政法大学出版社 2001 年版。

61. ［日］大塚仁:《刑法概说（第三版）》,冯军译,中国人民大学出版社 2003 版。

62. Sir William Blackstone, *Commentaries on the Laws of England*, Oxford: Printed at the Clarendon Press, 1765-1769.

二、论文期刊类

1. 储槐植:"严而不厉:为刑法修订设计政策思想",载《北京大学学报（哲学社会科学版）》1989 年第 6 期。

2. 卢勤忠:"'中罪中刑'的刑法结构之提倡——对'严而不厉'的一点质疑",载《当代法学》2012 年第 6 期。

3. 徐久生、师晓生:"'犯罪定义与刑事法治'笔谈",载《法学研究》2008 年第 3 期。

4. 沈玉忠:"犯罪分层理论的展开:梳理、价值与架构",载《鄂州大学学报》2009 年第 6 期。

5. 孙道萃:"犯罪分层的程序性标准及模式初探:以刑事强制措施为观照",载《河南警察学院学报》2012 年第 1 期。

6. 张小虎："犯罪分类的观念与形态"，载《河南省政法管理干部学院学报》2006 年第 5 期。

7. 卢建平："法国违警罪制度对我国劳教制度改革的借鉴意义"，载《清华法学》2013 年第 3 期。

8. 陈志军："进一步完善轻微犯罪立法"，载《检察日报》2017 年 12 月 5 日第 003 版。

9. ［日］芝原邦尔："日本战后刑事立法概况"，张绳祖译，载《环球法律评论》1986 年第 6 期。

10. 黎宏："日本刑事立法犯罪化与重刑化研究"，载《人民检察》2014 年第 21 期。

11. 张明楷："刑事立法的发展方向"，载《中国法学》2006 年第 4 期。

12. 陈兴良："中国刑法学研究 40 年（1978-2018 年）"，载《武汉大学学报（哲学社会科学版）》2018 年第 2 期。

13. 刘艳红："我国应该停止犯罪化的刑事立法"，载《法学》2011 年第 11 期。

14. 齐文远："修订刑法应避免过度犯罪化倾向"，载《法商研究》2016 年第 3 期。

15. 郑丽萍："犯罪化和非犯罪化并趋——中国刑法现代化的应然趋势"，载《中国刑事法杂志》2011 年第 11 期。

16. 陈泽宪："犯罪定义的法治思考"，载《法学研究》2008 年第 3 期。

17. 陈兴良："犯罪范围的合理定义"，载《法学研究》2008 年第 3 期。

18. 张明楷："犯罪定义与犯罪化"，载《法学研究》2008 年第 3 期。

19. 屈学武："一体两支柱的中国刑事法体系构想"，载《法学研究》2008 年第 3 期。

20. 刘仁文："调整我国刑法结构的一点思考"，载《法学研究》2008 年第 3 期。

21. 赵秉志："当代中国犯罪化的基本方向与步骤——以〈刑法修正案（九）〉为主要视角"，载《东方法学》2018 年第 1 期。

22. 陈兴良："犯罪范围的扩张与刑罚结构的调整——《形式修正案（九）》述评"，载《法律科学（西北政法大学学报）》2016 年第 4 期。

23. 童颜："美国刑法中的重罪与轻罪"，载《现代法学杂志》1984 年第 1 期。

24. 李传轩："美国辩诉交易程序与我国简易程序比较研究"，《当代法学》2003 年第 6 期。

25. 邓云："法国重罪法院及其审判程序之特色"，载《黑龙江省政法管理干部学院学报》2002 年第 1 期。

26. 陈兴良："罪刑均衡的价值蕴含"，载《法律科学（西北政法学院学报）》1996 年第 4 期。

27. 赵廷光，"罪刑均衡论的兴衰与罪责刑均衡论的确立"，载《山东公安专科学校学报》

2003 年第 4 期。

28. 叶希善："论犯罪分层标准"，载《浙江师范大学学报（社会科学版）》2008 年第 2 期。

29. 邱兴隆："刑罚个别化否定论"，载《中国法学》，2000 年第 5 期。

30. 何秉松："建立具有中国特色的犯罪构成理论新体系"，载《法学研究》1986 年第 1 期。

31. 王作富："谈谈刑罚个别化"，载《中国人民大学学报》1987 年第 4 期。

32. 曲新久："试论刑罚个别化原则"，载《法学研究》1987 年第 5 期。

33. 周振想："论刑罚个别化原则"，载《社会科学战线》1990 年第 2 期。

34. 叶希善："通过犯罪分层制度控制死刑"，载《中国人民公安大学学报（社会科学版）》2007 年第 1 期。

35. 韩忠谟："行政犯之法律性质及其理论基础"，载《台湾大学法学论丛》1980 年第 1 期。

36. 张文、杜宇："自然犯、法定犯分类的理论反思——以正当性为基点的展开"，载《法学评论》2002 年第 6 期。

37. 薛进展、王思维："风险社会中危险犯的停止形态研究"，载《华东政法大学学报》2009 年第 5 期。

38. 田鹏辉："论风险社会视野下的刑法立法技术——以设罪技术为视角"，载《吉林大学社会科学学报》2009 年第 3 期。

39. 陈晓明："风险社会之刑法应对"，载《法学研究》2009 年第 6 期。

40. 张明楷："'风险社会'若干刑法理论问题反思"，载《法商研究》2011 年第 5 期。

41. 周光权："转型时期刑法立法的思路与方法"，载《中国社会科学》2016 年第 3 期。

42. 高铭暄："风险社会中刑事立法正当性理论研究"，载《法学论坛》2011 年第 4 期。

43. 张明楷："自然犯与法定犯一体化立法体例下的实质解释"，载《法商研究》2013 年第 4 期。

44. 邱兴隆："西方刑罚一体论的九大模式"，载《湖南省政法管理干部学院学报》2001 年第 1 期。

45. 储槐植："刑事政策：犯罪学的重点研究对象和司法实践的基本指导思想"，载《福建公安高等专科学校学报—社会公共安全研究》1999 年第 5 期。

46. 陈兴良："刑事法治视野中的刑事政策"，载《江苏社会科学》2004 年第 1 期。

47. 赵秉志："新中国 60 年刑事政策的演进对于刑法立法的影响"，载《中国社会科学报》2009 年第 3 期。

48. 刘复之：" '严打'就是专政"，载《检察理论研究》，1992年1月13日。
49. 陈兴良："严打利弊之议"，载《河南省政法管理干部学院学报》2004年第5期（总第86期）。
50. 贾宇："从'严打'到'宽严相济'"，载《国家检察官学院学报》2008年第2期。
51. 马志立、赵振水："焦作市委市政府积极支持严打整治近千万元经费及时到位"，载《人民公安报》2001年5月9日，第1版。
52. 黄开诚："我国刑法中轻罪与重罪若干问题研究"，载《现代法学》2006年第2期。
53. 郑丽萍："轻罪重罪之法定界分"，载《中国法学》2013年第2期。
54. 于志刚："论前科效应的理论基础"，载《政法论坛》2002年第2期。
55. 于志刚："前科株连效应的刑法学思考"，载《法学研究》2011年第1期。
56. 于志刚："简论前科消灭的定义及其内涵"，载《云南大学学报（法学版）》2002年第4期。
57. 于志刚："前科消灭制度司法探索模式的批判性反思"，载《法学评论》2013年第3期。
58. 房清侠："前科消灭制度研究"，载《法学研究》2001年第4期。
59. 康诚、陈京春："论意志决定自由的刑法保护——胁迫、强制行为的犯罪化思考"，载《中国刑事法杂志》2006年第6期。
60. 喻海松："网络犯罪的立法扩张与司法适用"，载《法律适用》2016年第9期。
61. 王志祥、郭健："论犯罪预备行为的处罚范围"，载《政治与法律》2005年第2期。
62. 于浩："'刑事案件速裁'一周年"，载《中国人大》2015年第22期。
63. 钱叶六："应对微罪之非刑罚处罚方法探究"，载《南京财经大学学报》2009年第6期总第160期。
64. 姜瀛："劳教废止后'微罪'刑事政策前瞻"，载《学术交流》2015年第11期。
65. 储槐植："解构轻刑罪案，推出'微罪'概念"，载《检察日报》2011年10月13日，第3版。
66. 孙笑侠："司法权的本质是判断权——司法权与行政权的十大区别"，载《法学》1998年第8期。
67. 张明楷："行政刑法辨析"，载《中国社会科学》1995年第3期。
68. 卢建平："论行政刑法的性质"，载《浙江大学学报（社会科学版）》1993年第3期。
69. 冯江菊："行政违法与犯罪的界限——兼谈行政权与司法权的纠葛"，载《行政法学研究》2009年第1期。
70. 刘仁文："治安拘留和劳动教养纳入刑法的思考"，载《国家检察官学院学报》2010年第 1 期。

71. 冀祥德、张文秀：“治安管理处罚权的扩张与规制——治安法立法之视角”，载《山东警察学院学报》2006 年 1 月第 1 期。

72. 张建伟：“司法权的独占性与劳动教养制度的存废”，载《河南省政法管理干部学院学报》2002 年第 3 期。

73. 张建伟：“监禁权专属原则与劳动教养的制度困境”，载《法学研究》2008 年第 3 期。

74. 张明楷：“关于增设背信罪的探讨”，载《中国法学》1997 年第 1 期。

75. 张心向：“析日本刑法中的背信罪”，载《河北法学》1998 年第 5 期。

76. 孙明先：“背信罪的比较研究”，载《同济大学学报（社会科学版）》2004 年第 6 期。

77. 李飞艳：“中外刑法上的背信犯罪研究”，载《山西警官高等专科学校学报》2003 年第 4 期。

78. 黄鑫：“从'老鼠仓'事件谈增设背信罪之必要”，载《中国刑事法杂志》2009 年第 2 期。

79. 谢焱：“背信罪的法益研究”，载《政治与法律》2016 年第 1 期。

80. 卢建平、叶希善：“犯罪分层与刑法完善”，载《中国犯罪学研究会第十六届学术研讨会论文集（上册）》2007 年版。

81. 储槐植、李梦：“我国刑法微罪制度初探”，载于《2017 年刑法学年会论文集》第一编。

82. ［德］特奥多尔·赫布：“刑罚学说的主要分类”，任学良译，载《比较刑法（第二卷）刑罚基本理论专号》，中国检察出版社 2004 年版。

83. ［英］杰里米·边沁：“惩罚的一般原理”，邱兴隆译，载邱兴隆主编：《比较刑法（第二卷·刑罚基本理论专号）》，中国检察出版社 2004 年版。

84. 周长军：“博弈成本与制度安排”，载陈兴良主编：《刑事法评论》，中国政法大学出版社 2003 年版。

85. 梁根林：“非刑罚化——当代刑法改革的主题”，载北京大学法学院主编：《刑事法治的理念建构》，中国法制出版社 2002 年版。

86. 梅传强、张永强：“论行政拘留制度的'司法化'改造”，载陈泽宪主编：《行政处罚与羁押制度改革研究》，中国政法大学出版社 2016 年版。

三、学位论文类

1. 陆岸：“轻罪法建构研究——兼论行政制裁与刑事制裁的衔接”，苏州大学 2012 年博士学位论文。

2. 张琳："刑罚个别化研究",中国政法大学 2001 年博士学位论文。
3. 潘丽娜："刑法微罪出罪及其机制研究",华东政法大学 2008 年硕士学位论文。

四、网址及其他

1. "国家统计局数据",载国家统计局网站,http://data.stats.gov.cn/easyquery.htm?cn=C01&zb=A0301&sj=2016.
2. "北京市人民检察院:轻罪案件集中办理 提升司法效率",载"中国长安网",http://www.chinapeace.gov.cn/zixun/2016-09/19/content_ 11368121.htm.
3. 林强："刑事案件速裁程序的运行与制度完善",载"京师刑事法制网",http://ccls.bnu.edu.cn/criminal/info/showpage.asp?ProgramID=&pkID=52297&keyword=%CB%D9%B2%C3.
4. 曲新久："中国人为啥历来不把打人当回事",载"凤凰网",http://news.ifeng.com/a/20160418/48497915_ 1.shtml.

后 记
Postscript

　　本书是在我博士论文基础之上修改而来的，能够出版实属幸事，也算为自己的学生生涯画上了一个还算完美的句号。博士三年是一段非常难忘的人生经历，特别是在多年工作后又回到校园读书，这样的机会就显得尤为珍贵。博士阶段的学习最难的当属学位论文的撰写，这是个不断否定自我、重拾信心、再否定自我的过程——不断调整思路、修订观点甚至是自我妥协。最终的成品和自己最初的设计已经大相径庭，虽不算满纸荒唐言，但也是一把辛酸泪。

　　本书能够出版，最要感谢的是我的导师徐久生教授。从硕士跟随徐老师学习至今已经是第十四个年头了，这些年无论是学习还是生活，徐老师都给予了我很大的帮助，特别是在我辞职读博后，老师知道我暂时没有了收入，便总是以各种理由补贴给我一些费用，学生始终感念。当然，在跟随老师学习的过程中也有遗憾。由于徐老师精通德语，所以研究的主要方向是德国刑法，但我对德语却是一窍不通，始终未能继承老师的学术衣钵，实在是一大遗憾。这次得知中国政法大学刑事司法学院要选择本院学生的优秀博士论文资助出版的消息后，老师第一时间推荐了我的论文，并最终通过审核得以出版。对老师一直以来的帮助学生感激不尽！

　　始终要感谢的是我的母亲鹿新华女士。自打父亲去世后，母亲一人供我完成了学业，她支持我的每一次选择并且从来没有怨言。大恩不言谢，唯有日后用加倍的努力来回报母亲。

　　特别要感谢的是我的妻子裴轶博士。我与她几乎同时攻读博士学位，她不光要完成自己的学业，同时还要支持我的学习，而且在她读博期间还为我带来了一位可爱的女儿。在我最后准备毕业和修改书稿的过程中，也是她承担起照顾幼女的重担，可以说没有她的付出就没有我博士论文的完成和本书的出版。还要感谢我的女儿郝骁翊小朋友，她的到来改变了一切，使得所有的一切都变得更加有意义,感谢她为我们带来的巨大欢乐和力量。

由于之前工作的缘故,我毕业时年龄已经偏大了,想在北京谋得一个高校的教职实属不易,后几经曲折来到了中国人民公安大学任教,这才算在"长安米贵,居大不易"的北京有了立锥之地。到校后,学校也为青年教师的工作提供了许多便利条件,提供了青年教师科研启动基金的支持,本人申请的"犯罪分层制度的构建及其影响研究"的课题,也为本书的出版提供了一定的支持。

最后,特别要感谢中国政法大学刑事司法学院对我多年的教育和培养,并在毕业后还资助我的论文出版,可谓扶上马还送一程。还要感谢中国政法大学出版社对本书出版所做的工作,在疫情的情况下依然使得本书能够如期面世,特别是本书的编辑刘畅女士,为本书出版付出了巨大的努力,在此深表谢意!

郝冠揆

2020年12月10日